巅峰对话

袁伟民郎平里约之后话女排

何慧娴　李仁臣　著

長江出版傳媒　长江文艺出版社

北京长江新世纪文化传媒有限公司
www.cjxinshiji.com
出品

中国女排九次赢得世界冠军荣耀时刻

1981 年 11 月首次赢得世界冠军的中国女排在中国驻日本大使馆草坪合影。

1982 年 9 月 25 日，在第九届世界女排锦标赛上，中国女排勇夺冠军，在颁奖仪式上向观众致意。左起：孙晋芳、郎平、周晓兰、陈亚琼、曹慧英、姜英、杨锡兰、杨希、梁艳、陈招娣、张蓉芳、郑美珠。

1984 年 8 月 7 日，在洛杉矶奥运会上，中国女排夺冠，实现“三连冠”，在颁奖仪式上向观众致意。右起：张蓉芳、郎平、梁艳、朱玲、侯玉珠、周晓兰、杨锡兰、苏惠娟、姜英、李延军、杨晓君。

1985 年 11 月 20 日，在第四届世界杯女子排球赛中，中国女排夺冠，实现“四连冠”。左起：主教练邓若曾、教练胡进、队医林万剑、队员郎平、林国清、侯玉珠、杨晓君、殷勤、李延军、姜英、苏惠娟、杨锡兰、巫丹、梁艳、郑美珠。

1986 年 9 月 13 日，在第十届世界女排锦标赛中，中国女排夺冠，实现“五连冠”。左起：杨锡兰、王乃康、侯玉珠、杨晓君、殷勤、李延军、姜英、苏惠娟、胡小凤、巫丹、梁艳、郑美珠。

2003年11月15日，在第九届世界杯女子排球赛中，中国女排夺冠，在颁奖仪式上合影。左起：冯坤、赵蕊蕊、张萍、刘亚男、李珊、杨昊、陈静、周苏红、张越红、王丽娜、宋妮娜、张娜。

2004年8月29日，在雅典奥运会上，中国女排勇夺冠军。前排左起：张萍、周苏红、冯坤、宋妮娜、张娜。后排左起：赵蕊蕊、陈静、刘亚男、杨昊、李珊、张越红、王丽娜。

2015 年 9 月 6 日，在第十二届世界杯女子排球赛上，中国女排夺冠。前排左起：朱婷、袁心玥、沈静思、魏秋月、曾春蕾、刘晓彤、王梦洁。后排左起：杨箐、张常宁、张晓雅、林丽、丁霞、颜妮、刘晏含。

2016 年 8 月 20 日，在里约奥运会上，中国女排夺冠，在颁奖仪式上合影。左起：袁心玥、朱婷、杨方旭、龚翔宇、魏秋月、张常宁、刘晓彤、徐云丽、惠若琪、林丽、丁霞、颜妮。

1981年世界杯女排赛最佳教练员、优秀运动员

1981 年世界杯女排赛，中国女排教练袁伟民获最佳教练员奖。

1981 年世界杯女排赛，郎平获得优秀运动员奖。

2016年里约奥运会最有价值教练员、运动员（MVP）

2016年里约奥运会，中国女排主教练郎平获得最有价值教练员。

2016年里约奥运会，朱婷获最有价值运动员。

袁伟民执教中国女排（1976 ~ 1984）

1984 年激战洛杉矶

YUAN X
1
CHINA

郎平执教中国女排
（1995 ~ 1999、
2013 ~ 2016）

2016 年激战里约

CONTENTS
目录

▲

1998 年釜山亚运会期间，作者何慧娴和时任中国女排主教练郎平在亚运村。

PREFACE

自 序

在不可能改变中实现改变

里约归来，半个多月过去了，郎平第一次不着戎装穿便装外出访友。

弯弯的垂柳，荡漾在秋风中，分外妖娆。

一袭青花瓷般花纹的中式上衣，把苗条的郎平装扮得格外秀丽，两条大长腿轻松地迈步在小区的林荫道上，远远望去，仿佛一位高挑的模特儿迎面走来……

郎平瘦了。“管家，在里约 20 多天，我整整轻了 7 公斤啊！”郎平做了一个“7”的手势，瞪着大眼告诉我。她仍然习惯地称呼我为“管家”。

她真的瘦了许多，眼睛更大了，肤色更白了……在里约，除了大赛一波三折、痛苦磨难之外，奥运村的伙食也真不怎么样。“我每天晚上还要备战做功课，排兵布阵，分析资料，天天吃的是方便面。我和亚文住一间房，我们屋里还不是天天都有洗澡水呢！”郎平告诉我。

这一切哪能难得倒她呀，自打她当运动员起，艰苦集训、鏖战沙场，早就让她练就了适应艰苦环境的本领。“金杯不照样被你们抱回来了吗？”我笑着说。

朋友派来接我们的商务车，已等候在小区路边的树荫下。

郎平坐上车，只见座位旁边放着一纸袋书，大多是装帧精美的传记：有姚明的、冯小刚的、张艺谋的、白岩松的……这些书都是长江文艺出版社出版的。中国女排里约奥运夺冠后，这家出版社旗下的北京长江新世纪文化传媒有限公司金丽红总编辑、黎波总经理就找到我，希望再版《激情岁月——郎平自传》和《三连冠》这两本书。于是，就有了我和郎平利用一起去访友途中，在车上探讨书籍再版事宜。

“现在看这样纸质书的人，还多吗？”郎平翻阅着纸袋里的名人传记，问我。“应该仍有不少吧！国内外大凡成功人士都爱阅读书籍，比尔·盖茨现在还每月读四五本书，一年要读50来本书呢！”我随口而说。爱读书的郎平连连点头。她见书总是眉开眼笑、爱不释手。记得30多年前的一个夏天，我作为新体育杂志社的记者，随中国女排去白洋淀，参加她们大赛后的总结、调整。临出发前，郎平和梁艳、陈招娣、周鹿敏等去图书馆借了一大摞小说、杂志，塞进各自的旅行包里。到了白洋淀，袁伟民教练安排的日程是：上午身体训练，下午开会总结，晚上自由活动。夜读，便成了她们大过读书瘾的时候。因为怕蚊虫咬，郎平常常躲进蚊帐内，在昏暗的灯光下细细阅读。

郎平作为“四连冠”队员，在中国女排生活的八年中，每年300多天、每天七八个小时在球场，可以轻松休息的日子屈指可数，即使在这样仅有的、属于自己的日子里，向往学习的郎平，也视读书为生活中不可或缺的内容。

结束运动生涯后，业余时间相对增多，尤其是在国外生活的日子里，她读了许多书，大多是英文原版书籍，有各类名人传记，有关于NBA的书籍，了解国际大牌运动员的成长，探究优秀运动队的管理……她当教练以后，还常常把在书籍中读到的感人之处，念给队员听。

郎平对书籍有着特殊的感情。再版《激情岁月——郎平自传》的事，自然也被她放进了心里。那是 1998 年，郎平完成第一次执教中国女排的任务后，为了帮助她写好自传，我介绍她认识了我的好友——女作家陆星儿，两人一拍即合，用第一人称和第三人称相结合的方式，不到一年就完成了这部佳作。郎平在这部书的自序中写道："……当我画上这个神圣的句号时，我心里的感慨实在是太多太多，我的内心告诉我，一定要静下心来好好写写自己，纪念自己这一段难忘的生活！于是，我开始了加州—北京—上海之间的来来回回，做着我人生中另一件大事：写自传！"

"管家，再版《激情岁月》，没有问题，是一件好事。"

"管家，最近活动太多，实在没有时间，你容我再考虑一下。"郎平习惯于把问题想得更细致、更全面。

"管家，我又翻阅了一下，这书毕竟是写二三十年前的事，我已想好了，这次回洛杉矶休假，要把近些年的事好好回忆起来……管家，要不把再版的事往后推一推……"

"好呀，一切听你的！"凭我对郎平的了解，她是想尽快继续完成人生的大事：续写自传。这可是大好事啊！当今社会，像郎平这样，男女老少都能认可的人物，娓娓道出自己的人生感悟，实属宝贵的精神产品。我们期盼郎导自传早日问世！

北京长江新世纪文化传媒有限公司的金总和黎总认为，中国女排为国争光的事迹鼓舞了几代人，可完整地写中国女排的书籍还不多，所以想在组织撰写新书的同时，再版几本当年深受欢迎、具有历史价值的书籍以飨读者。

我很赞赏一位老教育工作者对阅读的评价：当孩子将阅读当作一生中最重要的一种好习惯保持下来时，孩子的心中就会燃亮一盏属于自己的心灵之灯、前行之灯。有了这盏灯的指引，他们的人生不会迷茫；他们的生命始终明亮。没有任何一个父母可以陪伴孩子走完一生，真正可以在父母走后，不断给孩子支持、慰藉、温暖的，在一定程度上，正是这些默默站着的书。

在今天，书籍仍然是不可取代的精神食粮，是人类进步的阶梯。女排里约夺冠后，上海《新民周刊》转载了我30多年前撰写郎平的文章，也转载了《三连冠》一书中洛杉矶奥运会中美女排决战的有关章节。一位读者阅读了这期《新民周刊》后，在给我的来信中很有感触地说："现在再也见不到用如此生动、细腻的笔法，把我们带入决战现场的报道了。"希望我告诉他哪里还能买到《三连冠》这本书。是呀，在网络、视频发达的今天，体育报道已完全没有必要对现场做过多的描述了。然而，在通讯尚不发达的年代，历史还需通过纸质来缓存，记载历史事件的书籍，也便成为不可取代的见证。

金总、黎总希望我们再补写一些有关中国女排的新内容。刚巧我们有机会参加了里约归来郎平与袁导分享喜悦的聚会，亲耳听见袁导、郎导精彩对话，他们沉浸在回味里约激战、追忆往事的兴奋之中，激动不已。"如果把袁伟民率领的中国女排实现'三连冠'，比喻为中国女排第一巅峰，那么郎平率领的中国女排里约夺冠则是再创巅峰。"金丽红总编辑的这番话，触动了我实录袁导、郎导巅峰对话的激情。这番精彩对话也确实道出了新老中国女排所诠释的女排精神，其核心所在、价值所在。

30多年前，我有幸作为新体育杂志社记者，随队采访中国女排整整10年，见证了她们实现"五连冠"的全过程。至今我珍藏着当年采访女排姑娘的录音带，百余盘、一大箱，也许磁带会因年久消磁，但袁导和女排姑娘们说过的精彩话语，已成为留在我心中抹不去的记忆。

1976年，37岁的袁伟民被任命执教中国女排。那时他卸任中国男排队长不到两年，毫无执教经验。刚开始，他面对这些年轻的女排姑娘，甚至说话都会脸红。临场指挥时，会情不自禁地跟着队员一起喊叫。草创时期，条件异常艰苦，最初集训姑娘们只能在大棚泥沙地练翻滚，坐五等船舱去打比赛，每周6天、每年300多天拼搏在球场，袁伟民带领她们从扎扎实实练好每一堂训练课做起，从认认真真打好每一场比赛做起，靠“三从一大”（从难、从严、从实战出发，大运动量训练）练就过硬的基本功和顽强的意志，靠不断创新的思维模式，打造了一整套能攻善防、快速多变的战术，技压群芳。最终袁伟民率领中国女排姑娘们，仅用 5 年时间，从亚洲排位第 4、世界排位第 14，一步一步冲出亚洲、走向世界，荣登世界冠军宝座，继而实现“三连冠”（1981 年世界杯冠军、1982 年世锦赛冠军、1984 年奥运会冠军）。

七八十年代的世界排坛呈多强争抗格局。日本女排已实现“三连冠”，身高马大的苏联女排曾一统天下，古巴女排的“二层楼扣球”（指弹跳好）堪称天下无敌，美国女排拥有世界第一炮手海曼，在著名教练塞林格带领下，虎视眈眈志在必得世界冠军。

袁伟民率领中国女排异军突起，称雄世界，终于打破了长期以来日、苏女排称霸世界的格局。率队实现“三连冠”后的袁伟民被任命为国家体委副主任，之后，他又作为团长带领中国女排夺得了 1985 年世界杯和 1986 年世锦赛冠军，实现了“五连冠”。

1984 年洛杉矶奥运会后，湖北人民出版社出版了我和我先生李仁臣（时任《人民日报》记者）合写的《三连冠》（现更名为《巅峰回眸》），当年编者在该书的扉页上，做了这样的内容提要：“这部长篇报告文学，以优美的文笔忠实地记述了中国女排建队八年来所走过的艰难而曲折的道路。详细地介绍了她们为实现‘三连冠’的理想所付出的超人的代价；生动地描述了历次大赛激战的场面，拼搏的内幕，以及姑娘们生活的情趣；刻画了她们鲜活的个性，展示了中国女排走向胜利的奥秘。读来如置身女排之中。”在这部著作中，也可以清晰地看到郎平成长的足迹。

时光穿越，32 年后，当年袁伟民麾下世界最优秀运动员郎平成了世界最有价值的教练员郎导。里约奥运会后，《欧洲时报》记者直言不讳地问郎导：“您认为当年的中国女排和如今的中国女排有什么异同？特别是同为主攻手的朱婷和当年的您有什么区别？”

郎导做出了这样的回答："毕竟现在排球规则已经改变了很多，女排运动员的平均身高也比以前高很多，所以很难一概而论地评论水平高低。但我觉得从个人实力来讲，朱婷身高比较高，进攻点比我更高、更散、更好；但从技术上来讲，包括后排的技术、战术和战略上的把握，我觉得35年前'五连冠'时期的中国国家女子排球队比当今世界上所有的排球运动员都要高。那一批老女排时期的队员，包括基本功和接球都是全世界最好的。"

我相信，如果广大读者读完本书的《巅峰回眸》后，对郎平的回答也许会有更具体的认同感。

无论是再版还是新版女排书籍，我希望更多的年轻人，通过阅读中国女排为国争光的真实故事，激励自己，像她们那样，走好脚下的每一步，改变自己，永不言败！作为一个人，袁伟民从毫无执教经验的稚嫩教练变成气场强大的世界最佳教练员，郎平从"嫩竹扁担"变成独一无二的、集世界最优秀运动员和世界最有价值教练员为一身的杰出女性；作为一支队伍，中国女排从世界排位第14名快速跃升为世界冠军，35年间9次夺得世界冠军。我认为中国女排的最可贵之处是：从每一堂训练课、每一场球、每一个细节、每一次机会做起，通过日积月累的磨炼，用超人的意志和过硬的本领去实现改变，在不可能改变中实现改变，超越自我，永不放弃！

在这个世界上，什么事情都有可能发生，任何人、任何集体都可以改变自己。正如诺贝尔和平奖获得者曼德拉所言："体育拥有改变世界的力量！"请相信：属于你自己的奇迹，一定有出现的可能！

何慧娴

2016年9月于北京

郎平、曹慧英喜得袁伟民教练墨宝。（李仁臣 / 摄）

2016 年 9 月 4 日，相聚“上缘坊”左起：曹慧英、陈亚琼、袁伟民、郎平、李延军。（李仁臣 / 摄）

1984 年、2004 年、2016 年奥运会女排冠军教练，袁伟民（中）、陈忠和（右）、郎平（左）。

作者何慧娴（前右一）、李仁臣（前左一）与袁伟民夫妇（前中）等朋友在曹慧英（后左一）家做客。

袁伟民郎平巅峰对话

如果把30多年前，袁伟民率领的中国女排勇夺1981年世界杯冠军、1982年世锦赛冠军、1984年奥运会冠军，实现“三连冠”，比喻为中国女排的第一巅峰。

那么，完全可以把郎平率领的中国女排勇夺2014年世锦赛亚军、2015年世界杯冠军、2016年奥运会冠军，比喻为再创中国女排的巅峰。

里约奥运会，赛程安排如同往届：观众喜爱的足、篮、排三大球决赛，都被列入尾声，作为压轴戏。

郎平率领的中国女排，一波三折，绝处逢生，杀出一条血路，荣登里约奥运冠军殿堂。在中国奥运代表团总体成绩不理想的情况下，女排姑娘奏响了凯旋而归的最强音。

女排精神重燃神州，重振国人之心！

欢聚“上缘坊”

里约归来，参加完代表团总结、中央领导接见、奥运精英港澳行等重要活动后，郎平把约请老教练袁伟民欢聚分享喜悦作为最急需做的一件事。时间定于9月4日中午，地点选在女排驻地训练局运动员公寓旁的“上缘坊”餐厅。

在京的老女排队员自然也都受到热情邀请。

来得最早的是住得最远的曹慧英，中国女排首届老队长，“拼命三郎”“铁姑娘”，1981 年世界杯、1982 年世界锦标赛夺冠主力队员。当年因拦网她的左手小拇指被打翻过去，永远和无名指无法并拢。

李延军来了，她是 1984 年洛杉矶奥运会、1985 年世界杯、1986 年世锦赛中国女排冠军队员。她曾在关键比赛中“反式鱼跃”救球，被留在老球迷的记忆中。她是在京老女排队员中最年轻的队员，如今刚退休。

陈亚琼出人意料地也来了，她是 1981 年世界杯、1982 年世界锦标赛夺冠的主力队员。这次她刚巧由香港来北京治病，闻讯赶来。她也刚刚退休，香港好友自发举行“陈亚琼荣休之喜”聚会，出席者竟有 600 多人，亚琼人缘可见一斑。

不巧的是，孙晋芳回江苏了，杨希在外地，梁艳因皮肤过敏、张蓉芳因事遗憾不能与会。

老教练发“红包”

77 岁的袁伟民仍然精气神十足，与自己的队员们在一起，依然像过去那样，只要不是在球场上，他说起话来常常半真半假、风趣幽默，逗得队员们摸不着头脑。

那天见面，袁伟民一出现，大家就“袁头”“袁头”地叫起来。只见他笑嘻嘻地说：“好啊，好啊，女排夺冠，大家高兴，我来给你们发红包。”说着他从手提袋里拿出一个个大号信封，分送给郎平、曹慧英、陈亚琼、李延军……还剩下一摞，说是要分送给当天没到现场的其他老队员。郎平喜出望外，急于打开信封，袁伟民望着她，不紧不慢地说：“我可没有钱给你们发奖金，只好以这样的形式表示一下啰！”

原来，毕业于江南名校苏州高中的袁伟民，从小喜好书法，退休后潜心习练，队员们早就请他赐予墨宝，他总是说还没练好，不肯出手，今天袁指导主动送字上门，把郎平和老队员们乐开了花。

袁伟民给郎平和老女排队员每人写了两幅字，一幅是“中华魂”，还有一幅是“福”字，题上了每个队员的姓名，盖上了“为国争光”的红印章。老教练袁伟民的内心依然寄托着对每个队员的关心和期望，希望她们在人生的道路上，无论面对成功、胜利、鲜花、掌声，还是面对挫折、失败、痛苦、眼泪……任何时候不忘中华魂，不忘为国争光，都要经得起各种考验，不辜负国家的培养，不辜负全国人民对中国女排的支持和厚爱。

“拍照！拍照！”

现在的、当年的，新老中国女排教练郎平、袁伟民；当年的中国女排老队员郎平、李延军、曹慧英、陈亚琼；不同的排列组合，合影留念，拍了一张又一张……

到“上缘坊”，是上辈子有缘啊！因为是郎平请客，餐厅格外热情，上了许多好菜，可谁都没顾得上吃，只知道说啊说……

排球人聊排球，话题就像个跳动的排球，你一句我一句，妙语连珠；你一声我一声，笑声朗朗。三个多小时的团聚，每个人都沉浸在对里约激战的回味中，对往事的追忆中，兴奋不已……

“拿不下来也要咬你几口”

郎导和袁导聊得最多，大家听得最来劲。

“里约你们小组预赛输给荷兰、塞尔维亚，落到小组第四后，给我打电话的人中，为你们担心的多了起来，问我中国女排还有没有戏？怕你们连奖牌都拿不着啦！”袁伟民说。

“我说，照我看这支队伍还年轻，预赛自己还没搞好，还没完全放开打。对塞尔维亚，人家打疯了，压着我们打，我们的东西根本打不出来，两个队简直不在一个档次上啊！下面就看她们怎么打巴西了。光脚的不怕穿鞋的，自己工作做到位，调整好了，什么都别想，放开打，把水平都发挥出来，巴西要打赢这场球很难。巴西已志在必得，都看好她们会夺冠，加上是东道主，又是淘汰赛，压力会很大，只要我们自己做好，完全放开打，就有机会！如果把巴西赢下来，半决赛、决赛乘势而上，就有可能给你们抱回一个金杯哦！”哈哈，哈哈。袁伟民说来很得意，因为结果果然被自己言中。

“这场比赛，赛前我们做了多少工作啊，我跟队员说现在摆在你们面前的只有两条路：一条是，放下一切，什么都别想，轻装上阵，把自己的所有本事都拿出来！还有一条就是瞻前顾后、缩手缩脚，想赢怕输，死路一条！”郎平说。

“我要求队员不去想结果，只想如何打好每一个球，如果怕进不了前四，结果没法交代，那我告诉你们，我们已经死啦，还怕什么呀！我们是什么？我们是中国女排，中国女排就不能让对手舒舒服服赢，拿不下来也要咬你几口，想赢我们没那么容易，水平发挥出来了还输，大不了卷铺盖回北京！”讲到这里，郎平有些激动。

队员工作做通了，一切又回到了原点，在准备和巴西交战前的训练课上，反倒是前所未有的平静。正如助理教练在接受记者采访时所说：“那时候已经谈不上怕和不怕，之前队员还会算计自己处在一个什么位置上，下一个对手可能是谁？但现在形势一目了然，反而把精力都集中在技战术的准备上去了。”

为年轻付学费

打大赛，发挥不正常，是年轻队员的特点；打大赛，初生牛犊不怕虎，发挥好了，能打赢本来难以打赢的球，这也是年轻队员的特点。

郎平和袁伟民，一个坐镇里约，一个在京观赛，两人相隔千山万水，但英雄所见略同。在中国女排落到小组第四，处于最低谷的时候，大家都在担心，有信心的人已经不多了，但他俩依然把希望寄托在年轻队员的发挥上，处险不惊。

8 月 13 日早上，我曾给郎平发过一条微信："郎：顶住！此刻最需要的是自信、凝聚力！你行，中国女排行！"当时她们已经连输两场，败给荷兰、塞尔维亚，我很焦急。可从郎平立马回我的微信中看，她很平静："谢谢管家的支持！我们队要想成长必须经历这一关！"她看得很清楚，问题出在年轻上，因为年轻需要付学费，因为年轻还有希望。在顶级大赛中，教练员对运动员的把控，非一般教练所能，关键取决于教练员平时对每一个队员的了解，以及运动员对教练员的信任程度。无疑，郎导的人格魅力为力挽狂澜奠定了基础。

"临大事有静气"

过去很少当面表扬队员的袁伟民，开始表扬郎平："这次比赛，无论是输球，还是赢球，我注意看电视上的你，还比较冷静，没有急，很不错。"

"我也觉得很奇怪，几场硬仗，比分都很接近，每次比赛结束，记者采访时，都要问我紧张不紧张，我真没觉得怎么紧张，因为比赛时，我所有的精力都集中在每一个球上，尤其是落后时，总是在想啊想啊，试着用各种办法来抓住转机。"郎平回答说。

其实，郎导的这种沉着、冷静也是在大赛中逐渐积淀起来的。就在一年前，2015 年世界杯女排赛出征前，队长惠若琪和其他两名队员突然因病和受伤不能前行，这飞来横祸，如当头一棒，把郎导打晕了。老教练袁伟民从报道和电视屏幕上发现郎平掉眼泪了，面对记者提问时她忍不住含泪谢绝。仗未打响，折兵在先，可想而知对郎导的打击有多大。

袁伟民给郎平发去了一条短信："切记：强者，总是在战胜各种各样的困难的征途上前进的。要记住：临大事有静气——强者风范。你现在必须冷静下来，并带头去做好大家的工作。"袁导的点拨，伴随着郎导从困境中走出来。当郎导率领的中国女排艰难地第一次举起金灿灿的世界杯奖杯时，郎导哭了，面对央视镜头她说出了心里话："老教练袁导一直在默默地鼓励我：作为强者，必须面对各种困难……"

从 2015 年日本世界杯到 2016 年里约奥运会，不到一年的时间里，不断超越自我的郎导，变得更加完美。里约比赛，无论争抗如何激烈，即使是在大比分落后的情况下，我们看到郎导的表情依然淡定自若，暂停时她总会耐心地说："慢慢来，不着急，一分一分拿……"喜怒不形于色。"不能让队员看出我的情绪。越是在困难的时候，越是要忍耐、要乐观、要坚强，队员们在看着我，我要用我的情绪感染她们、稳定她们，这是一支正在作战的队伍，无论如何士气不能丢、军心不能散。而一个主教练就是一支队伍的主心骨，作为一个主帅最重要的作用，就是体现在困难的时候，在运动员没有发挥好的时候，岿然不动，以身作则，促使队员保持气势，再接再厉。"郎导在接受采访时如是说。

"你们拔掉了我多少根眉毛？"

郎平风趣地告诉老队长曹慧英、老队友陈亚琼："小组预赛，我们接连输给荷兰、塞尔维亚，我想起了 1982 年我们在秘鲁打世界锦标赛，也是预赛意外失利，0 ：3 惨败美国队，导致后面比赛必须连打 6 场 3 ：0，才有可能拿冠军，那么困难，那么难受，袁导还那么乐观，从不唱歌的人，竟然哼起了苏州小调来，哈哈哈哈……"

"是呀，是呀，那小调尽跑调，没法听，让我们哭笑不得啊。还让我们越是输球越要抬起头来走进体育馆，折磨人啊，哈哈哈哈……"

曹慧英回忆道。

“好啦，好啦，我把你们搞笑后，你们拔掉了我多少根眉毛啊？多少根？”

“你编吧，编故事吧，我们什么时候拔过你的眉毛？我们只拔过你的白头发，你不要搞错哦！不信问小郑。”郎平反问袁导夫人郑沪英。时空仿佛穿越到了30多年前……

“郎平，讲真的，这次你的压力比我1982年世锦赛时更大。我们那时出师不利，逼得后面比赛不仅都要赢，而且不能丢一局，是因为只有这样赢得干脆，才能防止人家联手整我们，拿不到冠军，我们还不至于连奖牌也拿不到呀！你们这次落到小组第四，打巴西如果输了，连奖牌也无缘，回北京啦！你扛住了，指挥用人也很到位，你行！”袁伟民说的是真心话。

“袁导，我可是你最后一个坚守在排球一线的关门弟子哦，咱要为你争气啊！”这也是郎平的真心话。

“磨炼保持‘恒温’的意志”

当运动员时，郎平佩服袁导；当教练后，郎导依然佩服老教练袁导。1995年年初，时任国家体委副主任、中国排协主席的袁伟民，召唤郎平回国执教，在短短一年半的时间里，郎导就把低谷中的中国女排带入世界劲旅之列，一举夺得亚特兰大奥运会银牌。国际排联第一次破例把“世界最佳教练员”授予银牌队教练郎平。按惯例此殊荣都属于冠军队的教练。

1999年，辞去中国女排主教练职务后，郎平与女作家陆星儿合作完成了她人生中的另一件大事：撰写《激情岁月——郎平自传》。在这部著作中，有一章节题为“袁伟民影响了我的一生”，文中写道：“我大概就是这个脾气，人家说，事不过三，我一般是‘事不过一’，失败难免，但我绝不肯一而再、再而三地在失败的道路上走下去。这 20 年，对我最大的打击、最大的压力，就是输球的失败。当然，对我最大的考验、最大的磨炼，也是输球的失败。失败是一根灵敏度最高的体温表，一般人都容易在失败以后犯‘冷热病’，可我们打世界比赛，真是冷不得热不得。我最佩服袁指导有一种‘恒温’的意志，不管败到哪个地步，他那根‘体温表’的水银柱都保证一动不动。”

“转眼 20 年过去了，我与中国女排有着整整 20 年的不解之缘。这 20 年，我经历了很多，虽然取得了一些成绩，大家说我是英雄，但我心里一直很平静、很平常，我在我的领域里成功了，但成功的因素很多，不完全是我个人的努力，如果没碰到袁指导，如果没碰到那个年代，如果没碰到这样一拨争气的队员，我也不会是今天的我，是所有因素综合到一起，才有我的一切。”

今日，与老教练、老女排队员一起聚会，谈笑风生的郎平，让我看到：15 年前她自传中的初衷未变，对老教练、老队员的感情依旧。她师承袁导，感恩袁导，更可贵的是，今日郎导传承袁导、传承老女排精神，并没有停留在原点，孜孜不倦地学习，脚踏实地地付出，永不言败地超越，是她率领中国女排再创巅峰的基础和灵魂！

价值取向悄然变化

56 岁的郎平，名副其实拥有排球人生。她 13 岁开始学打排球，16 岁进北京青年队，18 岁入选中国女排。从 1981 年到 1985 年，作为中国女排主攻手四次赢得世界冠军，实现四连冠。1986 年她协同张蓉芳执教中国女排，夺得第十届世界女排锦标赛冠军。退役之后，1987 年至 1989 年，她自费赴美国留学。1989 年至 1991 年，为赚取学费她赴意大利摩德纳俱乐部打球。1991 年至 1993 年，在美国新墨西哥大学攻读体育管理硕士学位。1994 年，任八佰伴世界明星队主教练。

1995 年，郎平被召回国执教中国女排时，人们惊喜地发现，这些年在境外学习、打球、执教的郎平，有了很大的变化，尤其是她的国际视野，使她在训练手段、队伍管理、指挥艺术上开始具有国际风范。进入新世纪，郎平又回到美国，几年后，我发现在不同文化的熏陶下，郎平的价值取向也悄然发生了变化，这可以从她后来的几次抉择中看到，这种价值取向，是她迈向成功的阶梯。

为排球而生的郎平，骨子里浸透着排球基因。1999 年辞去中国女排主教练，回到美国后，她依然关注着排球，敏锐地捕捉着在排球方面还可以提高的、还可以实现价值的机会。于是，就有了 2002 年她离美赴意大利，执教摩德纳女子职业排球俱乐部队，将这支成立 27 年没得过全国冠军的队伍带到了夺得意大利联赛和杯赛双料冠军的领奖台。于是，就有了 2008 年，她率美国国家队打回北京，赢得了北京奥运会亚军。

担心葬送好名声

人生抉择并非易事，困难的抉择常常伴随着不确定性，甚至风险。

2004 年雅典奥运会结束后不久，我接到郎平从境外打来的电话，她告诉我美国排协要聘她出任美国女排主教练，想听听我的意见。

那时我还没有离任，还在中国奥委会、排协官员的位置上。虽然我和郎平从未有过直接的上下级关系，但是郎平早在北京队时，我作为《新体育》记者就开始写她，可以说我是看着她长大的。多年的接触我们早已成了好朋友，她信任我，叫我管家。有关她的事，我很关心，不过我从来只发表好友之见，没有官方色彩。

因为消息来得太突然，不知如何回答是好。在电话中，我首先反问郎平：“你自己是什么态度呢？”她说她还没决定，但是很想去，不想放弃这次机会，主要觉得自己长期漂泊在外，对女儿亏欠太多，浪浪正进入青春期，许多事情她爸爸照顾起来不方便，很需要母亲的陪伴。同时她也告诉我，美国排协给出的报酬非常优厚，从工资、住房、汽车到休假、国际旅行，很有吸引力。

电话中郎平也谈到，现在中国女排刚拿奥运冠军，正处于巅峰期，美国女排马上“大换血”，如果倒过来，中国女排正在低谷，美国女排处于上升期，她不会去美国队执教。我说，按照你的性格，要干这件事就一定会把事情做到最好，在你的调教下，美国女排肯定会越来越好，毫无疑问美国排协聘你也是瞄准着 2008 年北京奥运会的，到时候你带着美国队打回北京，还要跟中国女排隔网相争，那可怎么办呀？当时，就我对国内开放程度的理解，首先考虑的是国人的心理承受能力。我一时想不清楚的是，作为一个母亲，我非常理解郎平，很想让她抓住这个机会，起码在几年内，她可以稳定在居住地，既陪女儿又继续干自己喜欢的排球。可是作为她的好朋友，我又很怕她走错这一步，为此葬送掉自己的好名声。最后，我在电话中没有明确表示行还是不行，只是提出了一个问题，建议她在拍板抉择前再思考一下：自己打算下半辈子在境外还是境内度过。

郎平还希望我帮她从侧面征求一下袁伟民指导的意见，以及排球界其他朋友的看法。听完电话后，那些天我心里一直很纠结，我没有帮郎平去打听袁伟民和其他人的想法，我觉得郎平已是体制外的人了，不存在请示领导的问题，虽然郎平很尊重袁导，想听听他的意见，但这事也可能会为难袁导。我没有给郎平回电话，只想默默等待，让郎平自己决定这件事。

“真不知该怎么走出体育馆”

郎平要执教美国女排的消息终于传开了，中央电视台作为重大新闻，由《东方时空·时空连线》越洋采访郎平，郎平回答得很好，说出了心里话，似乎得到了大多数人的理解。“重大新闻”没有掀起轩然大波，我为郎平揪着的心暂时放下了。

也许是美国女排远在大洋彼岸，也许是郎平的江湖地位，决定了大多数球迷对她的所为没有表现出什么反感，舆论基本没有异议，但也并非风平浪静，某报载文暗指郎平异国执教似“叛徒行为”……

我为郎平担心的事情还是发生了。“大换血”后的美国女排，在主教练郎平的调教下，年轻队员进步神速，队伍日新月异，不仅赢得了北京奥运会入场券，还打进了半决赛。2008 年 8 月 15 日晚，中美女排之战即将打响。陈忠和带领的中国女排与郎平带领的美国女排为争夺决赛权一比高下。这天中午，我遇见郎平，聊起晚上的比赛，我紧张得不知说什么好，她却笑嘻嘻地说：“管家，今晚中国女排一个小时就能解决问题！”看她的表情非常超脱。在她看来，美国队的整体实力和经验，都还不如中国队，她们该好好向中国队学习。她完全没有想到，晚上的比赛美国队的年轻队员个个“打疯了”，加上中国队作为东道主也许有些压力，这场比赛竟然被美国队拿下了。

对这个结果，郎平没有思想准备。赛后我和她通电话，她显得很激动，倒不是因为美国队赢球了，而是因为这样的比赛结果，她还能被观众和记者理解，她深深感动。她说：“比赛结束后，我真不知道该怎么走出体育馆，可是，没想到从比赛地回到奥运村，无论是在场馆出口处，还是进村安检、步入混合区时，那些球迷、观众、记者都冲着我喊，‘郎平，比赛真精彩’，‘郎平，打得好’，‘郎平，加油！’‘我们永远喜欢你！’没有人指责我为什么要赢中国队，相反都是赞扬和祝贺，我太感动了，太感激大家的理解了。”

这场被媒体称为中美女排“和平大战”的央视直播，吸引了 2.4 亿中国电视观众的目光，赛后没有人埋怨郎平，埋怨陈忠和，埋怨中国女排。时代变了，人们的观念和心态也越来越多元化了，正如一位热爱女排的网民所说：“以宽容的心态和国际化的眼光来分析衡量，退役运动员或教练员赴海外寻求发展乃至回过头来成为我们的对手，不是什么坏事，不要因狭隘的民族主义为其贴上标签。出去也好，回来也好，都仅仅是个人对生活的选择而已。体育无疆界，我们的心，也不该有太多的边界！”

现在回想起当年郎平所作出的一个又一个抉择，不能不佩服她敏锐捕捉机遇的眼力，以及敢于实现自我价值的勇气。

职业精神最亮丽的闪光点

如果说当运动员时的郎平，执着追求排球，是为事业而奋斗，那么执教以后的郎导，则更多地把排球看作一份工作，一种职业。郎导对女排精神的传承集中展现在她的职业精神上，而专业技能和科学管理则是郎平职业精神中最亮丽的闪光点。

2013 年 4 月 15 日，郎平出现在体育总局排球运动管理中心一楼会议室，国家女排主教练竞聘现场。

即将上任的中国女排主教练面对的形势是：2004 年陈忠和率领的中国女排夺得雅典奥运会冠军，经历了“黄金一代”的辉煌之后，逐跌低谷——2012 年伦敦奥运会第五名，亚洲杯不敌泰国，痛失亚洲冠军，中国女排实力日趋衰弱。

从 2013 年 3 月底中国排协向郎平发出邀请，到 4 月 15 日参加竞聘，这半个月里，职业的召唤和严峻的现实，使郎平举棋不定、备受煎熬。她很清楚，这次回来竞聘，与第一次被召回执教不可同日而语。那时她还没有主教练经验，心里没底，这次她的自我感觉是自身条件已具备，关键看客观条件能提供到什么程度。作为一份以创造世界先进水平为目标的职业，受聘前，她必须审慎从事，全面细致地搞清楚，她能否最大限度地全方位整合优质资源，为实现目标创造最佳条件。

经过半个多月的沟通、交流、磨合，中国排协的诚意和承诺，终于打动了郎平。这个承诺包括：对女排选人用人的绝对话语权、搭建复合型教练康复团队、打造女排大国家队模式，甚至包括全国联赛相关问题等。排管中心全盘接受，并表示全力提供人财物方面的支持。可以说，客观条件已完全具备，就看郎平如何履行合同，兑现承诺了。

2013 年 9 月，郎平上任五个月迎来了第一次“小考”——征战当年的亚洲锦标赛。这支中国女排交出的答卷是获得第四名，回到了中国女排历史上最差成绩。这让郎平清醒地看到，老队员的潜力已被挖尽，快速培养新人已成为当务之急。

郎平求“新”若渴，各省、市大力支持，年轻选手脱颖而出，点燃了全队的希望，一颗颗新星冉冉升起：2013 年，19 岁的河南姑娘朱婷，身高 1 米 95；2014 年，17 岁的江苏姑娘袁心玥，身高 1 米 99；2015 年，18 岁的江苏姑娘张常宁，身高 1 米 95。2016 年，里约奥运会首次参赛的新人占 2/3，而且全都是清一色身高超人的年轻小将，完全符合当今排坛女子排球项目“高大化”“男子化”的发展趋势。排球规则的改变，网上争夺的白热化，预示着没有高度就没有优势，这也是目前这支中国女排能够与欧美强队争霸的“杀手锏”。

“我不能像袁导练我那么练朱婷”

朱婷日趋成熟，而且心理素质较好，比赛中发挥稳定，很少失误。从 2013 年到 2015 年每次大赛，几乎每场比赛她个人得分都名列全队之首，2015 年世界杯赛朱婷一人独得 141 分，仅拦网就得 25 分，里约奥运 8 场球，朱婷共得 179 分，平均每场得 22 分以上，进入淘汰赛后的三场关键比赛，每场她都是得分王，决赛她一人独得 25 分，被戏称为“得分机器”，是中国女排两次夺取世界冠军的头号功臣，是国际排坛公认、当之无愧的世界最有价值女排运动员（MVP）。曾任中国女排主教练的陈忠和对记者说：“当年日本有人说，郎平是 60 年一遇的选手，我可以这么说，朱婷是 100 年才出一个的好苗子。”她们俩都是具有排球天赋的天才运动员。但是，如果没有当年袁导、今日郎导的慧眼识人和悉心培养，哪有世界最优秀运动员郎平和最有价值运动员（MVP）朱婷的出现？

袁伟民问郎平："你还记得当年我怎么练你的吗？每周六天上下午训练，有四天课后你都被安排留下来加练，有时还要叫其他老队员陪着你练，不这么练，你的技术能那么全面吗？"

里约奥运会上有记者问郎平："你觉得现在的朱婷的技术水平是否已经超过当年的你？"郎平回答说："时代不同了，不能这么比。但是在一传和防守上，可能我比她还好一些。"

郎平告诉我："我怎么能忘记袁导是怎么练我的呢，可我不能像袁导练我那样去练朱婷。"

出生在普通农民、多子女家庭的朱婷从小营养不良，瘦如竹竿。她 13 岁开始接触排球，没有经过专业训练，就进省队、国家队，从身体素质到技术都很单薄。刚进国家队，稍一练她就脸色发白，头晕想吐，头一两年郎导都不太敢给她上运动量。为了给她补充营养，郎导从美国给她带蛋白粉，让她长肌肉、增体重，配合针对性的体能训练，身体素质明显提高。郎导亲自带她练一传、防守和后排进攻。因为朱婷在省队只管进攻不需要防守，所以一传、防守基本不会。排球是一项必须攻防全面的运动，否则前排得分，后排失分，得不偿失。经过郎导一年多的调教，在 2014 年世锦赛上，统计数据令郎导惊喜：6 进 4 打巴西队时，朱婷接 22 个一传，19 个到位。

嫩竹扁担挑起了千斤重担。郎导锤炼朱婷，既运用了当年自己接受袁导训练时的体会，又结合了她在欧美等世界一流球队执教时积淀的经验。在对年轻选手运动量的把控方面，她有计划地强化融入专项体能训练及康复保障。

尽量减少队员受伤的概率

郎平为国家女排配备了强大的保障团队，有从境外请来的体能师、康复师、运动训练师，以及中国队原本就有的队医。体能师拉尔森来自美国，郎导交给他的首要任务是尽量减少队员受伤的概率。她要求医生和康复师对每一个队员的身体情况做细致的医学测试，然后根据指标为每个人定制体能训练康复计划。据拉尔森向媒体介绍，“中国队一上午就要练三四个小时，下午还要练，而且是一周 7 天持续训练。在这种高强度的训练模式下，让队员保持良好的身体状态并不容易。但好在队里的运动员们风险意识都在增强。比如朱婷，在日复一日挥臂扣球的训练中，她的肩膀非常容易受伤，但她对此反应非常快，稍有不适就会马上向教练员反馈，及时换到我这里进行治疗，因此她始终保持了很好的竞技状态。要知道，很多运动员对一点点身体异常不会十分敏感，然而再练下去就可能会受伤。”

在训练中，郎平如果发现某个队员的体能需要改善，她会果断地把队员交给拉尔森，之后就完全尊重体能师的专业能力。拉尔森说，“和其他队伍的教练相比，郎平更了解体能训练的专业性，一个队员体能如何、是否适合上场比赛、该如何训练加强体能的哪些部分，郎平完全听从我的意见。”

2015 年世界杯赛，在对韩国队的比赛中朱婷扭伤脚被换下场，让观众着实紧张了一把，被迅速换下场的朱婷，由两名康复师轮流帮她治疗，经一天调整，根据几项数据指标判断她脚伤已康复，仅错过一场球，朱婷又战斗在赛场，为最终夺冠再立新功。

人们记忆犹新的是：10 多年前，“黄金一代”新秀赵蕊蕊同样在比赛中扭伤，经过半年康复治疗，重返赛场，再度受伤，不得不提前结束运动生涯。在那些年代，主教练不可能具备强大的保障团队，有的运动员就有可能为受伤付出代价。

比的是教练驾驭队伍的能力

随着现代化体育运动的发展，像足、篮、排这样的集体项目，是综合实力的较量，从某种程度上来说，比的是主教练对自己队伍的驾驭能力。郎平凭借自己在欧、美、亚世界一流球队多年的执教经验，吸取东西方文化精华，博采众家之长，以及女性教练特有的细腻，在科学管理队伍上独树一帜。

无论是在境外执教，还是在国内执教，郎导作为主教练，管理队伍的科学性主要体现在因人而异的人性化管理上。团队精神是集体项目的灵魂，在任何地方排球教练都要讲团队精神。郎平说，由于价值观不同，在美国有的队员会直接找主教练问：请你告诉我，我为什么不能打主力？因为她要实现自我价值呀！那么，你就要寻找她能够接受的方式去和她谈团队精神，谈个人在团队中的位置和作用。在中国执教，也许你会发现更多的运动员非常听话，但难以建立起自信心。所以，从训练、比赛到生活，郎导总是采取以鼓励为主的方式，培养运动员的自信心。

当年家喻户晓的袁导，人们在电视中看到的他总是镇定自若、面无表情，给人的印象是“不会笑的严师”；今日在电视中看到，暂停时的郎平总是在鼓励队员：行，不错，别急！训练中她常会对队员说，你是最棒的，但我希望你在哪些哪些方面做得更好。严师袁导，慈母郎导，虽然外表不同，但他们都具有内在的睿智和令队员信服的人格，这才是他们真正的魅力所在，才是他们能够驾驭自己队伍的力量所在。

三位奥运冠军主教练都有神来之笔

排球比赛有它自身的规律，攻防转换瞬息万变，谁掌握主动，谁就能先声夺人，尤其是比分落后处于被动时，用人出其不意，常常能赢得转机，甚至力挽狂澜。袁伟民赞扬郎平在中巴生死之战关键时刻果断换上刘晓彤，及时扭转被动，打开局面，为最终取胜创造了条件。

中国女排里约夺冠后，新华社记者采访陈忠和，问：“从袁伟民到您，再到郎平，您觉得三位奥运冠军主帅的共同特点是什么？”陈忠和回答：“我和郎平都是袁伟民的学生，我们继承了很多袁指导的训练方法和管理理念，从他身上学到了很多东西。袁伟民执教时有一种威慑力，平时和蔼可亲，训练场上他的气场会让人感到害怕。郎平有多年在海外的学习和执教经历,带来了国际上很多先进的训练理念、科技应用、管理经验，但在训练把握上也是非常严厉的。”

说来也巧，袁导、陈导、郎导三位奥运冠军主教练，在三届奥运会夺冠关键时刻，换人上都有神来之笔。洛杉矶奥运会小组预赛，中国队输给了美国队，决赛关键时刻，袁伟民两次换侯玉珠发球，直接得分，奠定了 3 ：0 完胜美国队；雅典奥运会，中国女排在对俄罗斯的决赛中，先输两局，危难之时，陈忠和换上了张越红扭转局势，最终 3 ：2 反败为胜；里约奥运会，中巴之战，首局中国队以 15 ：25 大比分落败，第二局开始形势依然严峻，郎导果断换上了刘晓彤。只见晓彤神勇扣杀，进攻、拦网连连得手，瞬间激发了场上士气，双方比分交替上升，中国队死咬不放，最后以 25 ：23 扳回关键一局，后面三局晓彤均为首发，她进攻 19 次得 9 分，中国队以两分优势险胜对手，晓彤的出色发挥，为中国队杀进决赛，起到了不可低估的作用。

郎导告诉袁导，刘晓彤有实力，但是不自信，比赛常常不敢发挥。打巴西之前，这位已被边缘化的主攻替补竞技状态也一直不好，上场机会不多，为了帮助她建立信心，郎平做了许多工作，不断鼓励她，使晓彤感到教练非常信任她。养兵千日，用兵一时。打巴西要起用晓彤，是郎平早就想好的一步棋，因为晓彤过去没有和巴西队交过手，巴西队不了解她，她对巴西队也没有畏惧感。晓彤终于被郎导激活了，一举成为不负众望的奇兵，创建奇功。中国队和巴西队 8 年来 19 次交锋，18 次败北，这次取得了历史性胜利。

只有中国能实现

郎平成功了，中国排协成功了。双方通过顺利履行合同，兑现承诺，共同为中国女排取得历史性胜利作出了贡献。

托举起这金光闪闪奥运金杯的，不仅仅是参加里约征战的12名女排姑娘，还应该有入围“大国家队”名单的每一个队员，还应该有整个复合型教练团队，以及庞大保障团队的每一个人……

从某种意义上讲，中国女排的胜利，也是中国体育融举国体制、市场经济两种优势为一体的改革尝试。

郎平接手国家队，提出了“大国家队”理念。

2013年是备战里约奥运的第一年，为了考察更多的球员，郎平先后组织四次集训，在全国范围大撒网挑选队员，调动队员30多人，每个位置基本保持了3到4人在竞争。

2014年郎平开出的大国家队名单为27人，9月世锦赛、10月亚洲杯亚运会，中国女排兵分两路作战。

2015年备战世界杯，国家队集训名单仍然为26人，在联赛中有突出表现的年轻队员，几乎都被郎平招进过大国家队。

2016年里约奥运会，备战周期更长，参加集训人员更多，直到出征里约前几天才正式公布国家队名单。

郎导执教中国女排期间，她想调哪个队员就调哪个队员，运动员都向往入围大国家队，各省市体育局也全力支持，郎导一呼百应，各方一路绿灯。这是中国特色全国一盘棋、举国体制所能，也是郎平个人魅力所为。这是世界上任何国家和地区代表队难以做到的，也只有在中国能够实现。曾经和郎导一起在美国队执教的一位教练说：“2005年世界杯赛前，美国国家队马上就要出发了，主力二传博格突然说不想参加比赛，也不说具体原因。尽管美国排协也不太高兴，但还是尊重队员的决定。结果那次比赛美国队因没有二传手，只得临时将打其他位置的一名队员顶替打二传，成绩当然不好。”这种事情绝不可能发生在中国，国家队队员怎么可能临阵弃赛呢？可是在美国并不奇怪，因为美国文化就是个人意志最大化的文化。

与组建"大国家队"理念相配套的是，组建复合型保障团队。郎平全面整合优质资源的思路是非常清晰的。据中国女排教练组成员向媒体介绍说："从大构架来说，团队由一位体能师、两位康复师、两位国内的队医，以及一位不跟队的专门做手术的大夫组成，另外还有两位陪打教练同时兼任数据统计和视频分析人员。教练组有12位从各省、市抽调来的助理教练，根据不同的位置分为主攻组、二传组、接应组、六人组等。"

配备如此庞大的复合型保障团队，不是郎平首创，而是目前世界一流强队的先进做法。但是，这种配置需要雄厚的经济基础。在世界大赛中，我们看到昔日独占鳌头的古巴女排、俄罗斯女排，她们的教练配置受经济条件的限制，依然比较单薄，这也是她们现在难以保持世界领先的重要原因之一。

中国女排如果仅依靠体制内的国家财政拨款，同样不具备配备复合型保障团队的经济条件。这次郎平执教的中国女排之所以能够实现这样的配置，那是因为中国排协破例网开一面，除千方百计挤出给女排的经费外，还将企业给予中国女排的赞助也留作队内支出，当然也因为郎平的个人魅力，使企业愿意赞助郎平执教的中国女排。因此，从某种程度上来说，郎平是既得益于举国体制，又受益于市场经济的"福将"，她所拥有的得天独厚条件难以复制，这使包括乒乓球、羽毛球在内的其他运动项目的教练羡慕不已。

巅峰之后，路在何方？

中国体育改革是一项复杂的系统工程，任何非此即彼、非黑即白的思维模式都不可取。将郎平执教中国女排的成功，简单归之于"女排精神”的产物、冲破旧体制的产物、市场经济的产物、个人魅力的产物，都有局限性和片面性。

袁伟民说，在他看来，郎平的“大国家队”理念也有不得已而为之的一面，因为她接手时的国家队备战里约奥运会仅剩三年，不得不采取特殊手段。国家队队员来自各省市，从目前中国排球运动的实际出发，如果长期采取大国家队集训，大面积抽调省市骨干队员，必然影响地方队、俱乐部队的训练和发展，如果全国联赛或者深化改革后的职业联赛还需为国家队每年完成各种比赛任务让路，那么必然不利于中国排球运动的发展，也不利于排球产业持续、健康发展。

几十年来，美国女排始终保持名列世界前茅的水平，上下起伏不大，缘于她们扎根于校园排球，人才辈出，许多大学设有奖学金吸引着广大青少年参与到排球运动中来。意大利、土耳其等国，国家排球队水平并非始终保持世界先进水平，但他们成熟的职业排球联赛，吸引全世界一流高手云集，有力推动当地排球运动开展，一个小城就有 100 多支排球队。郎导介绍朱婷加盟的瓦基弗银行队是目前世界职业排坛水平最高的俱乐部队之一，土耳其职业联赛被誉为“排坛 NBA”。商业化动力机制给职业联赛注入了强心剂，使排球运动和排球产业相得益彰蓬勃发展。在欧美不少国家，排球运动真正成为了国民生活中不可或缺的快乐运动。

光芒之下，中国排球需要冷静的思考。

从 1981 年中国女排首次夺冠算起，35 年间 9 次赢得世界冠军，女排精神一次次振奋国人之心，已经形成了由几代人构成的、具有“女排情节”的庞大群众基础。然而，值得我们深思的是：为什么我国参与打排球的专业、业余运动员不见增长反而日趋衰减？为什么现在从小学、中学到大学，参与校园排球的人数比例，甚至低于五六十年代？为什么中国女子排球是世界水平，而职业排球联赛却至今难产？中国排球市场化、商业化的程度为什么还逊于中国足球、中国篮球？……

35 年女排路，时起时伏，有成有败，究其原因：成功，离不开一代又一代脱颖而出为国争光顽强拼搏的女排姑娘及其教练；失败，其根本原因则是至今还没有形成适合中国国情、真正有利于推动排球运动和排球产业良性发展的体制和机制，从而一再错失本可以乘势而上、加快发展的机遇。

严峻现实，呼唤改革。校园排球、职业联赛是迈向巅峰的塔座基石，尽快改变大球小众、精英排球的现状，顺应排球发展规律大胆改革，才能真正抓住机遇推动中国排球健康持续发展。

巅峰之后，中国排球路在何方？亟须我们广开言路，深入探究，找准雄踞巅峰的根基。让排球这项非常适合中国文化、中国人种的运动，在国民中真正得到普及和提高，从精神到物质全面享受排球运动的快乐。

何慧娴

2016 年 9 月于北京

巅峰回眸

INTRODUCTION 引子

远征的儿子胜利归来啦！

母亲在盼望他，故乡——苏州在欢迎他。

献花的少年，欢腾的锣鼓，成挂的鞭炮……早就准备就绪。故乡，热情的故乡，按照我们民族最隆重的传统仪式，等待英雄凯旋，迎接游子荣归。

袁伟民，母亲为你骄傲，苏州为你自豪！

但是，准备好了的这一切，又全取消了。

“不要献花，不要组织欢迎，不要惊动领导和乡亲，我是来看母亲的，我是来看乡亲的……”这是儿子的请求，这是袁伟民的心愿。

他回来了，像许多在外地工作的苏州人回乡省亲那样，自己提着行李，走下了从南京开来的 311 次列车。曾经是他的队员、现任江苏省体委副主任的孙晋芳陪着他，苏州市体委负责人陪着他。

在短暂的旅途中相识的旅客，拥到车门送他，港澳同胞在车窗口探着身子，晃动着一张张港币，在向他告别，港币上有他刚刚签下的名字。

一路归来，多少人要求合影，多少人请求签名，本子、书籍、报刊、纸张、港币……仓促间，人们把手边能拿出来的东西纷纷递上来，只求他的三个字，留作邂逅中国女排主教练的珍贵纪念物。

啊，热情的乡亲争先恐后地围上来，从站台开始，自发地组成夹道欢迎的队伍，一直把他送上等在车站外的汽车。

妈妈，满头银霜、年高八旬的妈妈，多少次望眼欲穿、期待着母子相见。她抚育成人的六个子女中，袁伟民最小，是哥哥姐姐们钟爱的弟弟。

袁伟民离家二十六载，故乡亲人时时在他梦中，却难得回来住些时日。在这条经过苏州的铁路线上，他多少次路过家门而不入。尤其是出任中国女排主教练以来，只回家过一次，来也匆匆，去也匆匆……年迈的母亲只能偶尔从电视荧幕上看一眼球场边的儿子，老眼昏花，看不清，看不够，难解思念之情。

儿子何尝不思念妈妈！这次在美国洛杉矶，在实现“三连冠”夙愿的那个夜晚，他就想到了妈妈，一定回家住几天，让她老人家开心开心。

车过葑门，家门在望。

二姐袁梅珉陪伴着母亲迎出来了，苏州街上这所寻常的房屋里响起了欢声笑语。母亲笑得合不拢嘴，儿子亲热恭敬地搀扶着妈妈，小小的天井里围满了闻讯而来的亲戚、邻居。

二姐告诉他，奥运会中美女排决赛那天，看完电视，就对妈妈说：“伲中国女排赢了，弟弟要回来哉！”妈妈高兴得笑眯了眼。

一队成功，荣及全国；一人成功，荣及全城。

袁伟民回故里，消息不胫而走。亲朋好友，街坊邻里，慕名而来者，络绎不绝。他专门安排了一天的时间，在家里接待来客，从早到晚没离开客堂，亲切地和父老兄弟姐妹聊天、给长者敬烟、为青年签名，虽然累一点，可是大家都高高兴兴的，他心里格外舒坦。

有一天傍晚，一个七八岁的小姑娘蹦蹦跳跳地跑进他家，一见面就连声喊："袁伟民，袁伟民……"袁伟民见她那么天真活泼，有意逗她说："侬错特哉，我勿是袁伟民，是袁伟民的弟弟。"小姑娘调皮地向他耸耸鼻头，一歪头颈说："不对。侬就是袁伟民！袁伟民大家都认得，我也认得！"但是，当袁伟民说他是苏州人时，小姑娘又嚷："不对！不对！"显然，在她的印象里，袁伟民应该是北京人，他是北京来的嘛，平时在苏州又看不到他。

袁伟民乡音不改，讲得一口纯正的苏州话，是道道地地的苏州人，是土生土长的苏州人。

在江南这片沃土中，有他生长的"根"。

1939 年，他出生于苏州近郊的一个菜农之家。

房前屋后，阡陌纵横，河网交叉。在四季常青的菜畦旁，在弯曲的河湾里，在狭窄的田间小路上，留着这个农家子弟最初的欢乐，留着他孩提时代的梦……

爸爸是个纯朴厚道的农民，辛勤劳动是他的本分，从早到晚忙碌在菜畦间，往来于木船上。他有一双粗大而灵巧的手，自己结网捕鱼，用鱼叉叉鱼。成年累月风里来雨里去，皮肤晒成了古铜色，大冷天也袒露着胸襟。他一生只知干活，连近在咫尺的上海，也仅在年轻时去过一次。他寡言少语，可是孩子们谁都不敢在他面前怠慢。

妈妈慈爱、爽朗，个性刚强。挑担上街卖菜，回来操持家务，养鸡、养猪，这些事已经够她忙的了，就放手让孩子们自己料理自己。

不识字的双亲用辛勤的耕耘养育着自己众多的子女。最小的袁伟民是这个和睦家庭里的宠儿。他天真、活泼、调皮、惹人喜爱，哥哥姐姐们遇事都让他三分。

只要做完功课，他可以由着性子玩乐，毫无顾忌地尝试从捣蛋到创造的各种乐趣，没有人呵斥他，没有人打扰他。梅雨季节，他穿上小蓑衣，赤着脚，撑着船，跟爸爸去捉鱼，这是他最开心的了。夏天，他到自家的桃树上去摘桃子，忠实的"阿黑"跟着他。这条狗，一身纯净的黑毛，是他从小养大的，高大凶猛。有时妈妈差他去买东西，他却想到外边去“野”一会儿，就把篮子往“阿黑”头颈上一套，没有哪一个敢动，让它代劳，万无一失。后来，“阿黑”死了，小主人为它大哭一场。

离他家不远，就是过去的东吴大学，后来改成江苏师范学院。教育事业的发展，使原来的地盘显得太小了，学校要征用他们家所在的那块地方盖图书馆，这样，他们就迁到现在的住所。

少年袁伟民，生活在一群辛苦勤劳的农民中间，勤勉、朴实，正直的家风熏陶着他，父母对孩子，不像知识分子家庭约束得那么紧，没有死板的那一套，他可以尽情地享受大自然的蓬勃生机。这个自由的天地，使他的想象力和创造性得到充分的发挥，养成了鲜明的个性，干任何事情都很有主见，很自信，不依赖他人。

他成长的环境，是农村与城市的结合部，既不是花花世界，又不像偏僻的农村那样闭塞。他既有农村孩子的单纯，又有城里孩子的见识。小学、初中、高中，上的都是苏州第一流的学校，这对不识一个大字的夫妻，这户没有一个大学生的家庭，最大的愿望就是让小儿子读上大学。

漫步苏州，山水风烟，石板小桥，幽园处处，新楼栋栋，熟悉中有陌生，陌生处有熟悉，令袁伟民生发无限情思。

9 月 1 日，当又一个新学年开始的时候，他来到苏州中学，探望阔别多年的母校老师。他感谢母校，感谢辛勤的老师。当年他是高三（6）班毕业的学生，班主任殷老师现在是教导主任。老师们陪着他绕学校走了一圈，受到了学生们的夹道欢迎。

是这里的学校，培育、输送出来一个栋梁之材。

是这座城市，孕育、造就了一个有为青年，使他在未来的奋斗中成为一个对祖国排球事业做出了很大贡献的人！

一个菜农的儿子，成了世界体坛闻名的人物。

一支普通的排球队，在他的麾下变成一支荣获“三连冠”的英雄队伍。

成功者走向世界的脚步，是这样开始的……

第一章

他从雪中来
在那个水仙花盛开的地方
选最好的丝线绣最美的彩锦

他从雪中来

白云萦绕着钟山，江涛拍打着堤岸。

他眷恋着美丽的江城南京，这里是他成长的地方，这里有他温暖的家。

他像一只燕子，匆匆地飞来，在自己的巢里落下，还没有等到歇过脚来，却又要匆匆地飞走。这次离别，就显得更匆忙了。

窗外，呼啸的风裹着白雪在飞舞。耳旁，响起妻子柔声的劝说："这么大的雪，不能等两天再走吗？"

是啊，他们的小宝贝阿粒，已经三岁多了，早就盼望着爸爸归来，给他从北京买回一把发火手枪来。这两天，他和陌生的爸爸可亲热着哩……

孩子降生之时，他不在妻子的身边。后来，岳母给他寄来儿子的百日照片，小脸胖胖的，穿着合身的毛线衣。咦？儿子是春天生的，百日之后，季节怎么反而倒退回去了？再一看，岳母寄来的是妻子的百日照片，开个玩笑，试试女婿经心不经心。

真的，不能等这阵大雪停了再走吗？

但是，他还是提起了刚刚收拾好的旅行包，亲了亲已经入睡的儿子，告别了依依不舍的妻子，毅然走进了茫茫的风雪中……

这是1967年早春的一个寒夜。江南的雪，难得看到下得这么大过。马路两侧的高大梧桐树上，鳞次栉比的房屋顶上，到处都落满了白雪。整个城市沉睡在雪幕里，唯有江上传来的汽笛和远处火车的轰鸣显得格外清晰。

从孝陵卫来的皑皑雪路上，留下了两行深深的脚印。

袁伟民顶着一头雪花，疾步向南京火车站走去。

这一夜，对于出任中国女排主教练的袁伟民来说，是难忘的。他的人生道路上，又开始了一个新的起点。

就像战马听到军号的召唤，风雪岂能把他阻拦！袁伟民一刻也不能等待了。马上到福建漳州去，到云集着12支女排劲旅的排球集训基地去。在那里，要挑选队员，重组中国女排。

午夜。他夹在嘈杂的旅客中，走进了熙熙攘攘的南京站，登上了由北京开往福州的过路车。找到自己的铺位后，他悠然点着了一支香烟，慢慢地吸起来。

周围是一片鼾声，他却毫无睡意。

个子高高的袁伟民，37岁了，依然保持着运动员那种匀称的体态和充沛的精力。他有一股使不完的劲儿，就像上足了发条的钟表。炯炯的目光，总是显露出几分思索的神态；富有弹性的走路节拍，令人感觉到一种潜在的力量。他是20世纪60年代到70年代初，中国男排中驰名国内外的优秀二传手，打过200多场国际比赛。他把宝贵的青春年华，献给了祖国的排球事业。

听着列车有节奏的轰鸣声，他的思绪沿着自己走过的排球之路奔腾起来。

与排球结缘，是在他以优异的成绩从全国重点学校苏州高中毕业之后。

在高中三年里，袁伟民是个德智体全面发展的好学生。他以活跃、好动出名，每项体育活动中都有他矫健的身影：奔跑在足球场上，争夺在篮球架下，角逐在田径赛中……

广泛的兴趣，多方面显露出的才能，使他做过许多迷人的理想之梦。蓝天、大海、高山吸引过他，是做飞行员、航海家，还是地质勘测队员？数学、物理、化学都曾使他入迷，尤其是代数、几何、三角更使他感到兴趣盎然。就在他盘算着是考清华，还是考复旦的时候，中国人民解放军某航校来的飞行教官首先看上了他，政审合格，身体初检样样合格，在严格的复试中发现他有轻微的关节炎。太遗憾了，不然他准会成为一名优秀的飞行员。

穿着严整军服的空军军官刚走，习惯只穿一身运动衣的体育教练们又来了。省体训班打算从高中生中选拔苗子。体育教师推荐了袁伟民，当时他已长到一米八〇，酷爱篮球，对打排球兴趣不大。来挑人的是篮球教练毛阿宝，测验来测验去，他被选中了。

千里挑一，这也是一种荣誉。

他欣然辞别了双亲，从家乡来到了省城。

分班时，篮球队要他，田径队要他，手球队也要他，最后还是被慧眼独具的江苏省排球队教练张然要去了。

张然在袁伟民的身上寄托着培养一名优秀二传手的希望。他很快发现，这个操着一口吴侬软语的“小苏州”模仿能力极强。不论学什么动作，只要教练稍加示范、指点，他很快就能领会掌握。不到两年的定向训练，就使他练出了二传手必须具备的娴熟的手法、灵活的步伐、强烈的战术意识。

严格的正规训练，远不像在学校里玩玩球那么轻松。

身体训练是单调的，蹲、拉、举、跳、跑，成千上万次重复着同一个动作，够腻味的；一天接一天的大运动量训练，使人疲乏得真想一觉睡三天。

惰性和懒散，最容易消磨一个运动员的意志。谁偷懒，准得挨“骂”。要是批评之后还不自觉，教练员就会使出绝招儿来，叫那些没有好好练的人每天早晨沿着中山陵那望不到尽头的台阶跑上去，每跑一次要放一块石头到顶端去。再偷懒也不行，因为过两天，教练就要亲自去检查一下顶上放了几块石头。

在战胜自我方面，袁伟民是自觉的。在教练的记忆中，他是一个从没有挨过“骂”的队员，更没有到中山陵去放过石头，这倒不是张然的偏爱，而是他少年老成，争强好胜。他的脾气是——吃苦不在乎，但是自尊心是绝对不能被伤害的。

刻苦，专注，善于动脑筋，使他的技术水平节节上升。不到 4 年，他就被选进了国家队。当时的国家男排教练孙志安，同样以赞许的口吻称道袁伟民是一个真正经得起大运动量考验的优秀运动员。

20 世纪 60 年代中期的我国男排，是一支大有希望的队伍。袁伟民就是这个蓬勃向上的战斗集体造就的优秀成员。他在日复一日的严格训练中，在一次又一次的重大比赛中，接受着千锤百炼……

那是 1964 年的春天。一次普通的训练课上，袁伟民和往日一样，像一台高速马达，把自己充分发动起来，用全部力量投入训练。汗水顺着他的面颊往下淌，漂亮的卷发早已湿漉漉地贴在前额上。浸湿了汗水的运动衣简直成了“游泳衣”，紧紧箍在身上，拧一把就会淌下一汪水来。他是个图痛快的人，干脆把运动衣一扔，光着膀子练开了。一个又一个险球飞来，被他飞身鱼跃救起。又是一道白光射来，他又一次海底捞月，摔出去，他的双手刚刚撑地，猛然被地板上的汗渍一滑，啪的一声，嘴巴猛磕在地上，痛得他用双手捂住了嘴巴，待到手掌拿开之后，伙伴们发现他的门牙缺了一颗。牙神经暴露在外，每吸一口气都会感到痛。袁伟民吐了几口血水，说声：“没事。”又活跃在球场上，照常上完了这堂训练课。

两个月后，在一次比赛中，他又因抢救一只险球，磕掉了另一颗门牙。20 岁刚出头的袁伟民不得不镶上假牙。在以后的几年里，这副假牙又先后碰坏过数次，或者重装，或者修补……

球场甘苦，袁伟民是深知其味的。他和他的伙伴——排坛名将祝嘉铭、马立克、邓若曾、冯正海、李宗镛等人，忘我苦练，就是为了打好排球翻身仗，攀登世界高峰。

当时中国男排队伍是整齐的，形成了自己独特的技术风格，在1964年苏联里加国际排球邀请赛上，与世界男排诸强交锋，获得了第三名的好成绩。

可是好事多磨，正当我国男排水平大幅度提高、很有希望打出更好的成绩的时候，“文化大革命”这场动乱使蓬勃的体育事业被迫停顿下来了。这段时间，深情苦恋排球事业的袁伟民是苦恼的，又是不甘心的，埋藏在他心底的理想，就像地下的种子渴望着阳光雨露一样，期待着破土而出的机会。

1970年，中国男排重新组队，31岁的袁伟民雄心不减当年，在排坛青黄不接之际，再度出山，担任队长，直打到35岁。但是，从整个队的水平来说，已经是今非昔比了。这批排坛老将们知道，靠自己去摘取世界排坛的桂冠已经不可能了，希望寄托在下一茬运动员的身上。

袁伟民正是怀着这样的意愿，从运动员跨入教练员行列的。出任中国女排主教练的使命，使他重新获得机会，去实现他当运动员时的冠军之梦。

……

列车顶风冒雪向着目的地不停地奔驰。千里铁路线上，一座座城镇从窗外闪了过去，漳州越来越近了。想到漳州，想到一大批热衷于排球事业的人，想到正在复苏的排坛，一片希望的曙光又出现在广阔的地平线上。

在那个水仙花盛开的地方

南国的春天是迷人的。明媚的春光伴随着绿色的生命，打扮着美丽的闽南名城——漳州。

一辆吉普车沿着平坦的柏油马路疾驰，远道而来的袁伟民，正风尘仆仆地赶往排球短期集训基地。

又看到漳州水仙了。多亲切的水仙花啊，这里简直是水仙的王国，家家户户临街的窗台上摆满了水仙，连扑面而来的和风里，都弥漫着水仙花特有的清香……

漳州水仙，远近闻名。从四面八方到这儿来集训的运动员，没有不爱水仙的。袁伟民也深深为这幽雅高洁的水仙吸引了。他欣赏水仙那顽强的生命力，只需一盆清水，就能鲜芳艳伦。他们多么希望一度百花凋零的我国排坛，也像水仙那样，在复苏中绽开玉蕊满堂春。

在我国排球界，的确有那么一大批人，他们愿意化作一丛水仙，用自己的生命去打扮祖国排坛的春天。漳州排球集训基地，就是在风雨中建设起来的一块花圃。

那是1972年的春天，周总理发出了“要把体育运动重新搞上去”的号召之后，沉寂多年的排球界又开始动起来了。

年届六旬的国家体委球类司司长、中国排球协会主席张之槐，兴奋得夜不能寐。这位当年的北京体育专科学校的高才生，在抗日的烽火中投笔从戎。自1939年起，在贺龙同志麾下，征战疆场。贺龙同志在战争环境中创建一二〇师“战斗”篮球队，张之槐曾荣任这支著名球队的队长。新中国成立后，他跟随贺老总一起到国家体委工作，领导球类司的工作。1954年中国排球协会成立，他就担任主席，为排球打翻身仗，殚精竭虑，“文化大革命”中为排球吃尽苦头，现在重新抓排球，格外来劲。

一批老排球工作者被他召回来了，当年曾经有力地领导打排球翻身仗的指挥部，又像一部重新启动的机器一样，开始运转起来。新的排球多年发展规划，使人们的面前又展现了一片发展排球事业的光明前景。他们决定开辟漳州排球短期集训基地，是从当时排球队伍水平下降、青黄不接、后继乏人的实际出发，通过多强集训，互相促进，共同提高，从而在全国培养出一批具有相当水平的强队来。这是促进我国排球事业兴旺发达的重要决策之一。

12 月的漳州，气候宜人，郊区农田里还不时响着蛙声。

排球训练基地，借用了原财贸干校的旧址，坐落在绿色的原野里。

当第一批集训队伍踏着田间小路来到这里的时候，眼前的景物使他们惊讶了：这里没有宽敞明亮的训练馆，仅有的是一座大草棚，还是当地为支持排球集训新搭起来的。更出乎意料的是：草棚里仅有两块场地，大部分时间要在室外训练。室外的六块场地，是不久前刚用竹片在荒芜的土地上拍打出来的，颇为粗糙。

草创时期，生活条件也相当艰苦。住的是板房，用的是井水，点的是蜡烛。整个基地只有伙房里有一个自来水龙头，还是附近驻军送过来的“风格水”。训练之后，痛痛快快地洗个澡，这对运动员来说是每天必需的，但在这里却是奢望，只能每周洗两三次，因为基地没有澡堂，是毗邻的龙溪机械厂的工人们发扬风格，宁可自己少洗几次，让出浴室给运动员们洗。其余时间就只能打点儿井水擦擦身。人多水少，打到晚上，井水又浅又浑，提上来的尽是黄汤，沉淀之后才能用。

国家级的集训基地，条件如此简陋，这是年轻的运动员们事先没有想到的，也是我国排球史上少有的。但是，在当时那种特定的历史条件下，它的出现给人以希望，它孕育着蓬勃的生机，就像漳州家家户户那些送腊迎春的水仙花一样，有着一种特殊的魅力。

“这是我们自己的基地！”它像一块磁铁，吸引着有志于排球事业的人们。

国家体委排球处处长钱家祥，是最早到来的耕耘者之一。他身披旧棉袄，脚蹬解放鞋，迈着急促的步子，一身标准的“五七”战士打扮，从山西屯留干校直接赶来。老钱是个有学问、有才华的人，他曾就读于上海圣约翰大学经济系，担任过这所大学的排球队队长，是新中国最早毕业的大学生，学业优异，熟谙英语，在人生的道路上曾经有过许多通途向他敞开，可是他偏偏酷爱排球。27 岁那年，他成为我国第一批男排国手之一；挂甲后，出任中国男排教练。他的前半生一直在和排球打交道，排球是他生命的一部分。他从来没想到过要和排球分开，可是“文化大革命”的狂飙骤起，硬是刮断了他和排球的联系。他痛苦地徘徊在干校的田埂上，为国运忧，为体运忧，“庄稼，可以一年一熟，培养一个优秀的排球运动员，最少也得七年的时间！如今倒好，体委都给砸烂了，往后怎么办？”没有排球的日子，憋得钱家祥心里别提有多不痛快了。现在，他从干校来到漳州，终于又有了施展自己抱负的机会了，心情特别兴奋。

巾帼不让须眉。原国家女排教练阙永伍也来了。当年她一门心思投入到打好排球翻身仗的奋斗中去，无暇他顾，每次爱神丘比特的箭向她射来的时候，都被她用排球的盾牌挡开了。直到她 36 岁才建立了家庭。她为排球做出了牺牲，却未能全部实现打好翻身仗的愿望。现在，静止的排球又动起来了，她安排好家里的事，到漳州来了！

江苏女排教练张然也来了。他谈吐斯文，头发稀疏，长着一个苏格拉底式的宽阔前额，很有几分学者派头，是公认的秀才，排坛的“笔杆子”，写过不少很有见地的文章和普及排球的小册子。在“文化大革命”中，他被打成排球“反动学术权威”，进了“牛棚”。他没有为自己不愉快的际遇而烦恼，却为排坛的凋零而担心。漳州集训的消息传来，他马上敏锐地意识到这是排坛复苏的信号，于是带上他的队伍，日夜兼程赶来了。

……

第一年冬季的短期集训，来了 12 支队伍，是部分省、市的青年队。从第一天起，大家摆开阵势，看着练，比着练，赛着练，谁也不甘落后。

两个星期练下来，衣服磨破了，球鞋开口了，粗糙的沙子地擦烂了姑娘们的皮肉，睡在床上，伤口与床单粘在一起，疼得有些姑娘哭起来。请来给运动员治疗的医生们，小心翼翼地洗下嵌在皮肉里的沙子，掉在洁白的搪瓷器皿里，叮当有声……看到十七八岁的女孩子吃这样的苦，他们心疼地向教练们提出了“抗议”：我们刚为她们洗净了沙子，搽上了药，你们又要她们去滚翻，这怎么会好呢？

医生的话是有道理的。看着有些姑娘走路一瘸一拐的，教练也不忍心，她们长得高大健壮，可毕竟还是些孩子呀！训练还要不要进行下去？在教练员会议上，大家狠狠心，还是统一了认识——照样练！现在刚刚上路，不练就完了。

一个响亮的口号，在艰难的奋斗中提出来了：“打败日本队，打败南朝鲜队，为国争光。”这个口号是一种兴奋剂，它鼓舞着人们的斗志，砥砺着人们的精神，一想到我们的目标是要打败这两支强队，谁都不敢懈怠。

在这段令人难忘的日子里，发生过多少令人难忘的事情！黑龙江女排半夜补课，就是无数动人的故事之一。

“三八”节这天下午，黑龙江队自己决定放了半天假。还没到傍晚，这件事就传到了钱家祥的耳朵里。他找到了她们的领队，劈头就问：“谁让你们放假了？”

领队辩解道：“今天是‘三八’节。”

“那规定你们必须完成的计划知道不知道？”

“知道。”

“知道为什么还放假？”

领队是位耿直、爽快的人，在钱家祥咄咄逼人的诘问下，脸上冒汗了。他说：“我补上。”

“你补不上了！未来的世界冠军取决于每天的训练量。你脱了一档，怎么补上？”

钱家祥发人深省的话，似重槌敲鼓，这位领队听后着急起来，一再申明：“我补上。”

钱家祥让他回答：“时间过去了，怎么能再回来？”

他终于想出了一个“绝”办法：“我们从明天早上三点钟开始，补到七点，四个小时，这行不行？”

钱家祥心里笑了起来，脸上还是挺严肃地说：“那好，明天一早三点前来叫我。”

第二天凌晨两点三刻，黑龙江女排的领队按时来叫醒了钱家祥。寥落的星辰，在夜空中眨着眼睛。一群睡眼惺忪的姑娘，拿着火把，穿过田埂，来到草棚训练馆。

周围的一切都在安睡，唯有草虫的鸣叫伴着姑娘们“砰、砰”的击球声。东方发白了，其他队的姑娘们起床晨练了，她们早已汗湿衣衫，却越练越有劲，还想再打一阵儿再走。这次补课，每个人的态度都非常认真，练得出乎意料地好。少睡了三个小时，出了一身大汗，领悟了一个道理：要把自己的一切自觉地服从于一个目标——在亚洲和世界排坛争一席之地。

我们的许多排球教练，是令人敬佩的。为了打好排球翻身仗，他们可以把自己的一切置之度外。

被人称为“要球不要命”的四川女排教练王德芬，就是带着硝酸甘油上球场的。一次，一位老朋友听说王德芬心脏病犯了，找到医院，不在。又去球场找，刚走到门外，就听到她在大声地吆喝着训练队员。两人相见，这位老朋友心痛地说：“你不要命了？”王德芬豪爽地笑起来，打趣地对老朋友说：“死在球场上比死在病床上痛快！”

这位在贺老总亲自组织的西南排球联队当过队长的“老兵”，至今保留着战士耿直、爽朗的性格。她有一颗慈母心，一张婆婆嘴，心地好，嗓门高，多年来，她手不停，口不停，带出了一批批女排好手，又把最优秀的学生慷慨地输送给国家队。

山东女排教练马占元，也是排球场上一个传奇式的人物。他出生于“排球之乡”——广东台山，父亲侨居加拿大。他在 1954 年担任国家男排队队长，1958 年贺龙同志提出，要把山东女排作为全国第二个重点队加以培养，他受贺老总的委派，由北京队去山东女排执教。“文化大革命中”，这位排坛赤子，仅仅因为有海外关系，备受冲击，吃了不少苦。等到他重新走上排球教练的岗位，已 50 岁出头了。远在异邦的老父亲思子心切，一再动员他申请赴加拿大。他却对组织上表示：“我是共产党员，贺老总交给我的任务还没有完成，我不能去。”

父亲在儿子赤诚的爱国心、强烈的事业心面前退让了，但一定要小孙孙去。他答应了。他送儿子到飞机场。儿子只有 9 岁，脖子上挂着一块“马占元之子”的牌子，孤身一人登上了国际航班，开始了陌生的、遥远的旅程。

他在国内的生活条件是艰苦的，老少三代五个人，挤在一间 12 平方米的房间里。但是，他宁愿吃这个苦，因为他心中有理想，事业上有追求。

好不容易度过十年内乱，重新得到了施展抱负的机会，但不久，又一件不幸的事情降临了。他得了鼻窦癌，被送去上海照激光，照得半边脸是黑的，半边脸是白的；半边出汗，半边不出汗。这些，他全然不顾，治病期间仍然埋头写排球教案。

病稍好一点儿，脸还花着，他就赶回山东，又出现在球场上。山东省体委的领导对他非常关心，一再劝他不要再当教练了，决定提升他担任领导工作。他预感到自己生命有限，深情地说：“请允许我继续兼任女排教练，去完成未竟的事业。”

球场上，经常看到这位令人尊敬的老教练，光着膀子，赤着脚，又打又练。他多像一支即将燃尽的蜡烛，迸发着最后的光和热。队员们感动了，小病小伤没有一个下球场的；排球界的同志们感动了，排球打翻身仗多么需要这种精神！

1979 年夏，在他的生命垂危之际，国家体委排球处派王子淑同志去看他，一见面，他就滔滔不绝地讲起排球的形势很好，为此而无限欣慰，相反，对自己的病，却只字不提。

教练员的这种可贵的责任感和强烈的紧迫感，是一种共同的财富，互相感染着，互相激励着。尤其是每当水仙花开的季节，大家云集漳州，一练、一比、一打，比出了差距，打出了高低，没有不急的，没有不拼命的。

漳州短期集训是一次大检阅、大练兵，它为发展各种技术、战术风格提供了广阔的舞台，也为各队之间相互学习、取长补短提供了有利的课堂。集训锻炼了队伍，锻炼了一大批队员，锻炼了教练，中国女排正是在这样雄厚的基础上诞生的。

选最好的丝线绣最美的彩锦

路，还是要穿过田野；地点，还是在那个偏僻的财贸干校。可是，这次出现在袁伟民眼前的漳州排球集训基地，却今非昔比，“鸟枪换炮”了。

“想不到小别数载，这里发生了这么大的变化，真是事在人为啊！”袁伟民有些惊讶了。

一幢白楼，掩映在扶疏的绿叶间，远远就看见了。这是运动员大楼，有四层。推开大玻璃门，有一百多个房间随时都准备迎接来自四面八方参加短期集训的体育健儿。

透过明净的窗户，可以望见满目绿荫，处处花草。院子当中是一个大花坛，分上、中、下三层，最高处栽植着一株风韵别致的塔松，在微风中抖动着翠绿的松针……

四年前建造的那个简陋却又令人难忘的大草棚不见了。取而代之的是一个新建的室内练习场馆。宽敞，明亮，铺着打蜡的地板，练滚翻再也不必担心沙子嵌进肉里去了。

这次漳州之行，袁伟民负有特殊使命：选拔队员，组成中国女排，迎接第二届“世界杯”赛之前的亚洲预选赛。他整天坐在球场边，一言不发，专注地观察着每个队员的动作、表情和言谈。他的脑海里却在紧张地思索着，通过全面的分析比较，对眼前这些队员的素质、性格和球艺做出判断和选择。

有时他的思绪飞出了球场，飞得很远很远……

他想到了自己的家乡，在这个以苏绣闻名于世的地方，历来有“家家种桑，户户刺绣”的习惯。他回忆起小时候看人家绣花的情景。

那些巧手绣女端坐在花绷子前面，把丝线劈得细细的，穿上银针，整天不辞劳苦地绣呀绣呀,本来一无所有的绸缎上,慢慢地长出了绿叶，开出了红花，最后竟变成了一幅美丽无比的彩锦。

现在，袁伟民忽然浮想联翩，虽然自己不是一名绣女，可那绷紧的排球网雪白雪白的，多像一架硕大的花绷子呀!

袁伟民要挑选最好的丝线，来绣最美的彩锦。

他心中揣摩的，不是红花绿叶、丹凤朝阳、梅竹映辉，而是世界排坛的风云，中国女排的未来。

他想起了蜚声世界排坛的日本女排教练大松博文。

大松的追求和成功是发人深思的。20世纪60年代初，“东洋魔女”能够横扫天下无敌手，从技术上看，她们克敌制胜的“秘密武器”是滚翻救球和勾手飘球。这是大松精辟地分析、把握了当时世界排坛的竞技特点之后创造的。那时，进攻走在防守前面，发球和接发球长期处于相对平衡状态。滚翻救球的出现，为以防守制人提供了可能性；勾手飘球的运用，打破了已有的平衡，使一传必须改用垫接球与之相适应。她们走出了一条别人没有走过的路，终于在1962年一举登上世界冠军的宝座。

当年的大松，从他训练日本女排第一天起就公开宣称：“要拿世界冠军！”果然壮志已酬。

袁伟民是含蓄的，却也同样雄心勃勃。

他经常体味国际排球界一位著名教练说过的一句话：“扩大国际视野，掌握世界排球发展动向和潮流，是称雄世界的一个重要条件。”

要走向世界，就要了解世界，扩大国际视野，从新的高度和广度来看问题。

20 世纪 70 年代末，排球规则有了新的修改，拦网队员可以将手伸过球网去阻拦；拦网者触球后可连续做第二次击球，还可以打三下再过网。这些改变，加剧了排球比赛中的扣、拦争夺与对抗，掌握网上制空权往往成为胜负的关键。这在客观上促使排球进一步向大型化发展。

一支支排球新军在亚洲、美洲和欧洲崛起，冲击着日、苏女排称雄世界的局面，也使中国女排在走向世界的征途中，面临着更大范围的挑战。

袁伟民正是在这样广阔的背景下思考问题的。他敏锐地看到，现代的排球，已经成为高度、力量、速度和技巧相配合的排球，这个趋势决定了单一的速度加技巧的亚洲型打法，或力量加高度的欧洲型打法，都已不能称雄排坛。这就需要我们博采众家之长，创建一支中国式的，既有高度又有灵活性的，能攻能守、能高能快的全面型球队。

这就是袁伟民的组队思想。

这一思想，得到了体委有关部门的领导、国内排球行家和参加漳州集训的教练员们的支持和赞同。

袁伟民选择的目光，首先投向了那些身材高、素质好、技术全面的队员身上。

几天观察下来，他心里大体有了个谱：主、副攻条件好的不少，有选择余地；唯独缺少比较理想的二传手。而他当时设想的组队方案恰恰是“选定二传手，由此再及其他”。

曾经是著名二传手的袁伟民深知，选准二传手对于一支队，尤其是以打战术球为特色的队，是至关重要的，因为这根“丝线”直接关系到未来要描绘的那幅图画的基调，关系到全队技、战术的制定，以及今后能提高到什么水平。

选谁好呢?

袁伟民思忖良久，反复比较。

江苏队素以培养二传手出名。被袁伟民和选拔委员会的行家们慧眼识中的，就包括江苏女排二传手孙晋芳。

小孙21岁，身高1米75，打球反应敏捷，头脑聪颖，神态从容，尤其是二传的手感和节奏感很好。乍看她打比赛，还使人感到颇有点儿大将风度呢：胸脯挺着，两手叉腰，异常活跃，和老队员一起打球，简直看不出她是一名新手。

看到孙晋芳身上泼辣多于窈窕，谁能相信她竟是一位姑苏少女呢!

她出生于苏州一个铁路职工的家庭，读的是铁路职工子弟学校。她从小好学上进，生活俭朴，待人热情。在一次全校田径运动会上，她参加两个项目的比赛，跳高成绩突出，为全班荣获团体总分第一立下汗马功劳。15岁，进苏州市业余体校，16岁那年，被选进了江苏省女排二队。特有的模仿能力和好学不懈的精神，使她学一样像一样，仅仅经过三个月的训练，就被一队借去打比赛了。江苏队的教练，从卜庆霞到张然，都在她身上寄托着培养一名优秀二传手的希望。

可是，在小孙的性格中，也有不适宜当二传手的一面：自尊心强、脾气倔。在排球比赛中，承担着组织进攻重任的二传手，需要有绝对的任劳任怨、甘当配角的精神。一位排球行家说过：二传手的脾气，最好温驯得像一头绵羊,因为她在场上每时每刻都要去主动配合别人，为他人铺路。比赛中这样的情况是屡见不鲜的：当二传手竭尽全力组织起一个好球，队友扣杀成功，掌声会立即飞向那“一锤子定音”的攻击手；而当配合失误，进攻未能得势时，责备和埋怨往往又会首先冲着二传。

小孙可是个不甘愿处处顺着别人当“小媳妇”的姑娘，她受不得“气”。甚至还会在扣球手进攻不下去时，急得向别人瞪上一眼。

倔强，对二传手来说，既是缺点，又是优点。小孙刚刚开始打比赛时，因为经验不足，教练只得在场外打手势，告诉她在什么情况下组织什么战术。即便这样，有时比赛下来，她也会十分认真地指出教练某次指挥不符合当时场上情况，提出自己的看法。以培养二传手著称的张然教练，还不曾遇到过像小孙这样大胆又肯动脑筋的姑娘。

训练场上，小孙的那股倔劲又和不服输、不怕苦的精神糅合在一起，让人看了打心底里喜欢。运动量再大，她从来不打折扣、不偷懒。初进省队的那些日子里，为了尽快提高传球的准确性，她把宿舍大楼当成“第二球场”，经常利用休息时间，和另一位担当二传的姑娘张洁云一起，在走廊里练传球。

比起宽敞的体育馆，走廊显得那么狭窄，传不几下，球不是弹到墙壁上，就是碰到了天花板。但是，她们毫不气馁，不停地托呀托，渐渐地这个狭窄的天地变得宽阔高大起来，接连传几百下都不成问题了。后来，她们给自己规定，不接连传到五百下不休息。这样，前后坚持了两年。

有时候，她们还用一根绳子把腰和踝关节系住，保持半蹲的姿势传球，用这个“绝”办法克服了重心太高的毛病，使动作更规范。这些努力，帮助小孙打下了扎实的传球基本功。

袁伟民观察到，在孙晋芳身上适合不适合当二传手的诸因素是交织在一起的。他觉得只要精心雕琢，璞玉一定能够成为良器。未来的中国女排需要这样的二传。

继孙晋芳之后被选中的另外三名二传手是：

江苏队的张洁云，20 岁，身高 1 米 74；

八一队的陈招娣，21 岁，身高 1 米 75；

山东队的王加琴，21 岁，身高 1 米 79.5。

袁伟民感到满意的是，这四名二传手平均高度达 1 米 75.8，可谓中国女排历史上最高的二传手,这在当时世界排坛上也是数一数二的。

11 名主、副攻手的名单，也从参加短期集训的上百名进攻手中选拔出来了，她们是：

八一队的曹慧英、杨希、沈散英；

陕西队的曹淑芳、王爱香；

北京队的李文秀；

辽宁队的齐丽霞；

山东队的韩晓华；

浙江队的施美莲；

安徽队的杨素娟；

四川队的张蓉芳。

她们中有七人身高在1米78以上。条件最突出的要算八一队的三名炮手，而曹慧英尤为出众，是袁伟民和其他排球行家公认的“理想队员”。

小曹是来自河北唐山地区滦南县的农村姑娘，22岁，身高1米80，素质好，技术高，作风硬。

她长得秀气、文静，性格倔强，小时候很不安分，整天无忧无虑，蹦蹦跳跳，在打谷场上练劈叉，在院墙边“竖蜻蜓”，妈妈经常又嗔又爱地说她：“瞧你走没个走相，站没个站相。”北方农村，不少地方一向有习武的传统，她11岁时就跟村中一位老者学拳。加上又有一副天生的好嗓子，能歌善舞，一下子就被公社文艺宣传队选中了，不久又被选进县剧团，先唱评剧，又唱京剧，学了一年，就登台演主角，在当地饶有名声。

这段经历，使她受益匪浅。武功、舞蹈，培养了她特别好的柔韧性，打起排球来手快脚快，动作非常协调。作为三号位的副攻手，反应灵敏，拿手绝招“短平快”，既有力量又有速度，在当时的全国快攻手中首屈一指。

对于进攻手身材高度的要求，比起二传手来是更加“苛刻”的。身高只有1米74的主攻手张蓉芳，比已经中选的二传手还矮，在“高妹”如林的炮手中，更算不得是“大个儿”，她怎么也被袁伟民选上了呢？

被大家亲昵地称为“毛毛”的成都姑娘张蓉芳，是一颗“自己蹦出来的珍珠”。

11 年前，她 14 岁时，就自己找上门去，要求进成都市排球队，在接受正规训练的最初日子，给启蒙教练留下了深刻的印象。那时，她年龄最小、个子最矮，教练担心她会练坏身体，总是让她比别人少做一点儿。可是她好胜心强，肯下功夫，善动脑筋，不仅没有少做，而且比别人完成得好，完成得快，有时还自己加点班，结果三个月就学会了传球、垫球、发球、扣球等基本技术，六个月就上场打比赛，不到一年便成为省青年队主力队员。

有一次，她们去乐山县参加一个基层排球比赛，那里正流行“红眼病”，不巧张蓉芳染上了，两只眼睛肿得像核桃，又疼又淌眼泪。教练让她休息，可她一定要上场。比赛场上，她极力睁大眼睛，像往常一样，只要不成“死球”，就没命地摔滚扑救。

她的这股顽强劲，引起了当时正在观战的四川省女排教练王德芬的注目。她找到青年队教练说：“把张蓉芳给我们吧！四川女排的老传统、好作风就要靠这样的队员来继承和发扬。”

张蓉芳明白，要走自己的路，就要根据自己的特点，形成独特的风格。为了练就一手进攻绝招，她自觉加大训练的强度和密度，一次训练连续扣球二三百次，在实践中不断摸索对付严密拦网的进攻技巧；为了练出过硬的防守本领，她玩命地滚翻，常常练得浑身青一块、紫一块的。历经艰苦磨难后，她终于成为了一名能攻善防的优秀队员。

袁伟民看中的，正是张蓉芳全面的技术、顽强的意志。

各种颜色的丝线搭配起来，才能绣出美丽的彩锦。袁伟民未来要绣的彩锦中，张蓉芳这根“丝线”也是不可缺少的。

第二章

飞来了一群海鸥

绷紧的琴弦才能奏出美妙的乐曲

坐五等舱也要走

飞来了一群海鸥

1976 年仲夏，组成中国女排的 12 名姑娘刚刚集中不久，便从北京来到青岛集训。

青岛真美。满城绿树，满城浓荫。红瓦片片，隐现于万绿丛中；海风阵阵，吹送着太平洋来的水汽；街巷中，弥漫着各种花卉散发的芬芳。整个城市依山而筑，三面环海，面对着胶州湾的万顷碧波。

“真是海上花园，水中明珠！”

青岛，给新来乍到的女排姑娘们留下的最初印象是美妙的。

海是什么样子的呢？她们中不少人平生还没有见识过海哩，快去看看海吧！

大海，无边无际，水天一色。远处，浪儿捧着波光在骄阳下闪耀，船儿鼓着白帆在波峰浪谷间行驶。沿着一座 400 多米长的栈桥漫步，仿佛随波走向海的深处。回眸一望，浅滩中座座礁石，威武地昂着身躯，迎击着海浪不停的拍打，卷起朵朵美丽的浪花。

忽然，一群海鸥扑进了视野，各自都像扯着一根无形的曲线，在海面上匆匆织着美妙的图案。它们忽而俯冲下去，从浪花中叼起一条甩着尾巴的小鱼；忽而腾空而起，在湛蓝的天穹下展翅滑翔，悠然俯瞰着大海、山河、人间……姑娘们目不转睛地盯着它们，赞叹着它们那双灵巧、矫健的翅膀。

她们来到了海边，投身到海的怀抱里，才恍然发现自己深深地被大海所吸引。大海是多么富有、多么慷慨、多么多情！

在海滨，中国女排姑娘们是一批特殊的“游客”，她们这次青岛之行，不是来领略水光山色，而是来练“翅膀”的。她们是一批羽翅日丰的海鸥，为了来日搏击风浪，就要借助大海的风把翅膀练得灵巧而坚强。

在中国女排到来之前，青岛的“运动员之家”已有12支省、市女排劲旅云集于此，紧张的短期夏训已经开始。中国女排的首次露面，在这个“家”里吸引了不少关注的目光。

有人点头赞赏：“嘿，真棒！这批运动员看来有希望。”

有人表示怀疑：“没有一个久经沙场的老将，全是初出茅庐的新手，她们能靠得住吗？”

这支队伍确实太年轻了。12个人平均年龄20岁，平均身高1米76.6，全是大高个儿，脸上却未脱尽孩子般的天真稚气。教练也年轻，刚刚跨入教练员行列的袁伟民，连教案都不知道怎样写好；当时的另一位教练韩云波，虽说已在“八一”队执教几年了，却也比袁伟民大不了几岁。

但是，初生牛犊不怕虎。年轻人无所畏惧，没有包袱，练起球来生龙活虎，让人看了打心眼儿里喜欢。

中国女排几乎每次练球，场外总是挤满了观众，内行看门道，外行看热闹。

“打一场比赛给大家看看吧。”人们提出了要求。

“好啊。”袁伟民答应得也很爽快。

“八一”建军节这天，两支女排队伍出现在青岛第一体育场，一支是中国女排，另一支是当时的全国冠军——陕西女排。打三战两胜的表演赛。

一部新组装的机器，未必赶得上正常运转的老机器那样协调自如。中国女排上场的6个主力全是新手，这和她们过去分散在各个队里由老队员带着打、“夹”着打，大不一样。在排球这个集体项目中，没有很好的配合，要取得胜利是很难的。结果，中国女排第一局输了，第二局赢了回来，第三局想赢怕输，又丢了。一比二败北。

这场球，孙晋芳因腿伤未愈，未能上场；陈招娣腰伤，也没有打满三局，对实力有所影响。但是，当时的国家队从技术到思想，表现得都不够成熟。赛后张洁云说的一番话，逼真地反映了她们当时的心情：“那场球，我们每个人都特别想赢，格外卖劲，但是，各人使各人的劲，你打你的，我打我的，拧不成一股绳，急得袁指导在场外直喊直叫。”

是啊，队员不成熟，教练也缺乏经验。球场上逆风逆水，袁伟民坐不住了，他忘记了自己是“导演”，竟完全进入了“角色”，不停地大声喊着：“注意，吊球了！”“扣下去！”“打快球！”……仿佛他也成了一名队员，感情随着每个球波动，只差没有上场打了。队员们被喊得懵里懵懂的，场上那么紧张，有的根本就没听进去，即便是听进去一句半句，等到几个人一齐反应过来，时机已经错过了。

这就是刚刚起步的中国女排。

“中国队输给陕西队了”，听到人家议论，中国女排这些要强的姑娘们感到怪难为情的，好像向她们投来的目光也在说“一比二”。

这个“一比二”对袁伟民也有压力，不过在大庭广众之下，他依然像过去那样面带微笑自信地正视着人们投来的目光，风趣地应答着朋友们用这个话题开的玩笑。

输了球，姑娘们感到“掉价”，袁伟民认为这是件好事。人就是要有点儿荣辱感、自尊心。他一面给队员们打气：“胜败乃兵家常事。今天输了，是为了明天不输。”一面又陷入了深深的思索：中国女排的起步是何等艰难啊！这一步，首先是教练要迈好，同时又要带领全队迈好，要让她们知道：不经坎坷，攀不上顶峰；不经风浪，练不出过硬的翅膀。要像海鸥那样，在搏风击浪的奋斗中，练出一副灵巧而又坚强的翅膀。

绷紧的琴弦才能奏出美妙的乐曲

大海的潮汐，时涨时落，有时波涌连天，有时一平如镜。

大海的涛声，时起时伏，有时慷慨高歌，有时低吟浅唱。

练习馆里的击球声，从黎明响到深夜。直到顶棚上的水银灯合上了疲倦的眼睛，球场才变得“风平浪静”了。

这时，凉爽的海风送来了大海的涛声，一阵阵一声声，像巨人深沉的呼吸，显得分外清晰。

练了一天，累了一天，那就枕着涛声美美地睡上一觉吧。可是，青年人毕竟是青年人。熄灯铃打过之后，二楼的几个房间里还没安静下来，不时传出叽叽喳喳的絮语和嘻嘻哈哈的笑声。直到她们的门上冷不防响起了“咚咚”两声，一切声音这才戛然而止，要不是快手快脚用毛巾被捂住了嘴角，说不定还会发出更响的笑声。

敲门警告的，不是别人，正是一秒钟前被她们比作“魔鬼大松”的袁伟民。

搞排球的人，谁不知道大名鼎鼎的大松？

一个人的姓名和“魔鬼”这个绰号联系在一起，其为人想必是很可怕的。大松博文训练日本贝塚女排的那些日子里，确实给人留下了可怕的印象，所有的队员都在暗地里骂他是“魔鬼”，因为他干的事在一般人看来不近情理。

训练场上，他的队员已经练得趴在地上起不来了，可他还是把排球连珠炮似的砸过去，毫不怜悯地斥骂着：

“这样弱不禁风，不如马上回家去！”

“像你这样，活着也没用，给我死了吧！”

倒地的选手，一看他这副模样，马上就会爬起来，双眼圆瞪，咬牙切齿地对着他，仿佛在说："这个令人憎厌的大松，决不能输给他！"

其实，这时的大松，从体力到心理上，也是很痛苦的。他已经不停地挥臂数千次了，汗流浃背，气喘吁吁。他满面严肃，大声喊叫申斥那些站都站不稳的运动员，也是在鞭策快要垮台的自己。

要求队员"战胜自己"，教练就要身先士卒，做出"战胜自己"的榜样来。他的原则是："跟我来！"

数载含辛茹苦，日本女排终于名冠世界。当初偷偷地叫他"魔鬼"的姑娘们，拉着大松的手哭了，由衷地说："谢谢大松。"直到她们离开排坛，建立了家庭，还时常带着儿女去拜望当年的这位"魔鬼"。

这就是大松。

袁伟民并不粗暴地骂人，训练中那严肃的面容、严格的要求，却也不亚于大松。他手下的队员，别说感情丰富的陈招娣、杨希哭过鼻子，就连男孩子一般倔强的孙晋芳、曹慧英也掉过眼泪。

眼泪最多的，当时要数浙江姑娘小施了。她娇弱胆小一些，练防守总是怯生生的，最好是躲到哪一位骁勇者的背后，避开那些难接的"炮弹"。谁知越怕越有鬼，这个生活哲理在球场上同样适用。袁伟民的"炮口"偏偏盯住她不放，人退球进，眼看就要碰到墙壁，走投无路了，袁伟民手中的球仍旧穷追不舍，非逼得她壮起胆子来，迎着球冲上去，扑救滚翻，否则，决不善罢甘休。这真有点儿心狠手辣不饶人啊！

生活中的袁伟民很重友情，绝不是那种铁石心肠的人。

任何一个统帅，都是按照自己的风格来训练他的队伍的。一个想打胜仗的将领，更应军纪严整，操练有方。袁伟民的风格是：严字当头。作为一名缺乏经验的新教练，在带这支队伍之前，他做了充分的准备：认真地学习了《生理学》，分析女队员与男队员在生理、性格方面的异同；向训练女队卓有成效的张然、王德芬等教练请教，用别人的经验丰富自己；研究和学习大松博文等外国著名教练的训练方法。在此基础上，他明确地提出了中国女排的指导思想：从树立良好的作风抓起，不放松每个人、每堂课的训练质量，培养一流的选手、一流的球队。

这个指导思想要付诸实践，关键是教练要以身作则，用行动号召队员："跟我来！"

精力充沛的袁伟民以极大的热情投入到训练工作中。韩云波和当时的陪打教练祝嘉铭、邓若曾、杨志光等七八位同志全力以赴，协助中国女排开始这艰难的起步。

请看看袁伟民一天的时间表吧：

早操，身体训练，专项技术训练；上午，带着以六个主力队员为主的一组练习；下午，训练由替补队员组成的二组；晚上，与教练陪打队打比赛。中午是睡不成午觉的，还得带着孙晋芳、陈招娣练"壁虎爬墙"——双手上举，做拦网前的预备动作，沿墙向右移步，再向左移步。她们有伤，不能跟着全队一起练，却又不能完全停下来。

袁伟民一天四班，站在球场上的时间总不少于 10 个小时。

"袁指导真像一头牛。"

不知哪一位姑娘和自己的教练开了这样一句玩笑，引起了一串笑声。这时，刚刚训练完毕的袁伟民，打着赤膊，古铜色的皮肤上汗津津的，被阳光一照，很容易让人联想到水牛那光滑的脊背。

"看看你们自己吧，都快变成猴子了。"

袁伟民嘴上的话和手上的球来得一样快，而且总是有棱有角的。姑娘们反而被说得愣住了，你看看我——又黑又瘦；我看看你——又瘦又黑，真有点儿"返祖"现象。张洁云这个身高 1 米 74 的大姑娘，体重降到了 110 来斤，这是从来没有过的。

哪一个出类拔萃的运动员没有一页艰苦奋斗史！过去在省队里练球，累也累，苦也苦，也规定了指标，但是完成起来不太困难，日子比起国家队来好过得多。

张洁云记得，在南京的时候，有一次妈妈忽然有了兴致，要来看女儿练球。那次是练滚翻救球，她使出浑身解数，一只只又刁又重的球都被她救起来，有时摔出去几米远。同伴们为她鼓掌叫好，妈妈却心疼女儿，担心她摔着骨头蹭破皮。等到一堂课下来，花朵般的女儿竟成了个汗人儿。妈妈赶快走上前去，掏出手帕为她擦汗，一面擦，一面还掉眼泪，弄得小张不好意思起来，娇嗔地说："妈，您怎么啦？"

现在，好家伙，一练就是"极限"，已经累得不行了，才刚刚开始数好球，以前的不算，这时再救起十个好球来，那多难啊，而且失一个球，就要从已经累积起来的好球中扣掉一个，需要完成的指标就相应地增加一个，经常练得下不了场。她想，要是妈妈看到了，准得拉后腿："洁云，别练这个球了，还是回家去。"

中国女排补课的传统，早在组队之初的集训中就开始了。不论是练进攻还是练防守，必须钉是钉，铆是铆，该到位的要到位，该扣死的要扣死，达不到标准过不了关，不符合质量要重来，既溜不过去，又得不到宽容。

"累死了。"累死了也要练。

哭了，哭了也要补。

有时候，其他姐妹队训练都结束了，只剩下她们这一个场地还响着叮叮咚咚的击球声。天黑了，菜凉了，伙房里的大师傅一连几次来催她们吃饭，仍然没有一个人肯走，后来，师傅们知道了她们的规矩，就热着饭菜等她们。

艰苦，是人生道路上谁都会遇到的一块石头。强者用它来磨砺宝剑的锋刃，弱者被它挡住了前进的脚步。在这块石头面前， 中国女排的姑娘们经受了最初的考验，没有却步不前。有人可能会想，一定是有一种崇高的思想支配着她们的行动，或是从她们的行动中抽象出一种崇高的思想。这样反而把事情弄得太玄了，其实，她们最初的想法很单纯，也很自然：

"刚进入国家队，要给人家留下个好的印象"；

"大家的水平差不多，别人练得那么欢，我要是不出劲，不就掉队了吗"；

"一百多人在一块儿集训，练得不好多难为情呀"；

……

这就是她们当时真实的想法。这些朴素的想法不断升华，就会从中衍生出不屈不挠的精神和为国争光的信念。

松弛的琴弦，弹奏不出美妙的旋律。但是，高明的琴师，每次演奏完之后总不忘记把琴弦松弛。袁伟民懂得，他不是使用一件乐器，而是训练一支队伍，更需刚柔并济，张弛有度。

青岛集训，留在女排姑娘记忆中的，不仅有紧张的节奏、如雨的汗水和涌出眼眶的泪珠，还有欢声笑语、师徒情谊、海滨游趣。

她们的生活是一幅色彩斑斓的画卷。

她们经常赤足走在海滩上，大海的潮汐把最美丽的贝壳推到她们的脚下，赶快弯腰拾起来吧，连同那些小小的海螺也一块儿拾起来。海水把它们打磨得光洁如珠,姑娘们用贴着胶布的纤长手指捏着它们，串成别具一格的海螺项链。她们精心制作这件心爱的工艺品，不是为了挂在脖子上，而是为了纪念这段难忘的生活。

作为对她们这一个月艰苦训练的报答，是身体素质的增强和各项技术的提高。败给陕西队的耻辱，换成了打败 12 支女排劲旅的战绩。人们向她们投来了钦佩的目光，目送她们去迎接一场严峻的国际比赛的考验。

坐五等舱也要走

8 月的晴空，火辣辣的太阳照射着青岛大港码头。

一班客轮，马上就要启碇远航了。

照例是一声汽笛，有人听起来激昂，有人听起来悲怆；照例是送行的人拥到了码头边上，乘客们拥出了船舱，有的遥望而笑，有的相视而泣；照例是轮船鼓浪前进，把一声声“再见”溅落在海里，把一片片高举致意的手臂抛在岸上……

繁忙的大港，不断地迎来送往，吞吐着成千上万的旅客。

在刚才开出的这班客轮的甲板上，站着中国女排的姑娘们。熙熙攘攘的人群，蓊蓊郁郁的绿树，在她们的视野里渐渐消失了，“再见了，美丽的青岛！”

她们要出发到上海去。

来往于青岛、上海之间的海轮，向来是拥挤的。在乘车坐船都要“革命化”的那些日子里，头等舱、二等舱被说成是容易产生“修正主义”，取消了。要想不睡五等舱里的通铺，那就要托关系、走后门。

中国女排买到的船票是五等舱。青岛市体委的同志劝她们晚两天动身，等买到好一点儿的舱位再走。但是，已经没有时间等了，她们要到上海去打日本队，坐五等舱也要走。

她们与众不同的身材和装束，引起了船上工作人员的注目。人们很快就搞清楚了：“她们是中国女排。”“她们代表我们的国家，要到上海去和日本队比赛。”

国家，我们伟大的国家，您的哪一个忠诚的儿女不热爱着您啊！谁能代表我们的国家，谁就受到人们的尊敬和爱戴。

“在我们的船上有代表我们国家的人，她们要到上海去和日本队比赛。”消息，在海员们当中传开了。船上几位热心的负责人，找到了带队的袁伟民，提起姑娘们放在席子上的行李，把她们带出了底舱。船员们把自己睡的铺位让出来，会议室也摆上了床铺，一定要保证姑娘们吃好、睡好，因为她们是要去打日本队的啊！

这次来访华的，是日本女排二队，包括横山树理等一批正在成熟的新秀在内。1974 年，就是这个队访华，打遍中国无敌手，只有当时的国家女排胜过她们一局（败），其余统统吃“汤团”（○比三败）。几年以后，也就是这批人组成了日本国家队的主力阵容。

带队的是日本队总教练小岛孝治，他个子不高，却很壮实。头发浓密，脸盘方圆。他的习惯动作是不时托托架在鼻梁上的那副宽边近视眼镜。他非常喜爱中国的熊猫，有一次，乘车经过北京动物园，大家谈起憨态可掬的大熊猫，他突然问道："诸位，请看在座的谁像熊猫？""在座的"心领神会，当然众口一词地说就是他，而他竟像天真的孩子般引以为荣，乐不可支。

袁伟民对小岛并不陌生。他知道，小岛原来是一名中学体育教师，酷爱排球运动。在大松博文和山田重雄之后，受日本女子排球强化委员会的委托，出任日本女排教练。

中、日之间的排球交往，过去一向是比较频繁的。1957 年，我国女排占绝对优势，打她们三比〇，很轻松。60 年代初开始，形势完全逆转了，她们占绝对优势。到 1976 年，近 20 年我们没赢过她们。在"文化大革命"的这段时间里，几乎一切国际体育交往都中断了，这一茬年轻的选手们甚至连看都没看过她们打球。

这就是上海交锋的背景。

作为当时"排球大国"的教练，小岛孝治很有一点风度：上海首场比赛用谁的裁判、谁的球，客听主便。

袁伟民神采奕奕，不卑不亢：一家选择一样，你出裁判，我出球。

8 月 11 日，中日女排小试锋芒，上海万人体育馆座无虚席。

6 位姑娘戎装登场了。她们是曹慧英、杨希、孙晋芳、陈招娣、张蓉芳、齐丽霞。

一万双眼睛注视着她们，满含着期望，倾注着力量。

跃跃欲试的中国姑娘，此时此刻的心情是激动还是紧张？已经好几年了，老是说要打日本队，打日本队，现在与日本队只有一网之隔，银笛一吹，马上就要真的打起来，怎不激动？但也难免紧张。

好在我们没有包袱，一切从零开始，"作为一次练兵，争取胜利，不怕失败。"事情往往是这样，你把它看透了，思想也就解放了，办法也就出来了。

激战前夜，姑娘们在训练日记上这样写着：

"勇猛顽强，积极主动，技术上以我为主，关键时刻要顶得住。"

“日本队是个强队，我们要向世界水平冲击就要不畏强手，放开打。”

“二传大胆组织战术，不要保守；相信强攻的能力，配合不好再来，不受情绪的影响。”

“拦网，慢跳，接近网。”

“……”

教练和队员们的深思熟虑，青岛集训打下的基础，在第一场比赛中就见到了成效。

首战告捷。一上来，中国队就以 15 ∶ 6、15 ∶ 10 拿下了两局。第三局，谁得谁失，相当关键。尤其是对方，更想借机摆脱劣势。网上，她们加强了攻势，占了上风；后排防守，又救起了不少险球。场上一度出现了日本队以 10 ∶ 3 领先的局面。

“关键时刻要顶得住！”

追到 12 ∶ 14 了，一传垫到了网前，这是组织战术的好机会，对方移动着脚步，全神贯注地判断着拦网的位置。谁知侧身而立的二传手孙晋芳，突然跃起，挥动左臂，“叮咚”打了个漂亮的二次球。得分，13 ∶ 14。陈招娣又是一个勾手飘球发过去，激起了海潮般的掌声，这是她接连发的第三个好球了。日本队把球接起来，组织了一次强攻，可惜没打死，被我队后排队员垫起来，到位，小孙如法炮制，又打了个猝不及防的二次球，像是摔下去一个瓜崩脆。14 ∶ 14，万众轰动。接着又拿了两分。中国队以三比〇结束了第一场的比赛。

多少观众为中国女排的胜利拍红了手掌，喊哑了喉咙。

上海一仗，震动很大。小岛有些生气了，当场就在体育馆里让没打好球的队员罚站。

日本客人由中国女排陪同，从上海来到了南京。8 月 14 日晚，她们要在这里进行第二次交锋。

第一场球赢了以后，中国姑娘情绪好、士气高，但是心里并不踏实。

一场球的得失，带有一定的偶然性，并不说明真正的实力。而且我们自己从个人到集体，从技术、战术到意志品质，各方面都暴露了一些问题。

用一分为二的观点看待第一场球的胜利，使我们保持了冷静的头脑：既要用“初生牛犊不怕虎”的锐气向强队挑战，又要以“甘当小学生”的精神虚心向人家学习。

灯火通明的体育馆，像一颗夜明珠，在南京五台山的葱葱绿绿中闪耀着光芒。每一台电视机的荧屏前都坐满了观众。南京城瞪大了眼睛，关注着这场不同一般的球赛。

这是一场艰苦的拉锯战、持久战。经过五局的拼搏，我队以三比二奏捷。这场变幻莫测的争夺战，一直打到午夜 1 点，第二天要上班的工人、干部和正在过暑假的学生，摇着蒲扇，也都兴致勃勃地看到半夜 1 点。

仲夏 8 月，号称“长江三大火炉”之一的南京，酷热难当。白天挥汗如雨，夜晚不得安枕。

请来的日本客人，住在宾馆里，有空调。我们的姑娘，住在体委招待所，晚上房间里闷热得没法入睡，就拿张席子睡在外面的大树底下。蚊子咬得厉害，就点起两盘蚊香，头顶上放一盘，脚底下放一盘。

这些苦，姑娘们都能吃，别看她们年纪轻轻，却也多多少少经受过一些苦难的磨炼。

三天之后，中日女排再会五台山体育馆。这次用什么球，谁吹，袁伟民对小岛表示：主随客便。协商下来，决定请日本裁判吹，用日本球。比赛结果，日本赢了第一局 16 ∶ 14，我们赢了后三局。三比一。

小岛先生是友好的，日本女排是值得学习的。袁伟民一再表示，日本女排是世界强队，请多指教。小岛也颇注意分寸，临走前留下了三句话：

“士别三日，当刮目相看。中国队进步的速度令人吃惊”；

“下次访华派最强的队来”；

“两年后再见”。

三场球是争气球。

袁伟民的组队思想和训练原则经受了最初的检验。高个子队员，全面的技术，在比赛中发挥了优势。

三场球是找差距的球。

防守不好是个突出的问题，重心高，脚步慢，保护不及时，占失分的 54%；场上调整能力差，组织战术球不够熟练；思想作风也不够稳定，该沉着的不够沉着，该冷静的不够冷静。

三场球，打出了志气，打出了信心。我们和世界强队有很大的差距，这个差距正在缩短。

但是，我们要冷静。人家日本派来的毕竟不是最强的队，严峻的考验还在后边，艰难的攀登刚刚起步。

第三章

“神秘的东方来客”
车窗里飘出悲壮的歌
一石冲破水中天

“神秘的东方来客”

灿烂的群星，透过茫茫夜幕，俯瞰着万家灯火的索非亚。

盛装的瓦西尔·列夫斯基国家体育场，被无数强烈的聚光灯照耀得如同白昼，就像一块巨大的宝石，镶嵌在黑沉沉的大地上。

1977 年 8 月 17 日晚，第九届世界大学生运动会在保加利亚的首府隆重开幕。

鼓号齐鸣，彩旗招展。来自 83 个国家和地区的 3700 名肤色不同、服饰相异的男女运动员，踏着进行曲的节拍，迎着 6 万名观众投来的目光，在全天候的塔当跑道上依次行进。

以五星红旗为先导的中国代表队，按照英文字母的排列顺序，紧接着加拿大队之后上场了。在这个被称作“小奥林匹克”的国际综合性运动会上，中国队的出现是引人注目的。这是因为近 10 年来中国难得在世界大型运动会上露面，参加已有 18 年历史的世界大学生运动会，这也是第一次。

在法新社记者的笔下，开幕式上的中国队是彬彬有礼的，他们写道：“不拘礼仪的加拿大人身穿田径服向观众抛投硬纸碟，而遵守纪律的中国人则穿着整齐的浅蓝色的正式服装，极其精确地定时朝观众挥手示意。”

路透社的记者，则用一个形象的比喻写下了自己的最初观感：“中国从未参加过奥运会比赛，它好像是一个有点儿胆怯的少女在完全投身到世界体育运动这个游泳池之前在试水温一样。”

我们这次派出的是一个由 37 名运动员组成的体育代表团，其中 12 名是中国女排的姑娘们。这是一支探索性的队伍，我们的主要动机不是去拿什么奖牌，而是前往观摩和学习的。当时女排的情况也是这样。我们在揣测和观察人家，人家也在揣测和观察我们：“这些神秘的东方来客到底有多大实力？”

开赛之前，中国女排的姑娘们很少露声色，这在急于想揭开中国女排面纱的外国对手看来，更带上了几分神秘的色彩。这些被记者称为有着芭蕾舞演员那样颀长、匀称身材的中国姑娘，还没有上场就吸引了多少羡慕的目光。

谁知，第一阶段的比赛就碰到硬钉子上了。8 月 19 日与古巴队交锋，这是一场硬仗。古巴女排素有“黑色橡胶”之称，6 名主力队员中有 4 人身高超过 1 米 80，弹跳极好，摸高最高的是她们的队长，达到 3 米 24，也就是说跃起时手臂可以比网高出一米，连身高只有 1 米 70 的 1 号队员佩雷斯，摸高也达到 3 米 17。滞空时间长，扣球力量重。她们的脾气似乎也带着几分“橡胶”的性格，一会儿蹦得老高，一会儿又跌了下来，情绪容易波动，令人琢磨不透。

中古之战的前夜，随队医生正准备就寝，忽然清脆的电话铃声响了。他抓起听筒，传来了孙晋芳带着苏州口音的普通话：“大夫吗？想向您要点儿药。”随队医生一惊，急忙问道：“怎么了？小孙！是腰伤又犯了吗？”听筒里响起了哧哧的笑声：“不是的。是向您要点儿安眠药。”“好的，我马上给你们送来。”医生正准备放下电话去取药，听筒里又传来一阵笑声，不知是谁在旁边急急忙忙插上一句：“多带点儿来，我们也睡不着。”有心事的人要把自己的生活节奏调整得有张有弛是不容易的，何况第一次参加大赛，我们的女排姑娘们缺乏这方面经验，只得求助于药物了。

到了比赛那天，刚上场做准备活动，有的队员就提前进入紧张状态，心跳加快了，肌肉也有些颤抖……在国内打比赛从来不怯场的队长曹慧英，这时也不由自主地紧张起来。因为古巴女排是新崛起的北美劲旅，这次遭遇，势必要打一场硬仗。

比赛一开始，双方就展开了紧张、激烈的争夺，比分一直咬得很紧。打到 3 ∶ 4 时，双方争夺发球权达 14 次之多。你来我往，寸步不让，在观众席上响起一阵阵喝彩声。经过整整 40 分钟的苦战，中国女排才以 15 ∶ 13 拿下了第一局。但是，从第二局开始，古巴队逐渐适应了我们快速的打法，在战术上做了调整，掌握了主动权，竟然被她们连胜三局。

这场球暴露了我们的弱点，“东方来客”的神秘面纱慢慢撩开了。在对手的眼里，我们是一支还不成熟的球队，缺乏国际比赛经验，临场紧张，技术还不够稳定，总而言之是比较嫩。

但是，行家们已经觉察出来，中国女排是一支有希望的队伍。在第二阶段第二组的比赛中，她们以三比○的同样比分，先克巴西，再胜苏联，又以三比二、三比○挫败美国、日本，显示了一定的实力。尤其是中、苏之战，年轻的中国女排在强手面前毫不示弱。苏联女排曾在 1974 年的第七届世界排球锦标赛和 1976 年的第二十一届奥运会上获得亚军，也是世界大学生运动会的历史上四次获得冠军的队。这次，虽然派来的是国内第二个强队，但从战绩来看，已经三战三胜，夺魁呼声很高。这个队的队员人高马大，年纪又轻，技术比较全面，采用典型的欧洲型打法，超手球尤为出色。

在这场扣人心弦的激战中，中国队较好地发挥了技术特长，使用短平快和两次球，以快制高打得积极主动。勾手飘球又破坏了苏联队战术的使用和扣杀的威力。三局球都是我们占上风。

比赛进行到 25 日下午，中国队以三比○胜日本队之后，第二组的形势基本上已经明朗了。古巴连胜四场，中国胜三场负一场，苏联与中国不同的是还要和古巴打一场。从古、苏实力对比的情况来看，这场球苏联凶多吉少，对它是很不利的。

有经验的日本、美国排球教练和国际裁判们已经预言：有资格争夺冠亚军的将是古巴和中国两个队。

但是，仅仅几个小时之后，事情的发展竟出现了令人惊讶的结果。

傍晚时分，苏、古比赛开始。第一局，古巴队以 15 ∶ 13 取胜，但是明眼人已经敏锐地看出古巴打得并不认真。到了第二局，赛球就近乎是在演戏了。古巴队换下了三个主力，扣球时“开炮”，发球不过网，对方来球不拼抢，好像一切都按预先设计好了的行事，终于以 7 ∶ 15 的比分诈败。

端坐在观众席上的中国女排领队傅胜才和教练袁伟民，冷冷地看着眼前的这幕“剧”，这分明是要放苏联队上去，把我们中国队整下来，他们怎能不气愤。袁伟民把手伸进兜里，摸出了一支香烟，但马上又把它掐断了，在掌中揉成了粉末……

这时，一张纸片递了过来。袁伟民抬起头，见日本女排领队小谷望站在身旁。小谷望先是不屑一顾地朝场上做戏的那两个队瞥了一眼，接着友好地握了握袁伟民和傅胜才的手，然后带领日本队扬长而去。

袁伟民打开纸片一看，上面写着“3 ∶ 1”。这和袁伟民的预计完全一致。虽然只打了两局，但是苏联“三比一”胜古巴的结局已昭然若揭。看来已没有必要把宝贵的时间用来看一场拙劣的表演上了，中国队在袁伟民的带领下愤然退席，以示对这种伎俩的鄙视。

到了第三、四局，就更不像话了。

等到这场戏一收场，苏联队得意了，好像她们是真的胜利者一样。这样，中国和苏联都是四胜一负，但按胜负局数计算，她们比我们多胜一局，少负一局，挤上了小组第二名，我们却变成了第三名。

一名之差，使我们失去了进入前四名、争夺冠亚军的机会。这是十分可惜的。但是，这也使我们得到了必不可少的一种经验，过去只是耳闻体育比赛中的一些不光彩的事，这次却是亲眼见识了。在国际比赛中，激烈的争夺要靠实力，对付这些不道德的行为也要靠实力。来日方长，人家整我们，我们更要发愤图强。

车窗里飘出悲壮的歌

一辆大轿车，从聚集在大阪体育馆门口的人海中缓缓地开出来了。

这是 1977 年 11 月，一个永远忘不了的夜晚。

12 位中国姑娘，靠在松软舒适的座位上，默默地望着窗外沸腾的人群。这些日本人怎能不兴高采烈呢？刚才，升得最高的是他们的国旗，奏得最响的是他们的国歌，站在领奖台最高处的是手捧金杯的日本姑娘。

对一个有抱负的运动员来说，最刺激的莫过于看着别人升国旗、奏国歌、接受观众的欢呼了。中国女排姑娘们的心，此时正沉浸在这种痛苦的感情之中，翻滚着不平静的波浪。

从最初踏上枫叶凝丹的东京都，到即将离开商业名城的大阪府，在转战日本各地的这些天里，随着场上胜败得失的变幻，姑娘们的心里像打翻了五味瓶，酸甜苦辣，什么滋味没品尝过？！

在横滨文化体育馆进行的比赛是难忘的。这场球，尽管与 1977 年第二届世界杯女子排球锦标赛的名次无关，然而却在日本女排认识中国女排的天平上，加上了新的砝码。

正处于鼎盛时期的日本女排，是上届世界锦标赛和奥运会冠军，拥有一批出类拔萃的运动员，包括著名的攻击手白井、优秀二传手松田，是一支战斗力强、夺魁呼声最高的队伍。

或许是出于锻炼新手，或许是认为没有必要，日本队在第一局只上了一半主力。我们也没有全上主力。结果是 8 ∶ 15，中国队首局失利。姑娘们心里不是滋味，人家用替补队员打我们，是瞧不起咱哩！好，那就非争这口气不可。第二局，在落后的情况下，咬着打，追成 12 平。

正轮到前排的曹慧英快攻猛扣，连连得手，竟以 15 ∶ 12，扳回一局。第三局，中国队乘胜追击，以 15 ∶ 9 轻取。比局反以二比一领先。

热情的横滨人，并没有因为这场球对日本队最后去摘取皇冠无足轻重而兴味索然。它依然吸引了众多球迷，全场爆满，连座席之间的通道上都挤得水泄不通。

但是，看到这里，一些沉不住气的观众，已经在为本国的球员能否取胜担忧了。

第四局，日本队换上了全部主力。坐在场边的袁伟民和韩云波会心地笑了："终于把她们的主力打出来了。"我们是张蓉芳、杨希打主攻，以最佳阵容迎战。中国姑娘气足手顺，以 8 ∶ 1 领先。但是，经验丰富的日本队还是慢慢追了上来，反以 15 ∶ 11 拿下这一局。

在决胜局里，双方全力拼搏，比分交替上升。打到 13 平，杨希以一个漂亮的上手飘球直接得分，14 ∶ 13，我们占了上风。观众席上，惋惜声声，是为本国球员着急；掌声阵阵，献给讨人喜欢的杨希。杨希再度站在发球线上，又发出了一个平冲飘球，对方一传垫击过重，球刚刚探头过网，只见 20 岁的主攻手张蓉芳凌空跃起，挥臂猛扣，"叮咚"一锤定音。

第五局比分：15 ∶ 13。

全场比局：三比二。

三比二，这个简单的比数，包含着多么丰富的内容，标志着一个历史的转折：中国女排 20 年来，第一次战胜日本国家女排。

"中国队的进步惊人！"

"中国女排出色地显示了以我为主、以攻为主、以快为主的特点。"

比赛已经结束，日本报刊仍在饶有兴趣地评价着这场横滨之战，评论着年轻的中国女排。

大阪这个不平静之夜，又何尝不是难忘的啊！

几天前，当她们第一次踏上大阪的土地，心情是激动的，连凉爽的夜风拂来，让人感到的也是轻柔和舒适。第一阶段的比赛已经结束，第二阶段的比赛即将开始，只有进入前四名的队，才有资格到大阪来。中国，就是四强之一。

还记得吗？1974年的世界排球锦标赛上，中国女排成绩是第十四名。从名列十四到进入四强，这个跃进是了不起的啊！尤其让姑娘们高兴的是，两个多月前的世界大学生运动会上，我们败给古巴队，这次我们赢回来了。在这届世界杯比赛中，古巴"炮手"鲍玛列斯和巴尔涅特扣球成功率名列第一、第二，实力雄厚，上次中古之战，扣球得分是12：24，拦网得分6：9，优势在对方。而这次，中国队充分发挥了自己的特长，以快制高，掌握了网上主动权，扣球得分转化为23：18，拦网得分18：9，结果，我队以三比二获胜。我们的技、战术特长显示出来了，正如日本报刊评论的："中、古之战，中国把对方诱进了一场技术的争斗中来，封住了对方的力量。"

遗憾的是，与第九届大学生运动会时一样，这次比赛又出现了三个队积分相等、按净胜局数决定名次的情况。第二阶段的战绩统计是：日本三战皆捷。中国、古巴、南朝鲜都是一胜二负。但是古巴胜五局负六局，南朝鲜胜四局负六局，中国胜四局负八局。结果中国队被挤出前三名。

今夜，大阪的风依然是那样凉爽，然而这时姑娘们感到的不是舒适，而是肃杀。她们真想把刚才举行的发奖仪式的一切都忘掉，可是一幕幕情景映现在脑海里，反倒变得格外分明。

偌大的体育馆里，翻腾着欢乐的波浪。日本、古巴、南朝鲜的姑娘们相继登上了领奖台，捧起了闪闪金杯。唯独12名中国姑娘站在地板上，两手空空。黄手帕，在日本可能是吉祥如意的象征，可是，它在我们这些姑娘们的手上竟变得那样沉重，仿佛不是举着一方轻纱，而是一块铅板。它深深地伤害了姑娘们的自尊心。时间，忽然变得缓慢了；空气，也显得那么沉闷。她们的心几乎都要碎了，这里的一切怎么还不快点儿结束？

集体授奖总算结束了。个人授奖开始了。多少双羡慕的眼睛投向中国队的队长曹慧英，电子统计的技术资料公布了，她是拦网第一，发球第二，扣球第三。这位漂亮的姑娘，抱走了三座金灿灿的奖杯。

优秀运动员奖，属于她。

最佳拦网奖，属于她。

敢斗奖，也属于她。

“敢斗奖”，虽然它的分量比不上最佳运动员奖和优秀运动员奖那么重，但是，日本人是很看重它的，只有那些精神顽强、“不怕死”的选手才有资格成为它的主人。日本选手中，这种“敢斗”者，是大有人在的，可是这次我们的曹慧英比她们还“敢斗”。

24岁的曹慧英，身高1米80，体重160斤，体力特别好，球技正处于全盛时期。与南朝鲜的角逐中，她飞身去扑救一个眼看就要落地的险球，球是“起死回生”了，她却伤了左腿，是拉伤了韧带、挫伤了肌腱，还是磕伤了髌骨？钻心的疼痛使她的身上渗出冷汗。还没等曹慧英从地上爬起来，裁判已做出手势，询问中国队是否换人。袁伟民和韩云波以询问的目光看着小曹，队员们以期待的目光看着自己的队长，全场一下沉静下来。所有的目光，聚焦在小曹身上，就像千万缕阳光射过透镜落在一根火柴头上，火苗忽地燃起来了。小曹蓦地站起来了，以她特有的刚毅姿态挥挥手，告诉那位朝着她示意可以退场的裁判：“不换！”

队员们欣喜地向她投来依赖和鼓励的目光。全场观众忽然从期待的寂静中苏醒过来，把最热烈的喝彩声，献给这位“敢斗”的中国姑娘。她果然不负众望，忍着疼痛，接连扣出了好几个强有力的球，一直坚持到这场比赛结束。

当第二天迎战古巴的时候，这位“中国队长”腿上捆扎着厚厚的弹性绑带，又上场了。观众对她的崇敬，又在她带伤连续奋战的行动中增加了一分。她是要求医生打了封闭针才上场的啊。激烈的战斗，使这位勇敢的姑娘把自己置之度外，当时的环境也不允许进行全面的检查，不过，小曹到底伤得怎样？这在教练和随队医生的脑海里始终是个问号。

站在领奖台上的曹慧英，捧着三座奖杯，面对着亮成一片的闪光灯，她的脸上毫无笑意，也没有像其他获奖者那样向四座举杯致意。

“姑娘并不高兴。”日本《朝日新闻》的一位记者敏锐地观察到她情绪的低落，抢先一步迎向从领奖台上下来的曹慧英，悄声问道，“如果我没有猜错的话，您似乎不太愉快，能向我透露一下原因吗？”

“个人得的奖杯再多，又有什么价值呢？我们队哪怕能得个第三，也比这样好呀……”

“哦！原来是这样。”日本记者礼貌地连连点头，“明白了，明白了——中国姑娘视祖国荣誉高于一切。”

人海里闪动着两双乌黑的眼睛在寻找着曹慧英。

这是两位普通的日本女学生，她们梳着一式的齐耳短发，细嫩而又稚气的脸上充满了期待。

她们小心翼翼地抱着一件礼物，要送给自己崇敬的英雄。

运动员们从体育馆里出来了，人海闪开了一条甬道。两位女孩子不顾一切地挤上前去，拦住了中国3号队员，递上了一个大布娃娃。曹慧英早已不是玩布娃娃的年龄了，再说怎能收两位小朋友的礼物呢？可是，当她透过塑料袋一看，她感动了，这哪里是一般的布娃娃，它就是“曹慧英”——像曹慧英一样穿着球衣、球裤、球鞋、球袜，腿上还戴着护膝，胸前绣着两个汉字“中国”，背上绣着阿拉伯数字“3”，这不是曹慧英吗？连那卷曲的、乌黑的头发都与曹慧英惟妙惟肖。

曹慧英怎能不感动，不激动？她真想俯下身去亲亲这两位异国的小妹妹，可是汹涌的人流已经把她们挤走了。她们叫什么名字？是谁家的孩子？说不定她们期望着能得到她的一个签名，可是现在人海茫茫，她们在哪里呢？

布娃娃“曹慧英”紧挨着小曹坐着，三座金杯放在一旁，她无心一顾；车外迷人的夜景、纷纷的人群，她也无心流盼。她的思绪飞回了祖国，她的耳畔响起了一个熟悉的声音：

“三大球不翻身，我死不瞑目。”

这是贺老总的誓言啊，这是贺老总在召唤啊！

想起了贺老总，就想起了洪湖。

《洪湖赤卫队》里韩英唱的那首激愤的歌，一下子从她的心底飞了出来：

“没有眼泪，没有悲伤……”

唱过评剧、京戏的曹慧英，有着一副天生的好嗓子。平时，无论遇到高兴或不高兴的事，她总爱用歌声抒发心中的欢乐和忧愁。此时此刻，当年洪湖赤卫队党代表韩英激励乡亲们战胜挫折的歌，好像是特意为她们谱写的。姑娘们异口同声地跟着自己的队长哼了起来。歌声是那样深沉，打破了车内的寂静，融进了深秋的晚风。

中国排球代表团团长黄中，根据大会的安排，平时是坐小车往返的。今晚，他知道姑娘们心情不好，就和她们同乘一辆车返回旅社。

听着这发自内心的歌声，看着这些姑娘们失去了平时活泼的笑颜，这位老领导的心中很不平静。他深沉地对小曹她们说：“你们输了球我没有这样难过，可是这歌声……”

这歌声催人泪下，也给人力量。一种高度的责任感鞭策着她们，也感染着别人。

就要离开日本，离开热情接待过她们的“新大谷”饭店了。这座高耸入云的日本一流饭店，给第一次来日本的姑娘们留下过美好的记忆。热情周到的服务，对胃口的餐食，尤其是那个可以鸟瞰东京的旋转餐厅，更使她们感到新鲜有趣。可是，现在她们也坐在这个别致的餐厅里，东京旖旎的秋色依然像十多天前那样迷人，面前也像上次那样摆着鱼翅汤、鸡翅膀和虾仁，可是这一切都无法使她们提起兴趣来。她们忽然变得老成了，站在袁伟民面前恳切地说：“指导，咱们马上就回去吧，我们一定好好练，再也不要求休息了。”

从第十四名一步跨到第四名，这在那个要求“一年初见成效”的历史条件下，是会被当成“初见成效”的典型的。许多前往报道这届世界杯赛的外国记者发表评论说：

“就实力而言，中国队应居第二”；

“中国女排的潜力是可怕的。可以预料，在不久的将来，世界排坛上将会卷起一股‘中国旋风’”。

女排姑娘们对这次的成绩并不高兴。袁伟民也不满意。我们的姑娘出现在世人面前，尽管像一片小白桦树林那样，充满着生机，招人喜欢。但是，她们有着明显的缺陷：缺少国际比赛经验，技术和情绪都容易波动。我们的姑娘太纯洁，也太认真了，她们经不起人家“整”，吃不得错判、误判的冤枉，关键时刻，被裁判几下一吹，就吹“毛”了，竟赌气不接一传，结果人家求之不得，这样怎能打得了硬仗？

不过，袁伟民还是高兴的，他从失望中看到了希望。我们在了解“世界”，“世界”也在认识我们。中国姑娘走向世界，不仅仅是站在国际排坛这个“游泳池”畔试试水温而已，她们已经具备了搏浪击水的本领，怀着强烈的愿望想着与诸强较量较量。对于这次较量的结果，姑娘们不满意，这是件好事，说明了她们的眼界高了，目标大了，连第四名都看不上眼了，已经具有去拿世界冠军的远大抱负了！要知道，仅仅是两个月前，她们对此连想都还不敢想哩！

挫折没有使她们气馁，却激发了她们的锐气。凭着这股锐气，她们要用汗水砥砺锋芒，等待着来日到世界排坛去一决雌雄。

一石冲破水中天

从一衣带水的扶桑归来，袁伟民的脑海里一直盘旋着《日本经济新闻》排球述评中的一句话：“中国队距离世界水平还差半步。”

这半步差在哪里呢?

外国人说，中国组成了上场的6个人都能扣杀的球队，就连场上两个二传孙晋芳和陈招娣都具有进攻能力。日本排球界前辈冈田英雄先生的看法更进了一步。他说:“现在中国队的12名队员技术比较全面，但是中国队还缺少攻击凶猛的人才，缺乏像日本的前田、白井，古巴的佩雷斯、巴尔涅特那样的‘炮手’。看看奥运会和世界杯赛就会知道，在世界强队中必须有两三名这样的世界第一流队员。”

冈田英雄先生的意见是对的。袁伟民日思夜虑的也是这个问题。作为一名快攻手，曹慧英的攻击力无疑是“凶猛”的，把她誉为“世界第一流队员”，也当之无愧。在中国女排这支不太成熟的队伍里，她算是最成熟的一员战将了。教练对她是绝对信任的，这次世界杯赛她是一个人顶一个位置打到底的。

然而，厄运却向我们这位正处于黄金时代的优秀运动员袭来。

祸根，其实在打南朝鲜的那场比赛受伤时就埋下来了。回国以后，她憋着一股气，练得特别起劲。冬季短训，又来到漳州，承受大运动量的训练，她感到腿部疼痛，髌骨劳损已经很严重了。可是，这位“铁姑娘”硬顶着，直到坚持不住了才吐露真情。

五届人大二次会议召开了，她和袁伟民是代表，从漳州赶回北京开会。开会期间，她坚持两件事：一是每天打针治疗；二是每天晚上悄悄地练静力，总是练得汗湿衣衫。

1978年4月，正当鲜花在祖国的原野上开始绽开笑脸的美好时节，我们的“铁姑娘”受到了第一次沉重的打击。

那是迎战来华访问的日本“日立队”的一场国际比赛，工人体育馆里坐满了观众。“要球不要命”的曹慧英忍不住了，她要求医生给她小腿上缠上绷带，带伤上场了。

第一局，我们打得很顺，曹慧英特别来劲，一次跃起快攻落地时只听得膝关节“咔嚓”一声，她还以为里边可能是抻了一下，并不在意。髌骨响过之后还跳起进攻十多次，坚持着打。

她带着其他五名队员依然活跃在场上，像没事一样。忽然，她觉得左腿不听使唤，人往前冲了。可是曹慧英还是轮了三档位置，直到坚持不住了，才被医生和一位替补队员搀扶下去。

“怎么样啊？”多少观众把目光从球场上移到蹒跚而行的曹慧英身上。坐在出口处周围的观众，纷纷站起来，向前探着身子。曹慧英感受到了他们关切的目光，可是疼痛使她紧皱着眉头，豆大的汗珠从她的额头滴落下来……

工人体育馆休息室里，几双焦虑的眼睛看着医生的手。这双手正在小心翼翼地打开曹慧英缠在腿上的弹性绷带。一圈、两圈；一层、两层……绷带刚刚拿掉，关节就肿起来了，小腿不由自主地从板凳上突然掉了下来，曹慧英想把它抬起来，可是，小腿几乎成了身外之物，抬不起来了。疼痛，钻心的剧烈疼痛，通过神经的传导，刺激着她的大脑皮层。

眼泪哗哗地夺眶而出，她哭了。

是疼吗？是痛！髌骨断了，这是常人难以忍受的疼痛。但是，光是痛就能催下这位姑娘的泪水吗？她一面哭，一面撕下贴在胸前号码底下的那条场上队长的标志……

排球是她的事业，腿抬不起来了，事业完了，她能不哭吗？

这时，她还存在着一丝幻想，希望这条腿不至于断。

片子拍出来了。小腿髌骨上一条明显的大裂缝，连不会看片子的她，也能一眼作出判断——髌骨断裂，科学的证明使她最后的一点儿幻想变成了泡影，她的心像针刺一样痛。

开刀了。北京运动医学研究所的专家们用一根钢丝把断裂的髌骨固定起来，情况还可以，但她心境不佳。正在高峰时期，忽然跌落下来，姑娘的情绪怎么好得了？她是不死心的，养伤期间她要控制体形，不能发胖，就只吃蔬菜不吃荤腥。身上和心上的痛苦折磨着她，本来是那么“皮实”活泼的姑娘，现在一餐却连一根油条也吃不下。人，日渐消瘦，抵抗力也不及从前强了。

这一年，对小曹来说，真是祸不单行。正当她腿伤日好、准备随队去日本的时候，突然又发起烧来，肺结核菌乘机来找她的麻烦。

她离开了那些亲密的姐妹们，离开了温暖的集体，来到了隶属北京市的通县县城的郊野。这里有一所疗养院，曹慧英住进了一号楼的一间病房里。

英勇的战士从激战中撤下来了，依然记挂疆场；曹慧英陷入沉疴，依然眷恋着球场。

阵阵哀愁向她袭来：还能打球吗？会残废吗？这一辈子还会有什么作为吗？

眼泪一次又一次挂满她俊秀的脸颊，又一次一次被她那双刚毅的手拭去。这双手是不肯屈服的，十个手指有六个手指打伤过，右手的小指头被打得骨折，向外侧弯曲着，连敬军礼都做不到“五指并拢”。有一次，她回部队作报告，上台一个精神抖擞的军礼，战友们竟笑出声来，他们不知道小曹的小指头受过伤，并不拢，还以为她不懂得怎样行军礼哩。

她虽然离开了自己的队伍，却不是一只孤雁。假日里，姑娘们看她来了。她们把在北京国际排球友好邀请赛上获得的一枚金牌送给了自己的队长。金牌挂在床头，就像全队的同志们都陪伴在身旁。金牌给了她力量，使她看到了希望。

在治疗中两个月过去了，秋天来了。她在一次外出中悄悄地拿了一双球鞋回医院，开始绕着花坛、沿着树丛锻炼，先是慢走，后是慢跑。当她第一次偷偷地把500米跑下来之后，高兴得又唱又跳。医生马上发现了她的“越规行为”，劝阻她，批评她，可是没有用。她干脆磨起医生来，要求出院。医生们既爱她这股不向疾病低头的“愣”劲，又气她不听话，直拿她没办法。

由于曹慧英的伤病，使中国队的水平下降了一截。这在 1978 年 8 月在苏联举行的世界锦标赛上，已经明显地表现出来。

这次比赛，我们未能进入前四名。在与美国队争夺第五、第六名时，又以〇比三败北。战绩的波动，暴露了我们技术上的问题。从技术统计数字来看，防守不好、强攻不强，是我们两个明显的薄弱环节。尽管我们快速多变的技术、战术特点已经形成了，但由于防守和强攻这两个环节没有保障，使我们的特长得不到充分的发挥。

国内外不少排球行家认为：“世界排球运动的新变化，使得今日的排球成为技术、力量与高度相配合的运动。”衡量一支队进攻实力的主要标志是强攻。要战胜人高马大的欧美强队，迫切需要培养身材高大的强攻手。光有“快攻”没有“强攻”，光有“机关枪”没有“大炮”，不行！

我们的“大炮”在哪里呢？

在南京举行的全国锦标赛上，袁伟民发现了一位有希望培养成一流“炮手”的人物。

这次袁伟民赶往南京观看比赛，是奔着北京女排来的。刚好，那天北京队有比赛，他到球场一看，喜出望外，这个队的主攻手郎平条件果真不错。

这是未来的“世界大炮”和她未来的教练之间的第一次见面。

这时郎平才 17 岁，扎着两条小辫儿，长得细皮嫩肉的，一笑脸上还显出一对浅浅的酒窝，正是一位芳龄少女。

有人告诉袁伟民：“她和你还是半个同乡哩！”

郎平明明说得一口京味十足的普通话，在袁伟民听起来虽然也和苏州方言一样别有韵味，但姑苏城里难得有这样的大个儿呀！

“郎平的爸爸是天津人，大个儿；妈妈是苏州人，也是‘长脚’……”

“噢，怪不得哩。不然她怎么既有江南女儿的灵秀，又有北方姑娘的健美？还真可以算半个同乡哩！”

郎平出生于一个普通的干部家庭。她“生不逢时”，从小学到初中，正是“文化大革命”动乱的十年。父亲，被下放到干校，离开了北京；母亲，是一家宾馆的业务干部，那时旅馆人满为患，别人可以离开工作岗位到处跑，而她和许多干这项工作的同志一样，日夜轮班，忙得很难顾得上家。

郎平和许多脖子上挂着钥匙长大的孩子一样，很小就开始了独立生活。妈妈值夜班，郎平就和比她年长两岁的姐姐自己锁上门睡觉；妈妈中午回不来，她们就自己买菜做饭，还学着记账，从不乱花一分钱。

姐妹俩整天形影不离。姐姐温顺厚道，处处爱护妹妹；妹妹聪颖活泼，懂得尊重姐姐。在没有大人督促的情况下，姐妹俩渐渐地学会了支配学习和娱乐的时间，锻炼了靠自己的力量去解决问题的能力。

有一次，她们不小心把钥匙锁在家里了，姐姐急得要哭，郎平却扑闪着眼睛想主意，只见她一溜烟攀上了邻居的阳台，迅速剪开自家的窗纱，拉开插销，轻巧地从窗里爬进去，打开了门。

事事不服输的精神，在郎平的孩提时代就表现得很明显。入学前，她看顽皮的男孩子爬树上房，自己也要一比高低。读书了，她暗暗和人家比成绩，比谁的字写得好。放学回家，先把老师布置的作业完成，再写家长布置的大字，不全部完成，她是从来不肯坐到饭桌上来的。那时候，“读书无用论”甚嚣尘上，然而，郎平在父母的教育下，从小学到中学，学习成绩一直名列前茅。

少年郎平有过许多美妙的理想。画家笔下的线条和色彩吸引过她，丝竹之声也曾使她入迷。星期天，她时常由妈妈陪着去一位相识的美术工作者家中学画。平时有空还学拉二胡。

直到 13 岁那年，她跟着喜爱体育的爸爸第一次去看一场国际排球比赛，从此，排球开始闯入她的生活，占据了她的心田。

那一次，是北京女排的大姐姐迎战来自大洋彼岸的秘鲁客人。场上的排球一会儿在她们手指间调皮地蹦着，一会儿又从她们的掌下暴怒地冲向对方……她真没想到平时上体育课托几下就要掉下地的排球，在这些大姐姐们的手上竟变得如此驯服和神奇。小郎平看得出了神，仿佛她已经长大了，也穿着印有“北京”二字的球衣，正在场上和那些金发碧眼的外国姑娘争夺。她是多么向往成为一个排球运动员啊！

她盼望着自己像工人体育馆周围的小松树一样快快长大，长得和北京女排的大姐姐们一样高大。

长啊长，妈妈给她做的新裤子，不到半年就要接上一大截了；长啊长，她成了朝阳中学最高的女孩子，参加了学校的田径队……

一个偶然的机会她被发现了。

“你叫郎平吗？”

“是的。”

“你想学打排球吗？”

“排球？想啊！我早就想打排球了。”

站在北京市第二业余体校张媛庆教练面前的这个细高挑儿，身体孱弱，体重只有七十几斤。张教练是出于发现、造就高个子排球队员的热心，才收下这个身体素质并不出众的学生的。

1974 年的暑假，对郎平来说是难忘的。她作为这所业余体校的插班生开始接受排球训练时，班里其他同学都已经练了一年了。从零开始的郎平，当时给自己定下的目标是：赶上她们。

她处处不甘落后，汗水比别人流得更多，练得比别人更苦。星期六回家，总不忘把球和球衣带上。星期天的清晨，别人还在酣睡，她已经围着楼群跑了一圈又一圈。遇到刮大风，她就上上下下跑楼梯。要不就对着墙壁练托球，家里雪白的墙壁被打上了一片一片的排球印子。

正当她跑步前进的时候，困难也迎面而来。没练几个月，不知怎的，她的小腿胫骨突然像针刺一样痛不可忍。几经治疗，仍不见效。她不相信自己就这样轻易地退下来，每次都是一瘸一拐地准时来到训练场。张教练的脸上也出现了愁云，她既怕练坏了孩子，又不甘心放弃这棵好苗子。有一次，她走访一位大夫，听说北京青年女篮的队员训练之初，体质差的新队员普遍出现过胫骨痛的现象，只要熬过三五个月，疼痛就会自然消失。张教练掌握着运动量，郎平咬牙坚持着，不到三个月，胫骨果然不疼了。

闯过这一关，她放开手脚练得更欢了。到了严冬，业余体校没有室内场地，郎平就和伙伴们一起穿着绒衣、戴着手套在冰天雪地里摔滚，厚厚的绒衣磨出了洞，汗水洒在冻土上，她们以苦为乐，练得入了迷。

尽管在最初的障碍面前，她要过小孩子脾气，遇到困难也掉过眼泪，但是她从不颓唐畏缩。有理想，有对胜利的渴望，使她战胜惰性，克服自我，不停地追求新的目标，走着一条由弱者变为强者的奋斗之路。她在不到一年的时间内，就把攻防技术提高到接近主力队员的水平。

在业余体校这个运动员的摇篮里，她憧憬着有朝一日能打上北京青年队，两年以后，果然如愿以偿。那年的冬训是在福建漳州进行的。当融融春风吹起，郎平带着累累硕果回到北京。在车站上她见到来接她的姐姐时，说的第一句话是："你猜，我弹跳增加了多少？人长高了多少？"喜悦的心情，溢于言表。原来，这是郎平接受的第一个严格的正规冬训，也是她练得最苦、收获最大的一个冬训。用郎平打趣的话来说："累得小腿肚子都转到前边来了。"在这之前，她扭着腰肢负重 30 公斤深蹲，勉强才能做两三下，现在一次训练负重深蹲累计重量竟达一万多公斤。由于力量的增加，她的弹跳猛增了 12 公分，身高由 1 米 79 长到 1 米 83。

郎平是个有着强烈进取心的姑娘。为了改进错误的习惯动作，她采用"罚"自己的办法，扣坏了一个球，就要自罚空跳数次。教练要她用两周的时间改掉一个错误动作。她却说："给一星期够了。"果然说到做到。

郎平在排球之路上大步前进，靠教练的指点，靠自己的奋发，也和父母的鼓励分不开。爸爸郎家骅是女儿最忠实的观众，只要女儿赛球，他总是风雨无阻，每场必到。有时实在脱不开身，事后也要想办法弥补。有一次，郎平的母亲陈刚在和平宾馆接待著名二胡演奏家闵惠芬，她就主动请客人介绍小时候刻苦练琴的故事，回来讲给郎平听，启发郎平用同样的精神练球。

宝剑锋从磨砺出，梅花香自苦寒来。不懈的奋斗，使她在艰难的登攀中拾级而上。她的进攻力量由弱到强，击球点由低到高，扣球控制面由只会扣直线到能扣各种线路。技术上的一道道难关，被突破了。

17 岁时，她被选进北京一队，穿着印有“北京”二字的运动衣迎战罗马尼亚女排，实现了少年时代的夙愿。从这时起，一个更高的目标又在她心中闪光：“如果有一天我能穿上缀有国徽的运动服，代表祖国去战胜世界强队，那该有多好啊！”

现在，决定郎平能否穿上缀有国徽运动服的人就坐在场外，不动声色地观察着身高已经 1 米 84 的郎平的各种技术动作。

袁伟民不愧为识“千里马”的“伯乐”。他拍板决定吸收郎平进国家队。

袁伟民的远见卓识不仅在于敢于收下郎平，更在于敢把这样一个没有经过重大国际比赛考验的新手立即推上主攻手的重要位置，去打关键性的比赛。这难免不冒一点风险。而且，这时作为主攻手的杨希技术也正在高峰时期，用郎平代替杨希确实要有点儿眼光和魄力。

这块石头丢下去，果然打破平静的水面，溅起美丽的水花，荡出环环涟漪。

郎平第一次露面，是在曼谷举行的第八届亚运会上。

她的 18 岁生日，是在球场上度过的。那天中国队战胜了亚洲劲旅南朝鲜队，郎平强攻频频奏效，表现突出，打响了第一炮。然而，第二场打日本却屡屡失误，“大炮”打哑了，被换了下来。

我国排球界有“三年打基础，五年成才，七年成器”的说法，有人认为郎平只有五年球龄，她这根嫩竹扁担还挑不了千斤。有胆有识的袁伟民却始终不悔。他认为，要加强中国队的强攻，就要破格起用有特殊才能的新秀，付出一点学费是难免的。一个新手，技术有点儿波动，有时打得好，有时失手了，这都是正常的，不必大惊小怪。重要的是帮助她总结经验，找出薄弱环节，继续在使用中培养她、提高她。

为了把郎平培养成不负众望的“炮手”，在国家队集训时，袁伟民对她进行了严格的、有独创性的训练。袁伟民很快就摸透了她的脾气，经常出难题“憋”她。当她防守上还有漏洞时，袁伟民并没有因为她个子高大而降低对她的全面要求，而是经常给她吃“小灶”，陪她进行个别训练，帮助她突破防守关；当她能得心应手发挥强攻威力时，又训练她快攻突破和后排立体进攻。

春风化雨，郎平在教练的严格要求下，正朝着能攻善守、能高能快、技艺精湛的世界一流“炮手”的方向前进。

第四章

硝烟刚刚散去

鳞次栉比的摩天大厦，在淡淡的晨霭中隐去了；昼夜不息的喧闹声浪，从耳畔消失了……

这是1979年的岁末。第二届亚洲女子排球锦标赛激战的硝烟刚刚散去。首次夺得亚洲桂冠的中国女排姑娘们，捧着金灿灿的奖杯，告别了热情的港九同胞，告别了亚洲排球界的朋友们，告别了这个给她们留下难忘记忆的陌生城市，一路春风，凯旋而归。

列车，向着深圳欢快地奔驰着……

鏖战方休，姑娘们这时才开始放松下来，一个个都靠在座位上打盹儿。是的，她们实在太累了，这十几个紧张的日日夜夜，每一根神经都像琴弦一样绷得紧紧的。现在好了,她们可以踏实地睡上一会儿了。历尽艰辛，终于不负众望，实现了“冲出亚洲”的夙愿。

姑娘中，端坐着一位身穿淡灰色西服的中年男子。他的脸色也是疲倦的，这时却毫无睡意，正透过雪白的窗纱眺望远方。

他就是张一沛。一年前，刚刚出任中国女排的领队。

他曾经担任过国家体委一位领导同志的秘书，长年的磨炼，使他养成了勤于思考、善于分析的习惯。笔头也挺不错。正在年轻有为的时候，一场浩劫开始了，领导“倒台”，祸及秘书。他愤然离开体委，一去数载，直到动乱的岁月结束了，才从湖南家乡调回国家体委工作。

别看他当过秘书，却不是个文弱书生。他早先从事过田径运动，20 世纪 50 年代毕业于北京体育学院，还是科班出身哩。现在虽然体形已微微发胖，但还多少看得出一点运动员的痕迹。

来队之初，听他说话满口湖南味儿，女排姑娘们情不自禁地捂着嘴巴偷偷地笑。可是，后来不敢随便笑他了。别看站在女排这支队伍里，唯独他矮半个头，但抓起工作来，还真有一套办法哩。

就说为了迎接这次香港之战的集训吧！他和教练一起把队伍拉到湖南郴州这个小山城里。到那里，还没分辨出东西南北，他就宣布：社会上六天休息一天，咱们只能六十天休息一天。希望大家集中精力、刻苦训练，横下一条心，为夺亚洲冠军作贡献。

这 59 天里，队员们到球场，他也到球场；队员们休息了，他还不能休息。政治思想工作围着训练、比赛转。在姑娘们面前，他和两位教练的口径绝对一致。一发现问题，三人统一思想，一抓到底，毫不含糊。

周末晚上，姑娘们为当地观众打表演赛。

比赛开始不一会儿，对方发过来一个球，张蓉芳迎上去，正准备接时，站在她前面的陈亚琼晃了晃身子。这样，她犹豫了一刹那，球落地了，失去一分。张蓉芳嘀咕起来，挺不高兴的，场上情绪受了影响，直到比赛结束，打的都是没精打采的“闷球”。

赛后，领队、教练研究，决定让她留下来“补课”。

袁伟民站在网前，接过姑娘们递给他的球，一个接一个地朝网的上方抛去，一会儿是近网，一会儿是远网，一会儿这边，一会儿那边。张蓉芳时进时退，来回不停地助跑起跳，挥臂击球。“啪！”——“咚！”“啪！”——“咚！”空荡荡的体育馆里，只听见击球声和球落地的声音。

“课”，一直“补”到深夜 11 点。

看着这少见的一幕，一位留下来观看“补课”的观众感动了。他径直走到张一沛面前，十分认真地为张蓉芳鸣不平：“你们这位运动员真经得起摔打！你们的教练似乎太苛刻了。”

张一沛笑了，他感谢这位观众的心意，心里却和两位教练想到了一起：我们一丝不苟地严格要求她们，这是事业的需要啊！

气喘吁吁的张蓉芳，完成了教练布置的“补课”指标，她没有偷懒，却也没有“低头”，依然不高兴地噘着嘴。

张领队和两位教练知道张蓉芳有“特异功能”——见了球就兴奋。她是经得起练的。但是，能允许这种情绪存在下去吗？

他们也同样没有“让步”，张一沛决定：明天上午开个党员生活会，和张蓉芳谈心。

同志们的耐心帮助，似春风化雨，张蓉芳终于想通了。

她懂得了：作为一个党员，一个老队员，一个主力队员，应该怎样以身作则、高标准要求自己。

渐渐地，队员们发现，领队和教练配合默契，对每一个人都掌握着精确的尺度，越是尖子队员，要求越严格。

同年夏天，中国女排访问日本，前四场比赛三胜一负，打到第五场，我们先胜两局，第三局处于暂时落后时，小孙接连两个二传拉到四号位，郎平都没扣好。“注意，别再扣这条路线啦！”小孙焦急地提醒郎平。哪知郎平没有理会，她觉得自己助跑起跳有些来不及，回答小孙的却是这样一句：“球再给高一点儿。”

“哟！新队员，才打主力，就这样了。”小孙误以为郎平听不进她的意见，圆圆的脸拉长了。

“好吧！我不传，看你怎么打。”想着，她就随随便便地处理起球来，不该扣二次球的，都被她顺手扣掉了。

起组织作用的场上“核心”出了问题，整部机器的运转也便乱了套。

袁伟民两次叫暂停，想把小孙的情绪扭转过来。令人失望的是，小孙这时已无法控制住自己，嘴巴噘得能挂油瓶，情绪始终未能扭转过来。

这场球二比三输了。不明真相的小岛先生还以为中国队是友谊第一，故意让他们的。

人家怎么会知道是孙晋芳和郎平闹误会了呢！

个人意气用事，使不该输的球输了，这可不是一件小事，更何况问题还出在队长身上。张一沛和两位教练一起，对小孙进行了严肃、认真的帮助。

自尊心很强的孙晋芳，开始想不通。任凭你们怎么说，她还是扭转不过来。张一沛和两位教练一次次耐心地找她谈，诚恳地指出问题，等待她认识。

激烈的思想斗争之后，小孙终于战胜了自己，她从心里引咎自责，恨自己心胸不开阔。作为一个队长，在场上与新队员计较，不能严以律己，是问心有愧的。而且当时场内助威的呼喊声太响，郎平没听清小孙的话。

挫折使她清醒，为了事业，为了肩负的责任，小孙开始改自己的犟脾气了……

她们，毕竟只有20岁上下的年龄。

她们，毕竟还是些刚刚离开父母的孩子。

平日里，张一沛虽然为她们这件事或是那件事生过气，觉得她们不听话，可是，想到她们为祖国的荣誉搏击时，一个个又是那样玩命、可爱，望着这些在列车有节奏的声响中进入梦乡的丫头们，他又欣慰地笑了……

坐在张一沛对面的袁伟民，也会心地笑了。兴奋的情绪从他弯弯的眼角上透露出来……

他怎么能不高兴呢？

翻开亚洲排球史，中国女排一直屈居第二位或第三位。20世纪70

年代末，中国、日本、南朝鲜三强的实力对比开始发生变化。日本报刊惊呼："中国郎平打乱了全日本女排的阵脚"，"不可低估来自中国的威胁"。1978 年，中、日三次较量，我们两胜一负；1979 年访日，我们又取得胜多负少的好成绩。然而，在正式比赛的决赛中，我们还从来没有胜过日本队。在一年前的亚运会上，我们是以〇比三败下阵来的。

这次香港角逐，掀开了新的一页。中国女排终于以三比一击败日本队（16 ∶ 14、15 ∶ 12、14 ∶ 16、15 ∶ 12），以三比〇力挫南朝鲜队（15 ∶ 6、15 ∶ 13、15 ∶ 9），夺取亚洲桂冠，结束了日本女排蝉联亚洲冠军近 20 年的历史。

袁伟民率领中国女排冲出亚洲的路，是一条洒满汗水的路。

郴州集训，他和邓若曾一起，对中、日、南朝鲜三强实力进行了科学的分析、对比，在知己知彼的基础上，进行扬长避短的针对性强化训练。

要遏制日本、南朝鲜队快速、多变的进攻，就要练就具有威胁力的发球，来破坏她们的一传。

清晨，姑娘们一睁开眼睛，谁也顾不得梳头、洗脸，便跑到球场练发球。每次早操，每人坚持发 150 个好球。富有进取心的陈招娣总觉得自己发的球太"菜"，这不是白送给人家"吃"吗？达到指标后，她还要留下来再发一会儿，常常快到 8 点才去吃饭。半个小时后，又准时回到场地，参加上午的训练。

打硬仗，"大炮"不响，难以取胜。别人练完休息了，炮手郎平还在那儿吃"小灶"。一堂训练课她常常扣球二三百次。她知道自己肩上的担子重，练得格外自觉。

随着比赛中网上争夺的加剧，拦网能力的强弱越来越体现一个队的实力。作为快攻队员，担负的拦网任务最重。打副攻的周晓兰，原地弹跳不好，影响拦网高度。她一丝不苟地练静蹲，设法提高腿部力量。

一般人收腹挺胸、纹丝不动地半蹲三分钟两腿就会累得发抖。她开始咬着牙只能蹲四五分钟，练到后来一次竟能蹲上二十几分钟。每蹲一次，汗水顺着发梢、脸颊和手臂直淌到地上，当她走开时，地板上常常留下脸盆大小那么一摊汗迹。

赛前，两位教练重点狠抓的发球、强攻、拦网，在对日本和南朝鲜队的比赛中，都显示了成效。中、日之战，我们发球破坏她们一传到位率达 45.8%，进攻、拦网我们比她们多得 11 分。可喜的是，连原来我们没有估计到的防守反击也稍胜日本。

新手郎平经受住了新的考验，她一人扣球独得 24 分。

统计数字说明，中、日女排胜负转化的关键在于网上的优势，而这优势已明显倒向中国队一边。

外电评论："中国队已向全攻全守型迈进。""中国女将士气如虹，重炮手郎平、张蓉芳炮声隆隆，陈亚琼、周晓兰的拦网固若金汤，时常使日本队吃'反弹之苦'，孙晋芳二传实而不华，张洁云像小燕子般轻盈灵活，就是后来才出场的陈招娣，伤后复出，也打得虎虎有威，令人叹为观止。"

细心的人们发现，这次香港比赛，和袁伟民搭档的已不是韩云波，而是另一位身材魁梧、相貌堂堂的教练员，他叫邓若曾。

此刻，他正坐在袁伟民的旁边。轮廓鲜明的脸上，同样显露出很不平静的表情。

邓若曾出任国家女排教练也快一年了。在这之前，他曾担任过国家青年女排的主教练。

和袁伟民一样，他也是驰骋我国男子排坛的一名宿将。论年龄，比袁伟民大5岁。论资历，比袁伟民还深。当年，他在国家男排打主力时，袁伟民还在省队。刚刚得知组织上要调他到女排当教练时，他的爱人蔡希秦暗暗担心。小蔡太了解自己的丈夫了。他自尊心强，又是个"炮筒子"，这个脾气能与袁伟民合作得好吗？

袁伟民的妻子郑沪英也在担心：他们俩“文化大革命”中持不同观点，一起工作，会不会有疙瘩呢？小郑性格爽朗、心地好，对丈夫体贴入微，遇事习惯与袁伟民分担忧欢。

没过多久，事实证明两位妻子的顾虑都是多余的。

共同的事业召唤着他们去打好排球翻身仗，共同的理想使两颗和排球一起跳动的心连在一起。事业需要，邓若曾甘当“配角”，任劳任怨协助主教练工作。两人一个抓技、战术训练，一个抓身体素质训练，有分有合，有商有量。

邓若曾常说：“我的指导思想很明确，维护主教练的主体思想，强化它、丰富它，并帮助主教练贯彻到全队。”

训练场上，最先出现的经常是邓若曾的身影。等到队员来到练习馆时，雪白的排球网已调整得不高不矮，地板也拖得一干二净了。

排球队集训、比赛有时到东、有时到西，邓若曾说走就走，但他并不是没有后顾之忧的。队伍要拉到郴州去集训，他那个先天有病的孩子，偏偏又发起病来了。

妻子小蔡放下刚从医院里取回的一大包药，马上又帮助邓若曾整理起行装来。平日，孩子不发病，每天都要服侍他吃七八种药，一个星期去两次医院。这些事，邓若曾无暇顾及，全落在了妻子身上。

“去吧，安心去吧！我能对付。”小蔡总是这样宽慰丈夫。

邓若曾知道，孩子发起病来，别说妻子对付不了，连自己也难对付。不宁静的小家庭，多么需要一个顶事的男子汉坐镇啊！可是为了事业，为了排球能冲出亚洲、走向世界，邓若曾没有停留，他只能又一次把这个家托付给妻子，跟着队伍走了……

现在，他回来了。初次出征，就载誉而归。姑娘们和他开玩笑：“你没来时，我们尽打败仗，你来了，第一次和我们一起出去，就打胜仗，多有福气啊！”

“福气吗？拿个亚洲冠军就算福气了，那你们的胃口太小了。”

邓若曾没有把目光停留在眼前的胜利上。他又在思考，如何和袁伟民一起，带领姑娘们，一鼓作气，走向世界……

姑娘们的思绪就那么平静吗？真的都睡着了吗？不。瞧！那个身穿一套紫红色西服的姑娘，长长的眼睫毛不正扑闪吗？她是这支队伍中普通的一员，却又和其他姑娘不完全一样。

熙来攘往的九龙车站，依依惜别的人群，一下子凝住了，变成了一幅永恒的画面，保留在她的脑海里：年迈的爸爸、妈妈，亲爱的哥哥、姐姐和弟弟，不停地挥动着手臂，用亲切的乡音，依依不舍地呼唤着："再见！再见！"她的家在香港，这里有她所有的亲人。她深深地爱着他们，现在却要离开他们回到她那个"大家庭"去，因为她从事的事业更深地吸引着她。

光阴过得多快，已经四年没见亲人的面了。四年前，母亲决定带着全家人到香港与父亲团聚时，唯有18岁的小女儿亚琼执意要留下来。她舍不得离开那只排球啊！

当时，亚琼刚被选进福建女排，由于她有副好身材而引人注目，不仅招排球教练喜欢，篮球教练、田径教练也眼红。她弹跳好，还有滞空能力。这么好的身体素质，加上刻苦努力，使她在福建青年女排训练仅一年，就掌握了一手漂亮的扣球和拦网动作。

和她那典型的运动员身材不相符的是，她是典型的姑娘性格，文静、胆怯，说话慢声细气，做事心细手轻。按常规，这种类型的人在运动员行列里是难以出类拔萃的。可是常规中也有例外。谁能想到，亚琼的胆子在一件关系到她运动命运的事情上竟大得出奇。

1978年的一天，袁伟民收到了一封盖有福建省邮戳的信。信笺上的字迹并不老练，但工工整整恭恭敬敬。一看就知道出自一位姑娘的手笔，一读就让人看到了那颗对排球事业炽热追求的心。这位姑娘表示，愿意到国家女排来当副攻手，她就是陈亚琼。

她的名字，她的形象，袁伟民的印象是很深的。他早已暗暗看中了这个各方面条件都很好的副攻手。

1979年的一天，亚琼到国家队来集训了，不久就作为中国女排的主力，出现在香港举行的第二届亚洲排球锦标赛上。这是她第一次参加重大国际比赛，人们却看不出她是新手，打得很出色。

12月11日下午，当中国女排以三比一战胜日本队后，整个伊丽莎白体育馆成了沸腾的海洋。观众如冲出闸门的洪水，涌向场内。

一位球迷献上14束早已准备好的鲜花。

姑娘们又把芬芳的鲜花撒向看台，变成一阵彩雨，飘落在为中国女排的胜利而热情欢呼的观众中间。

看台上，一位慈祥的老人，含笑看着这感人的场面。他静静地坐着，虽然没有像那些年轻的观众一样，向着飞来的鲜花迎上去，但他心里多么希望也得到一朵值得荣耀的鲜花啊。

他得到了。不是一朵，而是一束。当他看到爱女陈亚琼捧着胜利的花朵向自己走来的时候，眼眶湿润了。

“爸爸，这是我们的领队张一沛让我转送给您的。”

“谢谢领队，谢谢大家。”

女排姑娘们远远望着融入人海中的亚琼。

亚琼紧紧依偎着爸爸，父女俩高高地举起了这束胜利的鲜花。

战胜自己

东京都四野如云的樱花，富士山顶端俏丽的银冠，在机翼下渐渐地隐去了。中国女排的姑娘们，圆满地结束了在友好邻邦的访问比赛，正展翅飞回祖国。

透过明净的舷窗，杨希俯瞰着连接中、日国土的浩渺碧波，耳边不由得响起了在日本的比赛中回荡在体育馆内的阵阵涛声。热情的日本观众通过各种形式所表达的友好情谊，又一幕幕展现在眼前……

自20世纪70年代中期起，中、日两国排球队年年互访。杨希自

1976 年被选进国家队后，也就年年要到日本去一次。随着人们对她球技和风度的了解，杨希赢得了无数日本观众的心。每次去日本，那些杨希的崇拜者都会闻讯从四面八方赶来，尾随着中国女排，比赛打到哪里，他们就跟到哪里，甚至组成“杨希委员会”，打着旗子出现在观众席上为杨希助威加油。只要杨希一上场，他们就“约希”“约希”地欢呼起来。

“杨希在日本怎么这么受欢迎？”

袁伟民起初有点儿不解，曾经认真地问过他的日本朋友后滕先生。后滕是个对中国女排感情很深的人，他归纳了四个原因：一是她球打得好，尤其是四号位的开门进攻（指四号位强攻）可厉害呢！二是她风度优雅，不管胜球还是输球，总是笑眯眯的，讨人喜欢。三是杨希名字的日语发音和日语的“好”字相仿，字意有吉利福气的意思，叫“杨希”就是叫“好”，叫“好”就是叫“杨希”。四是她的长相酷似红极一时的电影明星山口百惠，球星像影星，这对球迷和影迷更多了几分吸引力。

哦！原来有这么多原因。难怪日本女青年中流行着“杨希妆”，她那梳着两把“小刷子”的发式，竟成了时髦的发式。

男青年中杨希的崇拜者们也为数不少，他们拿着漂漂亮亮的新衣服，等在体育馆门口，请杨希签上名，穿在身上，引以为荣。

每到一地，热情的书信很快就寄到了中国女排下榻的饭店。陌生的朋友对她倾吐着真挚的感情：“……我们多看你们一会儿，离你们近一点儿，要是能握握你们的手，得到你们的签名，啊！那就是我一生中最大的幸福！”

每次打完比赛，球场门口总是堵着一片黑压压的人群，有等着一睹杨希风采的，有请杨希签名的，有想和杨希握手的。握不到她的手，哪怕触到一下她的手臂也好。杨希总是尽最大的努力，满足观众的要求，有时实在招架不住了，只能低着头、躬着身子，躲在教练或领队的背后，让他们开路，冲出人海。

就是这么一个备受欢迎的杨希，恰恰在这次访日中，挨了袁伟民、邓若曾一次毫不留情的“整”。

“出国访问时的训练嘛，与国内的训练总不一样。”杨希心里是这么想着，虽然没有偷懒，但在完成训练指标时不知不觉质量多少有些差异。

训练中这个微小的变化，给邓若曾捕捉到了。

“杨希，你再练两组。”

队里其他伙伴都休息了，邓若曾手里的球还在往杨希面前打去。当着日本观众的面，这不等于让人出“洋相”吗？杨希心里好不难受。

袁伟民刚给另一组队员练完，走过来了。

“来，我来打。”

他让邓若曾休息，自己陪杨希练下去。两位教练在训练场上是一对严师，在严格要求上，从来是互相“补台”的。

就连最调皮的队员，见了主教练往往也要敬畏三分。

杨希从袁伟民严峻的脸上觉察出，这下少不了要练得累趴在地上。

她擦了擦汗，抖擞起精神，准备对付来球。

球，像连珠炮似的向杨希猛击过去。她就像个不倒翁，跌滚、摔爬，扑救前后左右的来球……

10 分钟、20 分钟、30 分钟过去了……

这个时刻，袁伟民是不会手软的。一分钟就要砸过去几十个球。练了 40 分钟，他才吐出了一个字：“停！”

观众席上，杨希的崇拜者们也呆呆地看了 40 分钟。也许，他们会感到惊奇：中国教练怎么和日本教练一样厉害？也许，他们在心疼杨希；也许，他们会像湖南郴州那位好心的观众为张蓉芳鸣不平那样，为杨希鸣不平。他们还不知道呢，杨希憋着一口气练下来，大腿上两层裤子加一层皮，三层都磨破了，血都渗透出来了。

大夫提着药箱赶紧来给她检查伤口，心疼地说：“喔唷，你妈要是看见了……”话没说完，杨希鼻子一酸，眼泪掉下来了。不过，马上又悄悄地擦去了，不给任何人看到。

日本排协的朋友们夸奖中国姑娘了不起。已经病故的日本排协女子强化委员长森隼一先生生前访华时说过：“中国教练太娇惯队员。”他要是亲眼看到这幕情景，也许要把这句话收回去。

中国女排的好作风是在向日本女排学习中形成的。袁伟民一直很欣赏大松博文的一句话：“要战胜自己。”他觉得帮助队员战胜自己，正是一个教练员的责任。

在日本观众面前，杨希能毫不含糊，服从教练，认真补课，正是她克服自我、战胜自己的结果。用她的话说：“我们的脸皮已经被教练练厚了。”

这句话，说出了姑娘们的同感，讲起来容易，做起来可不容易。都是 20 岁出头或是十八九岁的大姑娘了，谁不要个面子。可是事业需要她们做到常人做不到的事情，她们既有鲜明的个性，又服从于共性，自觉地把自己的行动纳入实现伟大目标的轨道上来。

运动员要在每次训练中，都做到一丝不苟，是不简单的。尤其还要始终保持高昂的情绪，那就更难了。杨希补课，姑娘们在四周帮袁伟民捡球，她们每个人几乎都有过这种战胜自己的经历。出国前的一堂训练课，就使队长孙晋芳难以忘怀……

每堂训练课上，细心的袁伟民不仅把审视的目光落在姑娘们的手上、脚上，注意她们的动作，度量她们的技、战术是否打出来，还要察言观色，把握队员们思想脉搏的跳动。如果她们挂满汗珠的脸上，闪着明亮的光彩，他会觉得场上一片阳光。

这天，他发现场上的这片阳光，不像往常那样明亮，因为小孙沉着脸，没有一丝笑容。

生活中，谁都会遇到一些不高兴的事，难免在情绪上流露出来。可是袁伟民认为，球场就是战场，战斗需要战士保持最佳精神状态。

尤其是队长，她不但不能把自己不好的情绪带上场，而且还要成为振奋全队士气的发动者。

“小孙，注意把情绪调动起来！”

袁伟民提醒了两遍，小孙的脸色并不见什么改变。

“嚯！”

哨声响了，姑娘们围拢过来，以为教练要安排新的内容。

“现在暂停训练。今天小孙练得不顺，大家过来看她练，什么时候她练顺了，我们什么时候开始练。”

一听袁伟民的话，小孙愣住了。她扑闪着一双疑惑的眼睛，尴尬得不知怎么才好。

“打了这么多年球，还是头一次遇到这一招呢！当众和我过不去，什么意思？！”

她越想越生气，干脆转过身去，把脸对着墙，不说“练”，也不说“不练”。

姑娘们窃窃私语起来：“袁指导也真是的，小孙又不是没有完成指标，干嘛让她下不了台。”她们真担心小孙会与教练顶起来。

小孙的“火”已经冒到了喉咙口，但是又冷静了下来。

她扪心自问：教练是存心要我出洋相吗？不！在两位严师的指导下，小孙明显地感觉到了自己在思想上、技术上的进步。现在，他们是在用队长的高标准要求自己，我该怎么办……

弯儿还是拐过来了。她默默地把一筐球抬到袁伟民面前，轻声说：“好，练吧！”

球，像一只只刚刚撒手的鸽子，疾速向小孙飞去。

她，仿佛身上装上了弹簧，飞身扑救，把那些即将落地的“鸽子”再赶到空中。50 个、60 个……豁出去了，小孙发起狠劲儿来了。旁观的姑娘们情不自禁地为她精彩的表演鼓掌助威。

她的腿已摔得通红通红，她的情绪也已开始扭转。袁伟民正想说：“可以了，就这样。”话到嘴边，又咽了下去。等一等，这话应该让她自己说出来……

汗水顺着她卷曲漂亮的头发往下淌，红扑扑的脸上终于“晴朗”起来，露出了平时常有的甜美微笑。

“教练，我练顺了。”

小孙不好意思地站在袁伟民面前，由衷地说出了这句话。两位教练了解小孙的脾气，像她这样倔强的姑娘自己转过弯来是不容易的。他们也笑了。

袁伟民、邓若曾何必非要难为孙晋芳？他们用心良苦，一切是从建设一支世界第一流强队的全局考虑的。因为在排球比赛中，教练员的各种作战方案，都要靠二传手和队长来体现。无论是奥运会还是世界杯赛、世界锦标赛，凡是夺得世界冠军的队，二传手、队长和教练之间的配合都是最密切的。从东京奥运会上的大松（教练）和河西（队长），到慕尼黑奥运会上的小岛（教练）和松村（队长），都是如此。苏联女排的阿夫布莱佳尼教练，也是与二传手布尔达柯娃配合得很好，才使全队连续获得两届世界冠军的。

如果有谁认为思想问题的解决，全是靠“凶”“严”“狠”，靠那个折磨人的球“整”顺的，那他就错了。事后，袁伟民找小孙谈心，语重心长地说：“不是我和邓指导不给你面子，故意‘整’你，要你对我们服服帖帖。你想想，你是场上队长、二传手，平时训练就控制不住自己的情绪，比赛时还怎么贯彻我们的意图去发动别人呢？这么严格要求你，是因为你肩负着重任，是事业的需要啊！”

小孙服了。她自觉地投身于球场这个熔炉里，锻铸着作为一个场上中坚所需要具备的性格。她渐渐地懂得了一个道理：要为祖国赢得大面子，只有不惜丢掉个人的小面子，无私才能无畏。

要战胜自己，是要付出代价的，甚至要忍受一般人难以忍受的痛苦。杨希在日本观众面前经历了这次考验之后，心情由别扭变得舒坦了，她想：比起三个月前的美国西海岸之行来，这次访日真是再舒服不过啦。

那次访美吃的苦啊，就甭提了！

她清晰地记得：那天，当景色秀丽的美国西海岸映照着落日的余晖，出现在飞机的舷窗外时，她们已经在航程中起起落落坐了 30 多个小时的飞机了。

云集着美国优秀运动员的奥林匹克训练中心——海拔 2000 多米的科罗拉多州斯普林斯市，伸开热情的双臂欢迎她们。从未到过高原地区的中国女排姑娘，下了飞机却好像还在飞机上一样，如腾云驾雾，耳鸣心噪。

强烈的高原反应，长途旅行的劳累，从东半球到西半球的时差，困扰着姑娘们。领队张一沛，教练袁伟民、邓若曾也昏昏沉沉的，很不适应。但他们马上意识到：这正是磨砺姑娘们意志的好机会。

多年来，我们这支队伍的适应能力一直不如一些世界劲旅。到国外比赛，第一场总是打不好。要走向世界，就要踢开这只“拦路虎”。

姑娘们刚刚放下行装，她们的长腿在飞机上受尽“委屈”，还没有来得及放松一下，就听袁伟民宣布道：“立即投入赛前训练。”

消息灵通的新闻记者捷足先登，赶来抢拍中国女排第一次训练的镜头。一走进练习馆，他们惊愕了，训练场地四周放着四个大塑料桶，不时有人跑出场来对着桶吐上一通。原来，中国姑娘还没开始练就呕吐了。“这怎么上镜头呢？”摄影师们遗憾地耸耸肩膀、摊摊手，背起机子转身走了。

他们谁也没有想到，中国姑娘吐完后又开始练了。整整一堂训练课，三分之二的队员边呕吐边练，吐完以后再练。

训练结束，走进餐厅，四十几种菜摆在桌上，任你挑选。看着美国队的姑娘们吃得津津有味，中国姑娘却没有一点胃口。平时见了冰淇淋，少说也要吃两杯，这时连看都不想看。吃到嘴里的东西，也觉得比药还难咽。

下午，“铁石心肠”的袁伟民照例把姑娘们带到了球场。姑娘们真想上去捶“狠心的”教练两下。

球场外，姑娘们可以随便和袁伟民开玩笑，他温文尔雅，从来不生气。可一到球场，他铁面无私，说一不二，哪个想少练一分钟也不行。尤其是在经过长途飞行后的训练，抓得更紧，因为他当运动员的时候有亲身的感受。那时，他也是最怕坐飞机了，一坐就晕。后来，他逐渐发现，越是晕，越是要练，练练反而好了。

他把自己的“秘诀”讲给姑娘们听，开始，她们将信将疑，反正得练，那就试试吧。赛前，姑娘们咬着牙训练了三个半天。说来也怪，越练越来劲,很快便适应过来了。第一场比赛就以三比一战胜了美国队。扭转了多年来出国比赛，打不好第一场球的局面。

12 天访美，她们跑了 6 个城市，与美国女排打了 7 场公开赛，取得六胜一负的好成绩。二组队员打了 5 场练习比赛，也全部告捷。从高原小城斯普林斯，到旅美华人聚居的旧金山，她们都没能挤出时间出去游玩一次。唯一的娱乐活动是看了一场电影。这两个小时的休息，多宝贵啊，队里有半数的姑娘在电影院里睡着了。

难忘的美国西海岸之行，使姑娘们受到了一次艰苦的磨砺。她们深深体会到：苦尽才能甘来，要取得超人的成绩，必须付出超人的代价啊！

泛舟在白洋淀上

北方小城镇的一条小街，像一条喧闹的小河沐浴在金灿灿的阳光中。

这里，是白洋淀北岸安新县城里唯一的闹区。各种瓜果、蔬菜摊琳琅满目，川流不息的人群熙熙攘攘……

一群高出人头的“特殊顾客”，被西瓜摊吸引住了。她们抱起一个个大西瓜，轻巧得像抓起一个个排球一样。随着手指轻轻的弹击，瓜里发出阵阵清脆的“嘣嘣”声。

“好瓜、好瓜，真棒！”郎平对老农的西瓜赞不绝口。她是和周鹿敏、朱玲等姑娘利用午休时间结伴来逛街的。

“郎平！郎平！”

谁不认识这个“重炮手”啊，在这个小地方，她一露面，还是马上“暴露”了。

郎平连忙放下西瓜，一面答应，一面用目光寻找着喊她的人。

“您不是中国女排的郎平吗？”

骄阳下，两位过路的青年仰起汗津津的脸，望着自己仰慕的球星。原来，他们是中国人民大学的学生，正回家过暑假。真没想到，在北京也很难见到的女排姑娘们，竟会出现在自己故乡的小街上。

“你们在罗马尼亚参加世界大学生运动会时，我们每天都在等你们的好消息。半决赛中，你们以○比三输给古巴队后，我们可着急了，有人惋惜，有人埋怨你们，可是大家坚信，决赛时你们一定能夺回胜利。果然被我们猜中了，你们赢得了金牌，同学们高兴得在校园里点燃篝火，鸣放鞭炮，宽敞的校园里竟也容纳不下青年人的热情，大家走出校园上街游行庆祝起来。”

像旧友重逢，两位青年滔滔不绝地与郎平攀谈起来……

当他们知道刚刚从世界大学生运动会归来的女排姑娘是到白洋淀来边总结、边休息的，便热情地邀请郎平有机会到附近他们的家中去做客，尝尝刚从地里摘下来的大西瓜。

生活的节奏忽然变得轻松起来。每当一个大赛结束之后，她们总要张弛相济，积极休息一下，以便用更充沛的精力去冲击新的高峰。

从繁华的大城市来到这普通的乡间小镇，她们感到，这里的人民纯朴而亲切，这里的生活蕴藏着无穷的乐趣。

推开招待所的窗户，眼前是一把碧绿的“大伞”。啊！多么高大的梧桐树，长得与三层楼一般高。茂密的枝叶，搭成了天然的遮阴帘，给人一种凉爽、舒适的感觉。贴在树上的蝉儿，发出有节奏的欢唱声。几只麻雀机警地停在枝丫上。忽然“砰”“砰”两声，枪响鸟落。逗得招待所院子里的小朋友一边抢麻雀，一边拍手直喊：“打得真准！打得真准！”

姑娘们想，这准是男排哪位“神枪手”打的。他们也一起来白洋淀了，出发时看见汪嘉伟拿着钓鱼竿，侯杰背着猎枪。姑娘们不会玩这些，但也带来了各自感兴趣的东西。梁艳、陈招娣、周鹿敏等从图书馆借来了一大摞小说、杂志，郎平的旅行包里装着她的外语书和两个电子玩具。这两个玩具是三个月前她们去香港参加世界杯亚洲排球预选赛时，一位香港球迷送给她的礼物。郎平十分喜爱摆弄这两个电子玩具，因为它们能帮助她练习记忆和反应，学外语需要很好的记忆，打球需要敏捷的反应。

天公不作美，到白洋淀的第二天就下起雨来。不能出去玩，领队宣布，这天的安排改为上午自由活动，下午总结会。

有着广泛兴趣的姑娘们，立即各择所爱，在室内活动起来。陈招娣抱着本古典小说贪婪地阅读；小梁艳在给观众写回信；张洁云、张蓉芳起劲地摆弄着郎平带来的电子玩具。房间的一角，上海姑娘周鹿敏和男排队员王铁山，在跳棋盘上展开了争先恐后的角逐。不一会儿便进入一比一的紧张状态。朱玲悄声帮小周出主意，她们绞尽脑汁，要让这位男排的跳棋“冠军”成为手下败将。

“笃笃笃……”谁在敲门？郎平开门一看是男排的徐真。“哦！是师父。”郎平高兴地把他请进屋去。

“你怎么称呼他师父？”同屋的保健大夫罗维丝惊奇地问。

“他外语学得比我好得多，当然是我的师父。”郎平认真地回答。

原来，徐真是应郎平的邀请，来帮助她解答几个英语语法问题的。郎平坚持自学英语已三年，每天她总要挤出时间做英语练习。这次来白洋淀休息，她就暗暗打算，要把大学生运动会期间落下的英语练习给补上。

上午，大多数姑娘痛快地玩了好一阵。下午马上又把心收回来，围坐在领队、教练的房间里开始了总结。运动员和战士一样，已经习惯于行动战斗化，说休息就休息，说干就干。

这次世界大学生运动会，参加排球比赛的强队不多，可是与上届世界锦标赛冠军古巴女排的两次较量，却使她们受到了一次严峻的考验。

那是半个月前，7 月 29 日傍晚，凉风习习，拂动着布加勒斯特满城婆娑作影的绿树。耸立于街心花园中的弗洛雷亚斯卡体育馆里，掌声阵阵。在这里，第十一届世界大学生运动会女排冠亚军决赛，经过近 100 分钟的鏖战，终于揭晓。中国队以锐不可当之势直落三局，击败古巴队，荣获冠军，为中国代表团赢得了这届运动会的第十块金牌。

中国姑娘的高超球技，使人赞不绝口。更令人钦佩的是她们不畏强手、不怕失败，敢于反败为胜的顽强战斗作风。就在两天以前，也是在这个场地上，她们在半决赛中以〇比三输给了古巴队。那场球打下来，谁也不敢断言，最终登上领奖台最高处的究竟是中国队还是古巴队。

中、古女排四年未遇，在这之前双方战绩是一比一。这次比赛又“狭路相逢”，她们是抱着击败我们的目标来的。一到大学生村，古巴姑娘见到我们女排姑娘就伸出三个手指，表示要以三比〇打败我们。

没想到，半决赛竟被她们言中，我们果然〇比三败下阵来。

看完这场比赛，众说纷纭。有人认为：中国队实力确实不如古巴，再战也是凶多吉少。日本队教练不相信中国女排就是这个实力，他说：“这是中国人的策略，在进行火力侦察。”

中国女排教练和队员们心里明白，这是一次真的失败。

袁伟民坦然地对记者说：“这场球不是假输，的的确确是输了。”

导致失败的原因，有思想上的，也有技术上的。用孙晋芳的话来说，赛前我们思想处于“夹生”状态，想胜又心虚，觉得没底。当时的心理是，既不承认她们比我们强，又不很自信。加上这场比赛的胜负无碍大局，大家的求胜心情不够迫切。

技术上失利的原因突出地表现在不适应接古巴女排的平冲式发球，造成一传不到位，遏制了我队快速多变战术的发挥。

可是人们发现，几经挫折磨砺的中国女排姑娘，已变得坚强起来。失败，没有使她们气馁，因为摸清了对方的底细，反而增强了取胜的信心。

姑娘们的脸上没有失败者的懊丧。她们从球场归来，有说有笑，好像没有输球一样。

“军港的夜啊，静悄悄，海浪把战舰轻轻地摇……”郎平、陈招娣边洗衣服，边哼起了歌。悠扬的歌声从她们房间的窗口飘逸出去。住在隔壁房间的中国女篮姑娘们纳闷儿了：输了球还这么高兴？队长宋晓波是郎平的好朋友，她忍不住走进郎平她们的房间来，担心地说：“瞧你们，还这么乐，难道下一场对古巴真那么有把握夺回来？”

“呵！输球就不能笑啦？笑到底才真叫会乐呢！”郎平俏皮地回答。

说着，她又模仿着袁伟民的口气说：“要赢得起，也要输得起嘛！不能低头，把胸挺起来，下一场球拿回来！”姑娘们全都被她惟妙惟肖的模仿逗笑了。

袁伟民是自信的。他和邓若曾教练一起带领姑娘们找出了失败的原因，制订了新的方案，镇定自若地等待着新的战斗。

两天之后，不屈不挠的中国女排姑娘回敬了古巴队一个三比〇。说来也巧，连比分也与前一场比赛相似。上次她们 15 ∶ 13、15 ∶ 9、15 ∶ 9 胜我们，这次我们 15 ∶ 13、15 ∶ 8、15 ∶ 9 胜她们。

从〇比三到三比〇，这是技、战术的胜利，更是思想作风的胜利。从布加勒斯特回到北京后，姑娘们认真总结了整个队在这两场球赛中的经验和教训。这次到白洋淀将继续进行个人的总结。

无论是正式比赛还是访问比赛，中国女排一向很重视赛后总结。张蓉芳说：“我们国际比赛不如人家打得多，可是我们会抠，每打一场比赛抠啊抠，把一点一滴的体会都抠出来，尤其是比赛中暴露的问题，一个也不放过。”

可不是，还没开始总结，领队、教练就说：“要多看〇比三，少看三比〇。个人总结的重点是找问题。”

“希望大家像挑自己的毛病一样，帮助别人找差距。11 月世界杯赛，不仅自己要上，还要拉着别人上。现在问题不解决，到时候来不及。被帮助的人要看到，人家对你提的问题越多，对你进步越有利。不要认为短处讲多了，就会另眼看你，你的优点还是你的，讲不掉。存在问题不讲透影响训练，影响 11 月的比赛……”袁伟民的开场白针对鼻子线对眼，很能说到点子上。

“谁先来，自告奋勇。”

姑娘们望着张一沛，以为他要宣布个人总结的次序了，谁知他说了这么一句话。

显然，他估计到了这样的会是不会冷场的。

“先帮我分析吧！对古巴的比赛我发挥得不好，自己找了原因，也希望听听大家的看法。”往常开会言语不多的周晓兰，率先发言了。

晓兰是山西队输送到国家队的尖子。小时候在上海外婆家生活了几年。远在山西的父母思念爱女，就把她接到太原。一场浩劫搅乱了多少人家幸福安宁的生活。她 13 岁那年，就随着被诬为“臭老九”的父母下放了，汽车把他们送到一个边远的县，大车又把他们拉到这个县最边远的公社，又从公社来到了一个偏僻的山村。

晓兰在艰苦的环境里一天天长大。每天，她像农家少女一样，挑上两个大水桶，到很远的地方去担水。最初几次，她艰难地把水担回来了，眼看就要进家门了，不小心脚下一绊，连人带桶摔在地上。水泼了，手破了，眼泪含在眼眶中，她咬咬牙，挑起水桶再去担。

上学就更艰难了，爬坡越岭，沿着崎岖山路，来回要走几个小时，因为只有 20 多里路外大一点的村子里才有小学。

秋天，她踏着山径上的落叶去上学。玉米结出金穗，高粱正晒红米，她一路唱着、跳着，像一只欢快的小鸟。忽然，只听见“哐啷”一声响，书包里的饭盒滑出来，跌下了山崖。山沟是那么深，那么陡，一个女孩子哪有办法去找，只得算了。中午，肚子饿了，就到一处荒芜的院落里去摘枣吃。

冬天，她踩着皑皑白雪去上学。寒风呼啸，举步维艰。走着走着，忽然雪堆里蹿出一只毛茸茸的东西，从她脚下落荒而逃，吓得她跌坐在雪地里。原来是一只被她惊起的野兔。

她最害怕的是放学放晚了，还没有走到家，太阳就落山了，她的心仿佛也随着太阳沉到了山谷，紧缩着，狂跳着。有一次，果然遇到了意外。当她眼看着再翻一道山梁就能看到村口那棵大槐树了，忽然发现山梁上闪着两颗幽暗的星星，借着苍茫的暮色，她定睛细看，啊！是只大灰狼。她急忙钻到附近的一个山洞里躲起来，不敢哭，不敢叫，连大气都不敢出，生怕狼嗅到人的气味。等啊等，一分一秒过得都那么慢。终于听到垴畔上响起脚步声，才敢从山洞里探出头来，一看是同村一位牧归的老大爷，才壮着胆子跑出来。她跑啊跑啊，一口气跑到家门口，推门一见妈妈，“哇”的一声大哭起来……

她的爸爸是工程师，妈妈是医生。在那些物质生产遭破坏、精神文明被蹂躏的日子里，卓有远见的父母，坚持让晓兰在逆境中接受教育。他们在音乐方面都有一定的修养，常教女儿弹吉他、吹口琴。生活是需要音乐的，有时候到了夜晚，全家人就围着灯，听晓兰用口琴吹上几支曲子。这就是他们当时仅有的文化生活。这段苦难的经历，不仅把晓兰锻炼得出奇地能吃苦耐劳和胆大过人，还练就了一副好身材。12 岁那年，她忽然像路边参天的小钻天杨那样，拔高到一米七几，超出了周围所有同年龄的女孩和男孩。

16 岁时，一个偶然的机会，晓兰被选进了山西省青年排球队。使教练感到惊奇的是，再大的运动量也压不倒眼前这个精明、秀丽、文静的姑娘。问她苦不苦、累不累，她总是摇摇头，腼腆地一笑。是啊，这苦、这累和她过去吃过的苦是不能比的啊！

在山西队训练了不到两年，她就被国家青年队看中，继而又被选进国家队，一进队就打上主力，挑起重担。

无论是训练或比赛，晓兰很少有害怕的时候。不时表现出一种勇敢、刚毅、不服输的气质。在国家女排，只有曹慧英的胆量能与她相比，两人得到同一个美称——“拼命三郎”。

性格，决定了晓兰打比赛很少怯场。3月，世界杯排球赛亚洲预选赛前夕，晓兰腿部肌肉拉伤，训练情况不好，教练担心她这次比赛技术的发挥会受影响。可是比赛一打响，晓兰全然不顾伤痛，毫无思想包袱，技术发挥得很出色，与孙晋芳、郎平一起荣获优秀运动员奖。

这次大学生运动会前夕，晓兰竞技状态很好，为什么比赛中没有发挥好呢？

姑娘们围绕这个问题，帮助晓兰寻找原因。

杨希思考片刻发言了：“晓兰责任心很强，希望发挥好，多作贡献，这是好事。但是不能为胜负背包袱，尤其不能过多考虑自己在场上的得失。现在报纸上对晓兰的报道多了，作为晓兰要正确估计自己。不能不切实际地要求自己。场上每个球都要扣得那么漂亮是不可能的。越不允许自己出错，越会束缚自己的行动，思想左右技术，一项技术发挥受阻，还会影响其他几项技术发挥……”

话，直言不讳，一针见血。

出生在知识分子家庭的杨希，善于分析，思想很有条理。在女排姑娘中，她已算得上是一个老大姐了。第八届亚运会时，22岁的杨希技术正处在上升阶段，声誉也正在高峰时期，根据需要，袁伟民起用了比她条件更好的新手郎平。她正确对待这个问题，认为郎平身体素质好，比自己年轻，心甘情愿退居替补，做郎平的后盾。现在，她作为第二线队员，上场打比赛的机会已经不多了，但是在队里仍然默默地发着光和热。

郎平很同意杨希的看法，并以切身体会帮助晓兰找原因：“晓兰，平时一传队里数你最好，拦网也是你的特长，可是这次比赛，你不仅扣球没扣好，连这两个特长也丢了。关键还是受思想影响。我也碰到过这种情况。去年访问日本，前几场我打得不错，后来打‘日立’队时，几个球扣不好，心里直嘀咕：‘人家说我是世界第三扣球手，我怎么能打成这样啊！’越背包袱，越打不好。今后，我们都要注意在场上甩掉个人的得失，使自己成熟起来。”

周鹿敏从技术上进一步帮助晓兰找差距：“你拦网时没使劲跳，滞空时间太短，过去和亚洲队打，她们个子矮，你高，不容易暴露问题。这次对古巴，她们弹跳好，又是大挥臂，你的拦网当然就不奏效……”

整整一个下午，姑娘们的发言一个接一个，既中肯又在理，晓兰边听、边记、边思考。晚上，她又把大家的意见归纳起来，结合自己的想法，写成了一份个人总结。

天公拨开云层露出了笑脸，金色的朝阳倒映在明净的湖面上。姑娘们登上汽艇，坐上小船，划向了白洋淀上的“芙蓉国”——荷花淀。轻盈的小船，推开晶莹的浪花，阵阵歌声，随着粼粼水波传向远方……

袁伟民坐在船头的甲板上，思绪翻滚……

他想到了昨天的总结会，想到了以往一次次大赛归来后的总结会。五年的足迹历历在目：艰难的起步，黄手帕的刺激，莫斯科受挫，香港夺魁，大学生运动会第一次升起五星红旗……

失败—总结—胜利—再总结……

他觉得，自己和领队张一沛、教练邓若曾一起，不也正驾驭着一艘由 12 名姑娘组成的航船，在国际排坛这个风起波涌的大海上疾驶吗？在与风浪搏击中，有逆水行舟的时候，也有乘风破浪的时候。越接近彼岸时，我们越要把练就的全部本领拿出来，把困难估计得更准确、更全面。高明的船长必须具备一手靠岸的绝妙本领。

啊！美丽的荷花淀，犹如一幅天然的荷塘图映入眼帘：清澈见底的水面上，青翠如盘的荷叶间，朵朵荷花亭亭玉立，有的含苞，娇羞欲滴；

有的怒放，潇洒烂漫。清风拂来，绿摆红摇，幽香沁人。

恬静、秀美的荷花淀呵，这个当年雁翎队出没打日本侵略军的地方，如今带给人们的是美的享受。

中国女排的姑娘们，你们将给明天带来什么？

“我们要拿世界冠军！”从罗马尼亚归来，数千封来信飞向中国女排，寄托着这一个愿望。

“要抱回世界杯赛金杯！”这是全国人民给女排定下的指标。

在通向彼岸的最后航程中，如何开足马力，全速前进？

袁伟民在思索着……

第五章

她们心里明白
“试水温的少女”成熟了
场上不能没有“毛毛”

她们心里明白

迷蒙的晨雾，像一匹柔纱轻盈地挂在车头；

缥缈的霭气，像一条溪水，无声地流过车旁……

霞光，绚丽、壮观，落在阡陌纵横的田野里，落在波光闪闪的小河里，落在这辆漂亮的大轿车上。

轿车，在通往首都国际机场的林荫道上飞驰着，初冬的寒风脱去了杨柳的绿装，苍劲的松柏依旧青翠欲滴。

这条道路，多么熟悉，多么亲切。多少次，中国女排的姑娘们从这里踏上征程。此次出征，她们跳荡的心，格外难以平静。

姑娘们心里明白，这是一次不寻常的出征。

今天一早，她们从北京的集训驻地出发。这幢供全国优秀体育健儿进行短期集训时居住的运动员大楼，经常有人出国去参加比赛，大家并不在意。可是，这次女排启程，情景却与以往不同。

篮球、乒乓球、羽毛球队的伙伴们，跳水、游泳、体操健儿，围棋国手，举重的大力士们全都出来了；国家体委机关的同志们来了；医务室的大夫、食堂里的炊事员也来了。集训运动员大楼门前，宽敞的台阶上，站满了送行的人。

“一路顺风！”

“祝你们胜利！”

祝愿声声，把她们送上车。张张熟悉的面容隐去了，举在空中的手隐去了，雄伟的体育馆隐去了，亲人们的叮嘱仿佛还响在耳畔……

这是一次不寻常的出征。两个月来，在她们到南京“备战”期间，就深切地意识到了。

一个邮包寄来了，它从祖国的西南边陲翻山越岭送到了南京，还没打开，姑娘们就闻到从中透出的一股中药特有的芬芳。这是云南山区一位纯朴的农民寄来的，他的家乡是“白药之乡”，他按祖传秘方配制的中草药，治伤有奇效。“请带上吧，或许有用得着它的地方。”

一位姑娘找来了，胸前佩戴着“南京大学”的校徽。她望着郎平，明亮的眸子里满含敬意；郎平望着她，她的两颊浮起两朵腼腆的红云。

“这是我奶奶送给您的。”她小心翼翼地打开纸包，把一块红纱手帕托在郎平的面前。

“奶奶说，红色象征着吉祥。愿你们这次打个胜仗。”

红手帕围着花边，一朵洁白的小花，开在它的一角，格外雅致、漂亮。

“是你绣的吗？”郎平微笑着，问这位和自己年龄相仿的大学生。

“不是，是我奶奶。”

郎平肃然起敬。她收下了这方手帕，收下了一位陌生老人的祝愿，收下了奶奶的一颗心。

红手帕就在郎平身旁的箱子里，它也要飞渡海洋，伴着郎平一起出征。

坐在郎平身边的孙晋芳，眯起眼睛，凭窗而望，她在想什么？

“我有一点小小的建议供你参考：比赛时，你不仅要组织好二传，还要出其不意地打两次球，发挥你左撇子的优势，故布迷阵，主动出击……”

这不是小江的声音吗？是的，是小江。

两年前，南京航空学院的年轻科研人员江伟光是位终日沉醉于实验数据中的书生。后来，人们好奇地发现，每当电视里中国女排出现时，观众中准能找到他的那副黑边眼镜。接着，居然又看到他订了《体育报》，还把有些文章剪下来，贴成资料。体育竞赛与飞行有什么必然的联系？连周围的体育爱好者们都感到惊讶了，小江变成“体育迷”了，难道这是“科学迷”异化的结果吗？

细心的同事发现，中国女排在北京，小江的信就从北京来；

中国女排去郴州，小江的信也跟着由北转南。

有一天，孙晋芳在南航出现了，由小江陪着。“谜”，终于揭开了。啊！这可是校园里的一件新闻啊，真没想到这位老老实实的小伙子，找的朋友竟是一位大名鼎鼎的排球国手哩！

朋友们追问小江，你们是怎么认识的？其实，认识的过程一点儿都不浪漫，是两位热心的共青团干部当的“红娘”。两颗陌生的心很快就找到了一个最大的共同点，那就是对各自从事的事业的热爱和追求。

集训期间，中国女排是没有星期天的。这次她们在南京集训43天，包括国庆节在内，加起来只放了一天半假。集训驻地与小江的学院，仅有几条街之隔。小孙却不能经常和他见面，因为她没有空。有时，队里的姑娘们结伴去看电影，小孙不去，抽空陪小江聊一会儿。

小孙请小江谅解：“为了拿这个世界冠军，我什么都顾不上了。”

小江感到抱歉：“我把你仅有的一点空闲时间都占了。”

在南京车站送别中国女排那天，小江对小孙说：“你到北京以后不要给我写信。现在我们不要谈，什么也不要谈，等拿到世界冠军以后，我们再痛痛快快地谈。”

小江，你的心意我明白。我会把全部精力都集中在训练上，我会从你的信中汲取力量。你最近的一封来信是出发前收到的，现在我正带在身上，让你陪我一块儿去出征。

随队医生田永福坐在曹慧英的身旁。在女排这群姑娘中，小曹是“大姐”；在田大夫的服务对象中，小曹也是排在第一位的。论伤，论病，她都是最重的了。她一天不治疗，就像机器一天不加油一样，发动不起来。

还是在南京集训的时候，曹慧英来找田永福大夫治疗。一进门，就打着手势比划了个“7”。田大夫一边给她按摩，一边心不在焉地答道：“噢，今天是星期天。”心想：小曹每天训练后都累得气喘吁吁的，大概是想盼个星期天歇歇了吧。

“不是。‘甜甜’怎么这样不默契。”

年近五十的田大夫，在中国女排是个受欢迎的人。这些调皮的丫头们管他叫“甜甜”，就像叫张蓉芳“毛毛”，叫郎平“小平”一样亲热、自然。这倒不是没大没小，而是田大夫为人和蔼、憨厚，整天笑眯眯的。

田大夫被小曹的话弄得丈二和尚摸不着头脑：“那你说是什么意思？”

“还有七天就要到‘世界杯’赛场上去了嘛。”

“对，对。是不默契，是不默契。”恍然大悟的田大夫一迭声地说。

每次治疗，她都掰着手指头和田大夫算日子：还有一个月了，还有20天了，还有一个星期了……伤痛每天都在煎熬着她；她在战胜伤痛中积聚着力量，盼望着决战时刻早日到来。

望着这条笔直的机场路在飞快地向后退去，张蓉芳忽然想起了什么，转脸向袁伟民问道：“指导，四年前我们去日本参加上届世界杯赛，好像也是今天这个日子。”

袁伟民不假思索地随口答道：“不是。但只相差四天。”

四年啦，一晃就过去了。这支队伍里的老队员，像张蓉芳她们，从技术到思想更成熟了。她们没有忘记上次出发的这个日子，没有忘记上届世界杯赛的耻辱，这是最可贵的了。四年来，这支队伍不断补充新鲜血液，像郎平已能身负重任，梁艳、朱玲也正在崛起，新人带来了新的希望。

袁伟民环顾了一下坐在周围的女孩子，她们按照各自喜爱的颜色，定做了崭新的西装，穿起来非常合身。头发也都烫过了，陈亚琼、张洁云、周鹿敏等姑娘还把小辫儿理成了短发，显得格外精神、大方，打起球来也更利落些。

这四年，我们在前进，世界也在前进。袁伟民深知，国际排坛的风云变化，使每一支想走在最前面的队伍，都面临着严峻的考验。

“当今世界女排已进入‘三洲鼎立，五强争雄’的时代。”这是国际排球行家公认的事实。如果说前两年世界女排诸强中，还有些队正处于新老交替、青黄不接时期，那么，参加本届世界杯赛的中国、日本、美国、苏联、古巴，都正处于成熟期，没有哪个队过于“稚嫩”和“老化”，各队都有几名参加过数次世界大赛的“主心骨”。

1980 年莫斯科奥运会的排球角逐，由于中、日、美不参加，而没有达到高水平。因此，这次世界杯大赛有可能成为迄今为止的世界女排史上争夺最激烈的一次。

紧张的气氛，在这场激烈的争夺开始之前，首先从报纸上透露出来了：

“古巴女排老将佩雷斯、鲍玛雷斯归队，实力比世界大学生运动会时又有增强。”

“南朝鲜队讲好了条件，胜了中国队，奖三百万，保证终身职业。”

“日本女排著名教练山田重雄预测：中国队在和欧美强队比赛中，很难保证不输一场。日本女排在最后一天迎战中国队之前，可以保持不败地位。所以，即便最后一天输给中国队，计算小局分，也有希望夺魁。”

“美国女排教练塞林格宣告：古巴女排已经不是我们的对手，苏联女排太弱了。我们不怕中国，她们和我们有一个很大的差距——国际比赛临场经验的差距。”

……

由体育科研所的翻译们提供的这些最新情报资料，引起了袁伟民的兴趣。他一向很注意听取外界对中国女排的各种评论。记得三年前，国际排坛有人这样说过：“对中国女排，我毫无羡慕之意。”之后，这位人士又说：“袁伟民先生起用孙晋芳做二传，充其量只能打到世界第三、第四名。”当时，袁伟民并不介意，嘴长在人家身上，谁都可以讲他愿意讲的话，这也是一家之言嘛。中国女排怎么样，孙晋芳行不行，关键是看自己争不争气，重要的是要拿出事实来回答。

中国不是有句古话嘛：“偏听则暗，兼听则明。”你说“中国队缺乏国际比赛经验”，对啊。美国女排已打过 240 多场国际比赛，海曼已超过 300 场。中国女排这茬运动员，资格最老的，像曹慧英、孙晋芳、张蓉芳等也只经过 100 多场国际比赛的锻炼。就今年而言，日、美、苏、古四强多次举行双边或多边对抗。唯有中国女排国际比赛打得最少，只是在世界大学生运动会上与古巴队打过两场硬仗。日、美女排，我们已一年未遇，中、苏女排三年没有交锋。说“中国队与苏、美、古交锋很难保持不败”也不无道理。打不好遭遇战曾是我们的一个明显的弱点，有的队就故意躲着我们。

人家给我们挑刺，帮我们找出弱点，这是好事。9 月里，袁伟民他们带上队伍去南京，就是以迎战欧、美强队为目标，从这次世界杯日程安排的实际情况出发，进行有的放矢的模拟训练。

江苏男排，作为上届全国冠军，决定放弃卫冕的机会，在全国比赛前夕，抽出四名主力组成男子陪打队，支援国家女排，这是应该写进中国排球史的非凡之举。

江苏男排抽出的主、副攻手和南京部队排球队的一名教练，加上女排陪打员陈忠和等六人，成了排球场上的“演员”，他们分别成功地扮演了苏、古女排的主、副攻手。古巴女排 12 号擅长扣三号位转体，苏联女排10号重扣直线、轻吊心是拿手绝招……晚上，这些男陪打队员和姑娘们一起看苏、古女排的录像，白天他们就扮成"苏联队"、"古巴队"与女排姑娘们较量。

苏、古女排，强攻实力雄厚，居高临下，力大势沉。对付她们，前排靠拦网堵截，后排靠防守解救，这就要有不畏重球的勇气，要有正确的判断和迅速的反应。

赛前多一份准备，赛时多一份希望。她们针对后防、一传还不过硬的薄弱环节，进行突破训练。这是一种"绝"办法，让防守队员站在墙壁前面，形成毫无退路的局面。教练袁伟民、邓若曾在距离四五米处，居高临下地扣出一个个重球，要求队员连续扑救起来。由于来球路线短，出手重，速度快，稍不小心，就招架不住。球砸在身上，打在哪儿哪儿就是一朵"花"。姑娘们臂上、腿上，球印叠球印，"花朵"压"花朵"，先红后紫，青青紫紫连成一串，但谁也没叫一声苦。

功夫不负有心人。剧烈的对抗训练使她们防重球的能力显著提高。尤其是防守能手陈招娣和张蓉芳，常常能漂亮地防起一些眼看要"落地开花"的球。主攻手郎平的后防能力也有新的提高。

这次世界杯比赛的安排，是打一场球换一个地方，中国女排七场比赛要在日本五个城市巡回进行。南京集训的最后一周，中国女排和江苏男排陪打队转战南京、镇江、扬州等地，打一场，走一个城市，以适应未来的"拉练式"比赛节奏。

在7月的世界大学生运动会上，暴露了她们打关键球时思想、技术不过硬，以及处于落后比分时应变能力差的弱点。袁伟民、邓若曾从实战需要出发想出了一种有效的科学训练方法。

分组比赛开始了。他们有时规定比赛从13 ∶ 13打起，有时又规定一组让二组五分或七分，从7 ∶ 12或是6 ∶ 13打起。这样的比分使姑娘们一打比赛就进入关键时刻或落后状态，有助于帮助她们培养自我控制能力和树立反败为胜的信心。

沿着跑道滑行得越来越快的波音 747 大型客机，昂起了头，在首都国际机场冲腾而起。姑娘们飞上了蓝天，飞过了祖国广袤的大地，向太平洋的上空飞去。

郎平回眸望望远去的祖国，打开她那本烫着“北京”两个金字的蓝塑料封面日记本，写下了这样一段话：

“这次大赛将要遇到什么样的困难，而结果又会怎样呢？真的会实现那梦寐以求的理想吗？……”

她的心不由得怦怦地跳个不停。

“试水温的少女”成熟了

正当中国姑娘从 9000 米高空俯瞰着浩瀚的太平洋的时候，上届奥运会冠军苏联队，北、中美洲区亚军美国队，南美洲区冠军巴西队，欧洲区冠军保加利亚队，上届世界锦标赛冠军古巴队，上届世界杯季军南朝鲜队，都在整装待发。而作为主办国的日本女排，正胸有成竹地等待着客人们的到来。

这是“冠军之中争冠军”的决斗。

虎视眈眈的排坛八强，在战场上必将展开一场空前的激战。

一衣带水的友好邻邦，热情礼貌的日本朋友，在中国姑娘们的记忆中留有美好的印象。这次，她们一踏上日本国土，人们就发现，这些风度可人的姑娘，是踏着轻快的脚步来向排坛诸强挑战的。

四年前，被称为在游泳池边“试水温”的少女成熟了。

敏感的新闻记者们首先发现，姑娘们的内心世界是平静的，平静得像一泓清水；姑娘们的外部表情是轻松的，轻松得像和煦的春风。

刚到东京，周晓兰就好奇地看到，自己正在《文艺春秋》的封面上微笑着，望着她和所有的人。在日本，清秀文静的周晓兰，赢得了不少崇拜她的球迷，大赛前夕，她的倩影上了日本杂志的封面。

一位日本记者把这本杂志摆在周晓兰的面前问道：“你看她是谁？”晓兰笑了。

记者接着问：“人家说你是‘天安门式’的拦网，对此你有什么想法？”

“那是以前，我年轻的时候，体力好，跳得高。现在，我老了……”

“啊？你多大了？”

“二十四了。”

“才二十四，不老，不老。”

“但是，现在不如以前跳得高了，拦网也就不如以前好了。不过，在这次比赛中我还是要争取发挥拦网这个特点，为我们队的胜利出一份力量。”

这位一连几声慨叹晓兰“不老”的记者，接着又问：“那你的目标是什么？”

“我的目标跟我们队的目标是一致的，打出最高水平，争取最好成绩。”

记者想得到更明确的回答：“那么就是拿冠军了。”

“对！”晓兰的回答也就更明确了。

“哎哟，日本队听了你这话要紧张了。”

晓兰笑了：“那就让我们较量一下吧。”

一位体育记者即便是“挖”到一点花絮，那也是能发一条独家新闻的。他掏出一本这次大会的秩序册，指着上面一位英俊的小伙子问：“这位先生你认识吧。”

晓兰一看，是中国男排5号队员侯晓菲。她大方地点点头：“认识。”

“听说是你的男朋友？”

晓兰又点了点头，她觉得脸有点儿红了，心里希望这位记者先生不要再往下问了。

“那么，你们是谁先跟谁说话的？”

“这个……那就无从查起了。”

日本记者笔下的“花絮”，可能会引起一般读者的兴趣，但却仅从一个次要的侧面在介绍中国女排。而排球行家们感兴趣的是实力。

中国女排是提前一个星期到达的，当时大会还没有开始接待。事前，日本排球协会女子强化委员长、日立女排总教练山田重雄先生就发出邀请，这段时间可由他所在的日立公司接待。

日立公司在国分寺市，从成田机场坐车到那里要三个多小时。

当晚 8 点半，袁伟民、邓若曾带着姑娘们出现在日立女排训练馆里。这是近几年来出国比赛的老规矩了，不管旅途多累，一安顿下来，第一件事就是上球场。

为了锻炼适应能力，在国内训练时她们就有意识地制造“旅途疲劳”，先坐上汽车到西郊兜一圈，在车上颠簸一两个小时再拉回练习馆打球。

日本排坛人士早就说过：中国女排不改变午睡的习惯，不学会吃西餐，不适应乘飞机的疲劳，不要想拿冠军。今天，中国女排已经适应了她们过去不适应的东西，对于打“拉练式”的比赛，从思想上和体力上也都做了准备。

中国女排的训练，根本不像某些没有到过现场的记者所杜撰的那样：“拉上了红色的窗帘。”我们不保密，谁来看都可以。几天看下来，体育记者和排球行家得出了一个共同的印象：“中国女排实力很强，夺魁呼声很高。”

外界的这些印象，是中国女排精神面貌、技术状态的真实反映。

在她们的住处，走廊里飘着曹慧英甜美的歌声；

孙晋芳斜倚在床头，《收获》里津津有味的小说使她入迷；

郎平一有空就像个作家似的，俯在案头写个不停。

她们吃得下，睡得香，练得好，就像来日本访问比赛一样轻松。

“指导，我们这样正常吗？”陈招娣有些担心了。

“正常。我们现在的轻松是平时的紧张换来的。”袁伟民肯定地回答。

他知道，这是举重若轻的表现，这是一种自信心的流露。脑子里的那个球，能够放得开，又能够收得拢，那么在这场大赛中我们才有希望排除外界的干扰，把精力集中于一个目标，把我们已经具有的实力充分发挥出来，去争取全胜。

“昨天晚上谁偷偷回国了？”张一沛绕了一个弯，想考考这些丫头们，看看她们反应灵不灵，同时也想了解一下昨晚的睡眠情况。

“我！”郎平举起了手。

“我！”陈招娣举起了手。

“我！”小朱玲也举起了手。

“你还能考得住她们！”张一沛暗想。看来睡得还挺踏实呢。两年前那可不是这个样子的。

1979 年的亚洲锦标赛，战斗还没打响，有的队员就提前进入紧张状态，吃不香，睡不实，半夜里用脚踢墙的，突然从床上坐起来的，都有。真有点儿出洋相。

生活的节奏是轻松的，训练的节奏是紧张的。

陈招娣找来一块杠铃片，压在肚子上，背部悬空，练腰背肌。她的腰不好，不练怕出问题。

孙晋芳的腰也有伤，也要练。她到处找不到合适的东西，就把田大夫那个橘红色的药箱“偷”来了。等到田大夫来找药箱时，发现孙晋芳正躺在地板上，头部和双脚垫了起来，身体悬空，像一座桥，药箱就放在这座“桥”上。

田大夫心疼地嗔怪道：“傻丫头，这可是 20 斤重啊！”

小孙笑眯眯地把药箱拿下来：“正好，我要的就是 20 斤。”

作为场上的中坚，队里的核心，小孙还是有心事的。

有一天，她对周晓兰说：“晓兰啊，我总有一件心事，郎平毕竟是一个年轻队员，第一次参加这么大的比赛，如果我们把进攻的重担，统统压在她一个人身上，她能受得了吗？”

聪明的晓兰立即说：“我和郎平在前排有两轮位置在一起，我可以多打快攻，为她开路。”

“对，你要发挥你的优势，多打时间差、位置差。好，咱们讲定了，只要郎平一不顺手，你就要准备挑重担。”小孙在上阵以前，已经在组织火力了。

赛前竞技状态最好的陈亚琼，偏偏在战幕即将揭开的节骨眼儿上把肘关节给磕伤了。

这是到东京报到后，在正式比赛场地——代代木体育馆进行第一次适应性训练时发生的。

走进这座现代化的代代木体育馆，四座没有观众，空荡荡的。顶棚上一排挨一排的照明灯，像一块偌大的明镜，悬在半空，场地显得格外高大，跳起来扣球竟会产生仙女下凡的感觉，轻飘飘的。亚琼觉得场地的颜色刺眼，铺了塑胶的地板又太硬，方位感也不大清楚，心里挺别扭的。

大会安排给中国队练球的时间是两小时。练到一半，亚琼扑出去救球时摔倒了，左臂在地板上重重地戳了一下，痛得她抱着膀子，扭曲着身子，嘴唇直打战，半天说不出话来。

田大夫赶紧拎着那个橘红色的药箱跑来了。

亚琼伤得不轻啊！肘关节立刻肿起来，好像有只小碗倒扣在上面。

“是骨折？是脱臼？是挫伤？”

亚琼被搀扶到场边的板凳上，用一双含着眼泪的眼睛痛苦地望着田大夫。

她那只垂着的左臂被轻轻地托起来了。田大夫试探着把她的肘关节屈伸了一下，再伸出三根手指按了按，还好，肘三角没有脱出现象。

“是挫伤，严重挫伤。不过，是不是骨折还得拍张片子看看。”

亚琼这姑娘体质较差，责任心却特别强。

田大夫一面给她顺筋整敷，一面劝道：“这是急性挫伤，关节囊和肘内侧副韧带都有损伤，务必要休息。”

都什么时候了，还能休息！亚琼急了：“不行啊，田大夫，后天就要比赛了，我不适应场地怎么打呀？”

田大夫心想，要是一般人戳得那么厉害，起码得休息一个星期。而她这就要上场，又那么心急情切，很是同情和钦佩。不过，出于一个医生的责任，他还是耐心地劝阻这个忘我的病人：“那不行。即使处理好了，明天也只能活动活动下肢。”

向来寡言少语、懂得尊重别人意见的亚琼，这时也执拗起来了：“田大夫，您相信我。我是挺硬的，平时受点伤我从不放在心上，要不，你去问问其他队员。这次痛是痛，我顶得住！”

田大夫会意地点点头：“亚琼，我相信你。”

第二天训练，亚琼又上场了。她用右手使劲把左臂扳过来，抱在胸前，就像扳一件身外之物。然后跑到网前，跳跃着，挥动右臂，试着做击球动作。

这一切，全被细心的袁伟民看在眼里了。他把亚琼招到面前，问道：“能打吗？”

“能打！没什么。”亚琼天生的不会说谎，想装得自然点儿，反而显得不自然了。

“大夫不是讲不行吗？”

亚琼一愣。去医院拍片子的路上，她一再关照田大夫：“别人问您，您就说没什么，对任何人都不要讲。”她担心自己的伤影响其他人的情绪。

田大夫果真像当时答应她的那样，对别人守口如瓶，总是说亚琼没什么，但却不能对教练保密啊。

临阵不紧张，是一支队伍成熟的标志；迫切的求战心理，更是一支队伍成熟的标志。

第一场出战巴西，亚琼带伤上阵了。

这次大赛，中国队是“众矢之的”，无数双眼睛密切地注视着中国姑娘任何细小的变化，从竞技到身体情况。日本队的小川，看到亚琼左肘鼓鼓囊囊的，缠得有小腿那么粗，就打着手势关切地问：“行不行？”

亚琼笑笑，摇摇头：“没什么。”又点点头，“行，我很好。”

看亚琼在球场上那股生龙活虎的劲头，谁能想到，她那只“很好”的肘关节上敷着特制的伤药，用大胶布紧紧固定着，上面缠着弹性绷带，再套上护肘，里边肿得正厉害着呢！

场上不能没有“毛毛”

严密的钢窗，厚实的窗帷，把东京都不夜的街市隔在外面。灯熄了，房间里一片静谧。

陈亚琼困极了，正要入睡，蒙眬中忽然听到一声声抑制着的啜泣，从另一张床上传来。她睡意顿消——“是毛毛在哭吗？”

亚琼一骨碌爬起来，伸手开了灯。果然，张蓉芳以枕巾掩面，正哭得伤心。

“好毛毛，你别哭，我来给你按摩。”

这是 11 月 8 日的夜晚。当天下午，在与苏联队的比赛中，张蓉芳扭了脚，现在左脚的踝关节肿得像发面馒头。亚琼弯下身去，用受伤的手按摩着同伴受伤的脚，两个姑娘在异国他乡这个夜深人静时刻，互相劝慰着、鼓励着……

这一夜，张蓉芳没有睡好。白天发生的一切，又一幕一幕清晰地映现在她的脑海里……

首战轻取巴西队之后，张蓉芳就被一种强烈的求战激情燃烧着。马上就要和苏联女排兵戎相见了。这是世界杯开赛以来她们遇到的第一场硬仗，也是她们等待了三年之久的雪耻之仗。

三年前，中国女排在苏联莫斯科举行的第八届世界排球锦标赛上，仅以一局之差失去进入前四名的资格，就是因为半决赛时负于苏联女排，以〇比三败北，三局球我们总共只得了 18 分，当时我们驻苏使馆的同志们在看台上难过得掉下了眼泪。

三年来，姑娘们憋着一股子劲，一心想找个机会和她们比个高低，可是一直没有机会，人家老是避着我们。

在世界排球史上，苏联是一个值得骄傲的国家。他们的排球运动历史悠久，有着广泛的群众基础。苏联女排曾获得过八次世界冠军。20 世纪 50 年代的世界女子排坛，是苏联队的“一统天下”；60 年代“东洋魔女”崛起后，她们屈居第二；70 年代末，加勒比海刮起古巴女排的“黑旋风”，才结束了日、苏女排“主宰世界”的局面。作为国家队之间的交锋，中国女排还从来未胜过苏联队。

这次世界杯大赛，苏联队出师不利，第一仗就以悬殊的比分惨败于日本姑娘手下。这样，她们自然就把扳本的希望寄托在第二仗上。

昨天，小岛孝治意味深长地给苏联主教练卡尔波里打气说：“明天对中国之战希望你们加油干。”卡尔波里表示：“明天我们要拿出最强阵容，全力以赴。”

中、苏之战，成了当天人们注意的中心。

东京时间下午 3 点快到了，代代木体育馆里座无虚席；报纸上出现了《请看中苏女排今日如何交锋》的大字标题；由国内若干家热心体育的企事业单位和瑞士雷达表、美国可口可乐等外国厂商资助的电视转播，正通过太平洋上空的通信卫星把现场比赛的实况传送到中国观众的面前；著名的体育评论员宋世雄的声音，在收音机里抑扬顿挫地响着，激动着球迷们的每一根神经……

人高马大的苏联姑娘上场了。张蓉芳隔着排球网，一面做准备活动，一面看着她们。赛前，她已经把秩序册上她们那些难记的长名字记熟了：那个梳着两条小辫的是6号，叫阿哈米诺娃，身高1米82，是全苏著名球星；7号，切尔卡索娃，身高1米83，拦网凶狠，是苏军俱乐部队的主将；10号，切尔尼晓娃，29岁，是四次参加世界大赛的沙场老将；昨天和日本队比赛没有露面的老将罗泽比奇也出场了。嚯，1980年莫斯科奥运会的精锐主力全部上阵了，果真如她们教练所说的排出了“最强阵容”。

“瞧她那条大腿，比我们的腰还粗哩！”张蓉芳捅捅亚琼，朝苏联队身高1米90的特大型选手波尔科娃努努嘴，俩人差点儿“扑哧”一下笑出声来。

身高只有1米74，却肩挑主攻手重任的张蓉芳，这时正以轻松的心情等待着向苏联挑战。

苏联队的强拦网，是世界第一流的，张蓉芳你不怕吗？

说是不怕，心里总还是有点儿虚。如果再像两个多月前在世界大学生运动会上打古巴时那样，球被一一拦回来，那怎么办？

几个月来，这是一把无形的锁，紧紧地锁着张蓉芳的心。倔强的张蓉芳把智慧和汗水铸成一柄铁锤，敲击着、挣脱着这把令人讨厌的锁。袁伟民了解张蓉芳的苦恼，试着用各种钥匙来帮助张蓉芳从桎梏中解脱出来。

直到昨天晚上，他还特意把张蓉芳找来谈心：“你的问题，关键是自信心。在南京，和陪打队打，男运动员拦网你都能够通过，难道打苏联队你通不过？我就不信！”

他告诉张蓉芳，人家见了你这个矮个子11号，还挺头痛的哩！日本左手将水原理枝子，在接受《排球》月刊杂志记者访问时说：“张蓉芳最难顶。她的扣球手法变化多端，叫人防不胜防。”既然人家怕你，那你就拿出叫人家怕的本事来嘛。

张蓉芳想：“袁指导讲得对啊，我进攻，是借助于跑动、速度、灵活的优势，场上稍有犹豫，这些优势就发挥不出来，许多战术球就不敢打，也打不出来。要是只有一般化的进攻，当然容易撞到人家的手掌上。”

张蓉芳心里的灯，越拨越亮堂了：“不管它，放开打，只要我的节奏不乱，自会有办法。如果我狠狠打了，仍被拦回来，大不了让指导把我换下来，清醒清醒头脑，再上！”

“谁是最可怕的劲敌？”——中国。

“谁夺冠呼声最高？”——中国。

日本排球杂志进行的运动员调查和民意测验，已经造成这样的印象：中国队难以对付。

中、苏两强的这场“超级大战”刚刚揭幕，没想到对方竟先怕起我们来了。

首局战事，我们顺风顺水，以劲风横扫之势，一口气打成14∶4，其中8分是她们自己奉送的，不是扣球“自杀”，就是吊球吊不过来，队员蒙了，教练也蒙了，最后一分，还没等我们自己去拿，只听裁判一声哨响，电子记分牌上显示出15∶4，原来苏队教练忘了自己已叫停两次，又叫暂停，因此被判罚一分。

苏联队输掉了第一局，她们脑子反倒清醒了，阵脚逐渐稳住了，技术发挥得很正常。但是，相反我们转成了逆风逆水，一个阴影，不自觉地出现在队员的脑子里：“是不是第一局对方没有发挥？”因为三年前我们这支队伍输给她们过。三年来，这个失败的阴影还没有完全从队员的脑子里驱除，即使第一局已经轻取，第二局一碰钉子打得就不那么自信，没有发扬那种一鼓作气、乘胜追击的精神。

0∶3，袁伟民叫暂停。他说：“我们一定要相信自己，相信我们的实力，我们是能够战胜她们的。”这些话没有起多大作用。

0∶6，袁伟民第二次叫暂停。这局球刚刚打到六分时就把两次暂停用完，在世界性大赛中是少有的，因为一局球只能两次叫停。这时，袁伟民心里明白，如果场上局势不扭转，将会带来很坏的结果。这是关键之战，打好打坏对整个战役在精神上、士气上起着不可估量的作用，弄不好就会在这里翻船。

这次暂停之后还是没有扭转场上的局势。袁伟民皱着眉头，他不是考虑怎么打法，而是感到场上少一样什么东西。少什么呢？在当时被动的情况下多么需要一种昂扬奋发的精神啊。他和邓若曾商量后，把曹慧英叫来，技、战术上的要求他们没有谈，只是给了她一句话："希望你把士气带上去，把斗志带上去，要敢打敢拼！"

节骨眼儿上，教练为什么想到要用小曹？

现在播音员宋世雄见缝插针，介绍了这样一些背景材料：小曹在队里年龄最大，27 岁，身高 1 米 80，拦网好。上届世界杯她拿的三项奖中就有一项是敢斗奖。在日本人看来，勇敢、顽强、不怕死叫敢斗，他们本来想把这项奖奖给自己队员的，结果被曹慧英夺来了。在国内，她是大家一致公认的"要球不要命"的铁姑娘。

袁伟民用她，还有更深一层的用意：她没有参加 1978 年的世界排球锦标赛，没有尝到〇比三的滋味，心头没有"阴影"，脑子里的框框没有当时参加比赛的人多。赛前的竞技状态又非常好。

当时袁伟民考虑以她换陈招娣，并不是因为招娣打得不好，而是希望通过换一个队员，去带动大家，突破场上被动的局面。

转瞬间，我队又丢了三分，0 ：9，局势进一步恶化。只听袁伟民一声呼唤：

"小曹，上！"

小曹像一匹振鬃嘶鸣的战马，带着一身咄咄逼人的锐气，噌噌两步"冲"上去了。受命于危难之时的"铁姑娘"，真是好样的，连发七个球，拦网又频频得手，果真宝刀未老，不负众望，从思想和技术上都起到了稳定局势、鼓舞士气的作用。

我队的比分扶摇直上，从 0 ：9 一直追到 8 ：9，姑娘们高兴得击掌相庆，把手拍得"啪啪"响，简直和扣球、拦网一样用劲。

正当柳暗花明、形势豁然开朗之际，一个意想不到的情况出现了：张蓉芳绕过孙晋芳，向二号位迅速地跑动准备跃起扣球的时候，左脚不留意踩到了小孙的脚面上，把踝关节崴了。一阵剧痛向她袭来。

早不崴，晚不崴，偏偏这时崴了脚，张蓉芳那个恨啊，她的心比脚还痛！

在这拨女孩子中间，她算是球龄最长的之一。整整 11 年了，这只难分难解的排球折磨着她，又吸引着她，一步步把她从成都市队引到四川省队，又引到国家队，一直引到世界冠军的大门口。今天，她和她的同伴们用一颗心、两只手，已经叩响了这座大门的门环，眼看着神秘的门扉就要应声启开，代表着十亿炎黄子孙的 12 位姑娘马上就要一拥而入，可是她的脚伤了，痛得钻心，像灌了铅一样沉重，像陷在胶泥里，几乎是不可能拔起来了……

然而，她硬是奇迹般地把脚拔起来了。在这比一秒钟还短暂的一刹那，孙晋芳传出来的那只漂亮的背溜快球，正沿着一条神秘莫测的轨迹在飞行，等待着和她的手臂划出的弧线在最出人意料的一点上相击；在这一刹那，仿佛十亿同胞的目光都落在了她这位 24 岁的成都姑娘身上。她咬紧牙关，用一种只有在异常情况下才会爆发出来的异常力量，用整个身心，把左脚拽回来，不失时机地把那只球劈下去，“叮咚”一声，在观众席上溅起了大海的轰鸣，在祖国大地上引燃了鞭炮声声。10 ∶ 10，场上的比分开始被我们扳平了。

看到张蓉芳扭伤了脚，急得田大夫一下子从场边的板凳上跳起来，他赶紧拿出一片止痛片预备着。他注意到，副裁判在做手势了，问中国队要不要换人。这时恰巧苏联队要求暂停。他抓起毛巾，提起饮料，飞快地跑过去，悄悄把药片递到张蓉芳手上。

张蓉芳是拐着受伤的腿，单脚跳到边线来的，她一定很痛，很痛。但是，她只有一个想法：“不管怎么痛，我也要顶住！”

袁伟民问她：“换不换？”

张蓉芳以坚定的目光望着教练，摇摇头：“不，不换！”

说实在的，袁伟民心里也不想将她换下去。他也知道，张蓉芳自己是不会说要换下去的。在这个关键场次、关键时刻，一个主力队员即使受了点伤，也决不能轻易下火线。虽然她只是说了一声不换，但对其他队员可是一个鼓舞啊，看到自己的同伴受了伤还在咬着牙打，全队都陡增了几分勇气和力量。

体育馆里，电视机前，人们几乎都把目光集中在张蓉芳身上，她从边线走回场内时还一拐一拐的，但是，裁判哨声一响，球一发出，她又似脱兔般活跃在网前。对方一攻，她与陈亚琼双双跳起拦网得分，我们领先了！

有着男孩子般坚强性格的张蓉芳，最能吃苦、最能忍痛。1979 年第四届全运会前夕，她左脚踝关节韧带断裂，休息不到两星期，就到四川队打比赛了，为四川女排三次蝉联全国冠军立了一大功。四川女排不能没有张蓉芳，中国女排也不能没有张蓉芳。

逆风逆水的第二局反败为胜，第三局又以 15 ∶ 0 轻而易举地拿了下来。苏联队这一局竟然一分不得，她们的教练发脾气了，暂停时呵斥队员的声音，响得连观众席上都能听得到，甚至从电视里传了出去。

挫败 1980 年奥运会冠军队，曹慧英功不可没！张蓉芳功不可没！

尽管吃了安眠药，还是一夜没有睡好。第二天起床，张蓉芳肿着眼泡，头昏脑涨的。她拐着脚去餐厅吃饭，投向她的目光好像在问：“你还能打吗？”中国队 11 号伤了脚，朋友惋惜，对手庆幸。

昨晚，亚琼也没睡踏实，她为毛毛着急，也为自己这个集体着急。今天一大早，亚琼就去找田大夫：“昨晚毛毛哭了。你可得好好给她治治脚，场上不能没有毛毛！”

放松按摩是舒服的，治疗按摩的滋味却不好受。张蓉芳这只脚，加上这次是第四次受伤了。给她治疗，有时疼得她倒吸冷气，她对你却总是笑眼相望，投来的是信任，是期待，也是鼓励。

张蓉芳也是生就的秉性，只要见了球就手痒脚痒。吃早饭时还一瘸一拐的，经过田大夫掐掐捏捏，她就吵着要上场参加分组比赛。教练哪里肯！

她一看袁指导的脸色，知道没有咒念了。就不管三七二十一，硬要拖着田大夫陪她练传球。

田大夫叉开自己粗短的手指看了看，为难了。虽说20世纪50年代他也是国家队的队员，可那是舞剑弄棍的武术队，对排球从来没摸过。但是，盛“请”难却，他硬着头皮传了一会儿，排球把他的手指戳得生痛，他赶紧声明：“毛毛，你还是找别人传吧，再这么传下去，我这手怎么给你们按摩？”

张蓉芳无奈，只得“放”了他。刚巧，这时日本陪同走来，田大夫急中生智，说这位陪同是排球运动员出身，可以邀他陪练。日本朋友一听，欣然同意，球，又一来一往地托起来了。

人家毕竟不了解中国姑娘。只休息了一天，张蓉芳就和同伴们飞往雨雪霏霏的北海道。

10日，在江别市战胜南朝鲜队；

11日，在岩见泽市挫败保加利亚队；

13日，又在富山市勇克古巴队。

肿着脚的张蓉芳每战必上，一场又一场都顶住了，跑动还是那么迅速，弹跳也没有受到影响。

知道张蓉芳伤情的新闻记者们惊奇了，他们问袁伟民，是不是中国医生有什么灵丹妙药？袁伟民笑了，他说：“我们的医生只是按照祖国医学传统的办法进行了治疗。”要说是有什么灵丹妙药的话，那是女排姑娘们身上体现的中华民族坚韧不拔、吃苦耐劳的精神；是她们心中飘扬着的那面五星红旗！

第六章 终有一天震惊世界

“胜了吃饺子，败了吃面条”

“中国人是行的！”

“胜了吃饺子，败了吃面条”

一颗星，两颗星，点点繁星缀成了夜空中灿烂的星汉。

一盏灯，两盏灯，无数华灯汇成了大阪府迷人的灯海。

这是灯海中的一盏灯，在海南饭店的十四层楼上闪烁着。灯下坐着一位端庄的中国姑娘，柔和的灯光映着她的一双深沉明亮的眼睛，照在她面前翻开的日记本上：

“形势很清楚，日本输给了美国，我们的决赛提前了。双方都知道其中的利害关系，一定会全力以赴。这实际上是一场冠亚军的争夺战，也是一场思想上、作风上的较量战。两强相遇勇者胜，谁的包袱重谁就被动，不管对方怎么想，先做好自己的思想工作，丢掉胜负的包袱……”

通畅的句子从郎平的笔下流到日记本上，字写得很有骨架，一看就知道她是练过毛笔字的。

既要牢记祖国人民的嘱托，又要丢掉胜负的包袱，真是说着容易做到难啊！

亲爱的祖国啊，你在每个人的心目中都不是抽象的。郎平掩卷遐想，她想到了生她养她的北京，还想到了生性乐观的爸爸和稳重慈祥的妈妈，又想到了所有的亲人们、朋友们，一张张熟悉的面庞在她眼前出现了，又消失了……

在郎平的朋友中，有一位是大家都熟悉的电影明星白杨。除了电影之外，排球最使她入迷，她与郎平结为忘年之交。郎平那力大势沉的“一锤子”，最令白杨赞叹不已；而白杨的银幕形象，也早就深印在郎平的脑海里。不论是相见欢谈，还是书信往还，郎平总是把白杨尊为“老师”。

“希望你保持健实，用最佳身体状态迎接大赛。我和电影界的同事们期望着你们一举成功！

“可是，千万不要把祖国人民的期望当成精神‘压力’，要辩证地把它化为‘动力’，这样就会无坚不摧，无往不胜！

“放心吧，无论在什么情况下，反正我们见面时，一定请你吃饺子，而绝不是如你所说的，胜了吃饺子，败了吃面条……”

出发前，白杨从上海寄信来为郎平送行。来到日本的这些天里，郎平经常回味信中的这些段落。今夜，白杨亲切的声音又在耳畔响起……

她想起那天，她说“胜了吃饺子，败了吃面条”时，把白杨逗得笑起来。人家盛情请自己吃饺子，而且“无论在什么情况下”，如果自己不争气，栽了，即使再好的饺子，那能吃出味来吗？

“郎平啊，是吃饺子还是吃面条，就看明天这一仗啦！”这个生性风趣的姑娘暗自思忖。最严肃的主题到了她的脑子里，通过奇妙的联想，马上演化成具体的形象，一说就明白，一听就让人笑出声来。

像任何一个有作为的人一样，郎平是很自信的。这天下午，有位外国记者问她：“你觉得海曼怎么样？”

“海曼威胁很大，是个很好的选手。”

这位记者在访问郎平之前已经访问了海曼。他向郎平转达说：“海曼说了，你的扣球也是很有威力的，她要和你较量较量。不知郎平小姐有什么感想？”

“我要向她学习。当然，我们也要比一比。”

谁高谁低，再有一天就要见分晓了。不！再过十几个小时就会有结果。现在，已是晚上 10 点了。

“别写了，快睡吧，明天还要打美国队哩！”好心的招娣在催促了，她担心“铁榔头”累着。

“好好好，不写了，不写了，明天还要打美国。”

郎平刚刚合上日记本，电话铃声就响了，是袁指导的声音：“好好睡觉了，早点休息，明天好打比赛。”

这几天，每到晚上 10 点钟，准会接到袁指导的电话，讲的也都是千篇一律的这几句，可郎平她们觉得特别亲切入耳。平时，他也打电话催促姑娘们早睡，那讲话的语调却从来不像这样缓和。人家都说苏州话优美，像音乐一样动听。可是袁伟民平常日子里那口苏州韵味的普通话，姑娘们听起来可真够威严的。从袁指导讲话语调的细微变化中，姑娘们也意识到关键时刻到了，一切都不同于往常了。

惯于精打细算的日本人，对于旅馆空间的利用是很讲究的。袁伟民、邓若曾合住的这间房间也只有十来平方米，并不宽敞。这里正在召开赛前的准备会，小小的房间里拥挤着中国女排的全班人马。

“今天没有什么讲的，反正你们自发的准备会已经开过了。”

袁伟民一句话，把满屋子的人都说笑了。

前天，美、日之战的电视转播刚结束，姑娘们就在电视机前嚷嚷开了，从房间一直议论到走廊里，一声低，一声高，可来劲了。

“招娣，你就守在这条线上，等着把克罗克特攻过来的球垫起来。”

“朱玲，去年南京邀请赛上你拦海曼，让她吃了九个‘闭门羹’，她们的炮手看到你最头痛了，你要一级‘战备’，随时准备上。”

……

打什么战术，用什么人，她们提前一天就调兵遣将了。“哎，注意点影响好不好，人家别的队正在休息呢。”直到袁伟民讲话了，她们才吐吐舌头不说了。

不过，袁伟民心里还是满意的，全队充满着强烈的求战气氛，这是好事。

现在是真正的准备会，袁伟民摊牌了：美国队与我们一样，连过五关，一路顺风。她们力克日本之后，士气正旺，准备与我做殊死一搏。这场球，我们以三比〇、三比一或是三比二胜下来，明天即使再以同样的比局输给日本队，冠军也是我们的了。

姑娘们明白，决定“命运”的时刻到了！但是心情并不紧张，一个接一个发言，有条有理，气氛热烈而镇定。

然而，正在给郎平按摩治疗的田大夫着急了，又是算局数，又是算小分，把他算得紧张起来。他想：这场球输了可不得了啊！世界冠军就砸啦，这些丫头几年吃的苦算白吃啦……

他心里不踏实。准备会一结束，他就来到郎平、招娣的房间，要是她们紧张就打算和她们聊聊，帮助她们从思想上放松放松。

田大夫可会拉家常了。你家里怎样，我家里怎样；你喜好什么，我喜好什么……平时给队员治疗，天南海北，无话不谈。

这次来日本前，郎平告诉田大夫：“我一想世界杯就心跳，田大夫，到时候我们紧张了，你有没有绝招儿？”

“有啊。”田大夫满有把握地说，“我留着最精彩的笑话，等到你们紧张了，我就统统倒出来，让你们捧腹大笑，非把你们的紧张劲笑掉不可。”

“田大夫是来刺探军情的吧。”郎平可真够机灵的。他还没开口，用意就被猜透了。

“看来你们不需要听笑话了。”

郎平客气地说：“你那些笑话留着下次用。快去休息，快去休息。你一个人忙着给 12 个人治伤治病，已经够你累的啦！”

招娣举起那个开足发条的电子玩具，冲着田大夫做出各种滑稽可笑的动作，把田大夫逗乐了。他看到姑娘们这样轻松自如，放心地走了。

电子玩具，是一位日本朋友送的，每个队员都有。玩了一会儿，她们各自整理起上球场的东西来。

郎平又一次拿出了南京那位老奶奶绣的红手帕。从开始比赛那天起，她就从皮箱里拿出来，放在随身携带的包里。今天，要打硬仗了，她又从包里拿出来，放在贴身的球裤口袋里。它象征着吉祥，象征着祖国人民的期望。郎平已经想好，这两仗打下来，等到她们抱回金杯，她就要把这块有意义的红手帕，作为这次历史性战役的纪念品，转赠给她所尊敬的袁指导。

“一九八一年十一月十五日中午十二时于日本大阪，中国对美国。”

袁伟民打开临场指挥用的笔记本，用遒劲的笔迹写下了这样一行字。从当运动员开始，他就养成了一个习惯，每场国际比赛都有详细的记录。这是他带领这茬中国女排姑娘打的第 144 场国际比赛。

昨晚，他向每个房间打了一遍电话，催促队员早睡，可他自己几乎彻夜未眠。从开始比赛以来，已经八天了，他天天只睡两三个小时。尽管田大夫就在他隔壁的房间里，他也不去要一片安眠药，多少问题需要他去思考，他缺少的是时间。

每一个队员有每一个队员的问题，每一仗有每一仗的问题。打美国队，会碰到什么呢？他深知，在已经具备了相当实力的情况下，有时一些次要的因素忽略了，也往往会功亏一篑。

对付美国女排，网上争夺一定很激烈，要让曹慧英先上，把陈招娣留下做替补。

招娣前几场水平发挥得不错啊，这场球突然让她由主力变成替补，会不会有什么想法？他拨了个电话，把招娣找来。招娣眉毛眼睛都在笑，好像在说：“你要交给我什么任务啊，指导？”

“这一场要叫你当替补，有思想准备吗？”

女排这些姑娘，上球场就像上战场，平时练习比赛，要是自己这一方落后了，都要玩命，何况是夺世界冠军的战斗，谁不想上？招娣心里很不情愿当替补，但是，她绝对信赖自己的指导。用人如用器，别人上我下，只要对赢球有利，我也心甘情愿。

“指导，这么大的比赛，该怎么用人就怎么用。我不会有什么想法的。”短短的几句话，包含着招娣水晶般纯洁的心。

就在袁伟民找招娣谈话的同时，张一沛、邓若曾也在分别找梁艳、张洁云她们谈心。

“黑娃，你这挺‘机关枪’子弹上膛了没有？要随时准备扫射啊！”

“张洁云，郎平轮到后排，你这把‘无声手枪’要准备顶上去，让‘大炮’换下来喘口气。”

……

笛鸣球飞。时针和分针重叠在一起，指着12点。中、美大战开始了。

一开局，双方就拼得很厉害，网上你攻我拦，经常有四五名队员同时跃起。

海曼跳起来了，1米84的5号跳起来了——“拦死郎平！”

“天安门城墙”筑起来了——“拦死海曼！”

日本的观众在看两支客队角逐时是公允的。谁打得好就为谁鼓掌，他们喜欢谁就为谁加油。打到激烈时，呼喊的声浪淹没了一切。一边的观众高喊着“罗黑”（郎平的日语译音），为中国的“铁榔头”加油；另一边的观众有节奏地叫着海曼的名字，为“世界第一炮手”助威。

美国队一年来进步很快。塞林格聘请日本吉田敏明夫妇帮助训练，已把中国、日本队一套亚洲型快速多变的战术学过去了。两颗“黑珍珠”——海曼和克罗克特打对角，劈杀凶狠，频频得分，以8 ∶ 4领先。中国队沉着应战，时高时快，能攻善防，打得颇有章法，一气追了11分，以15 ∶ 8先拔头筹。

战斗比预先估计的更艰苦。经过110分钟的拼搏，双方激战四局，平分秋色。第二局是15 ∶ 13，第三局是16 ∶ 14，这两局美国队都是以 2 分之差，勉强拿下来的。在双方比分咬得很紧的关键时刻，几次出现裁判错判、误判的情况。这对运动员来说是最忌讳的。不老练的选手，在紧要关头被吹两下，就会火冒三丈，影响节奏，自取失败。过去，招娣最吃不起这个“冤枉”，明明是界外，你要是吹成界内，她会马上跑过去，指着边线外边的球印子示意：“球落在这儿，不是界内。”可是，在今天的第四局，打到 13 ：13，球在网上飞来飞去，谁也轻易打不死谁。眼看我们再拿 2 分就赢了。突然副裁判一声长笛，示意中国 7 号触网。陈招娣心想：“真是天知道！”但是，她毫不迟疑，马上举起手来，表示默认了，甚至还向裁判微微一笑，表现得很有礼貌、很有风度。

“过不了裁判关，就拿不了世界冠军。”袁指导平时不知强调过多少回了。这次赛前准备会上，他又一次告诫大家：不管场上出现什么情况，坚决服从裁判，准备每局球为误判、错判送掉 5 分……由于事先早有心理准备，她们顺利地过了“裁判关”，场上自始至终士气如一，情绪不变。

休息五分钟时，教练和队员们都清楚地意识到，成败就看最后一局了。袁伟民简短有力的话语，激动着场上队员的心弦：“大家冷静一下，打成二比二，我们认了。前四局不去想它。决胜局我相信你们，希望你们也绝对相信自己，只要放开打，不背包袱，胜利一定属于我们！”

平时打比赛很少捏拳头的孙晋芳，这时把拳头捏得紧紧的，在同伴们面前挥舞着：“拼啦，不拼没机会啦，说什么也要尝尝这世界冠军的滋味啊！”

曹慧英双手叉腰，环顾了一下围在教练身边的场上阵容：好嘛，这不是上届世界杯的阵容嘛，就是郎平换下了杨希。人马依旧，但是，我们已经不是四年前的我们了！小曹咬咬牙，蹦出一个字来：“拼！”

在美国姑娘高墙般的封拦下，郎平的强攻几次被阻。前四局，她有点儿紧张，虽然心里不断提醒自己：“应该放开打，不要把胜负考虑得太重。”但是，随着场上比分的起伏，却情不自禁地想：“哎哟，又追上来了，这一局可不能输……”一想这个，精力就很难高度集中起来。到了第五局，她这些都不想了。“反正已经到了这一步了，拼吧！把我的劲都拿出来，就是输了，全国人民也不会责怪我们的，回来再练嘛。”这样，她再也不考虑比分了，在跑动中变换攻击位置，借周晓兰的快攻掩护，一次次成功地突破了对方的拦网。相反，美国队有点儿急于求成，打得保守了一点儿。

8 ∶ 3，中国队以领先 5 分的优势，与对方交换场地。

正在做现场转播的宋世雄，接过担任电视转播顾问的四川队教练梁昌鹏递来的技术统计资料，向观众报告说：“前 8 分，中国队扣球得了 4 分，都是郎平强攻获得的。”

决心与郎平试比高低的海曼，也毫不示弱。为了避开“天安门城墙”周晓兰，对方的二传手格林不时传出“背溜”，让海曼跑动到二号位，从中国队个子最矮的张蓉芳的手上打下去。

张蓉芳也是够“鬼”的，她哪里肯吃这个亏。对方的战术意图被她识破了。就在海曼刚刚跳起的瞬间，她也拼命跳起来，恨不得手臂能像半导体的天线一样拉长一截，伸过去盖帽拦网。只听见“叮咚”一声，球像猛烈地撞到了挡板上一样，反弹下地，落在海曼脚下直打转转……

张蓉芳单枪匹马拦死了海曼一个球！球刚落地，她却像踩在弹簧上一样，蹦起多高，那股高兴劲就甭提了！要知道，海曼比她高出整整 22 厘米。平时，两人面对面讲话她都要仰着头。这可是她最得意的一个球啊！

15 ∶ 6，争气的中国姑娘终于干净利落地拿下了这决定乾坤的第五局，通向世界冠军的路终于打通了。当裁判哨声一响，中国队赢得最后一分时，场上场下，主力替补，高兴得抱成一团，哭了起来……

袁伟民何尝不激动。整整 23 个春秋，等待的就是夺取冠军的这一天。战胜美国队是具有决定性意义的一仗。即使明天对日本队二比三输了，我们也是世界冠军。

但是，想到战斗尚未结束，想到还没有全胜，他坐在长条板凳上不动声色。松软卷曲的头发下，一双浓眉依然紧锁着；专一、深邃的目光，丝毫没有分散。

他不慌不忙地拧上了笔帽，合上临场记录用的笔记本，走到美国教练塞林格面前，彬彬有礼地握了握手，便离开场地，朝休息室走去。

休息室里挤满了人。胜利的喜悦，化作激动的泪水涌出眼眶。

队员们哭了。

随团工作人员哭了。

中国记者们哭了。

连庄重的陈先团长也毫不掩饰自己的激动，摘下眼镜，用手帕轻拭着湿润的眼睛。

几乎每个人都在流泪，任何身临其境的人，都很难控制住自己的感情。唯有“铁打”的袁伟民，这个最该喜极而泣的人，脸上却不挂一滴眼泪。他还是那样“无情”，满脸严肃地叫队员安静下来：“现在哭什么？不能高兴得太早了。比赛还没有结束，打赢了美国，还有日本呢！世界冠军还没有拿到手，明天的战斗会更艰苦……”声音不高，却透着一股慑服人的力量。

孙晋芳、张蓉芳、曹慧英、陈招娣等几个老队员完全理解此时教练的心情。她们一边擦着眼泪，一边劝着别人：“不哭，不哭，我们不哭，明天还要打日本队……”

袁伟民反而心软了，他拍拍队员的肩膀说：“我理解你们的心情，不是不让你们哭，我是说，明天还要打日本队，我们要的是全胜！”

姑娘们心领神会，连连点头。

终有一天震惊世界

“中国队终有一天震惊世界！”

早在五年前，中国女排重新组队不久，眼力过人、享有“排球博士”美誉的国际排联副主席前田丰先生就做过这样的预言。

冠军之争，果然是中、日相遇。香港《大公报》记者姜国元，推了推架在鼻梁上的眼镜，问道：“两队机会如何？”

前田丰望了望面前这位20岁刚出头、钻劲挺足的小青年，笑了：“我是日本人，当然希望日本赢。但事实一向不是能够如此轻易估中的，中、日之间会有一场激战，才能决定胜负。”

举止稳重、谈吐风趣的小岛孝治先生，这几天情绪大落大起。“东洋魔女”败在美国“彪形大姑娘”手下，给他兜头浇了一桶冷水。他在应日本《东京新闻》记者采访时说：“这次是死心了，只能在以后重整旗鼓。”两天之后，美国以二比三败给中国，使眼看夺魁已成泡影的日本女排死里逃生，他又来劲了，说：“真叫人高兴，就好像从棺材板里爬出来一样。”

素来注重仪表的小岛孝治，从开赛以来，已经十天没有剃须了。日本男子中至今保留着蓄须明志的习俗。他和副教练米田、训练员西村相约：“获得冠军之前，绝不剃须！”

此事不知怎的被塞林格听说了，在日、美大战开始前，他特意从旅馆里买了三把剃须刀，赠给小岛他们，并宣称：“这场比赛一定是美国胜利，请三位今日剃须吧。”结果，不幸而言中，好在他沉得住气，又拼了两天。今天，意外获得的一线问鼎之机，又使他的眼里光彩闪闪。

老朋友、老对手袁伟民、邓若曾带着队伍走来了。他努着嘴巴，朝袁伟民指了指唇上的短髭。袁伟民一看，那胡须黑里透红，够长的，是该刮刮了。不过，袁伟民没有送给人家剃须刀，而是友好地伸过了手……

我们自己的翻译魏纪中赶来通风报信了，有人看到日本女排在体育馆的一角捏紧着拳头在宣誓。上次输给美国，最经得起摔打的广濑美代子竟放声痛哭，三分钟都还未能收声。日本女排本来就以意志顽强著称，现在宣了誓，那就更是要与中国姑娘决一死战了。

而这最后一搏的地点，恰恰在小岛先生的家乡大阪。他的青春年华是在这里的一所著名中学度过的。他从一位普通的体育教师，沿着奋斗之路，走到了日本女排主教练的位置上。这里是他事业的起点，这里有他的家。他是在四年前日本女排夺取世界杯冠军之后，白井、前田、松田等沙场老将离开排坛，正当日本女排新旧交替之际，迎着困难挑起这副重担的。他的勃勃雄心是要在自己的故乡让日本女排蝉联世界冠军。他的球员，有几位也是来自大阪。因此，这场球打好打坏，对于他，对于横山树理这一茬运动员，分量是很重的。

这场球，对于中国女排走向世界，又何尝不是意义重大呢？得失之间，在此一战，说得更确切些，拿世界冠军的希望就在开头两局。

大战就要开始。

中国队上场的是郎平、周晓兰、孙晋芳、陈招娣、陈亚琼、张蓉芳。

日本队派出的战将是三屋裕子、横山树理、水原理枝子、小川加内子、江上由美、广濑美代子。

这两支劲旅，各自穿一家运动服装公司提供的尼龙球衣。我们穿的是“美津浓”的，颜色像雪一样洁白，三条红黄相间的线条，装饰在衣袖两侧；她们穿的是红色，跑动起来像一团火。

两个队都刚刚打过一场比赛：我们是苦斗，和实力雄厚的美国队打满了五局；她们是轻取，以压倒优势赢了最弱的巴西队。两个队站在同一个球场上，好像一切条件都是平等的，但又怎么能说是平等的呢？

外界的舆论已经在为中国队担心了：“中国队的体力会成为取胜的障碍。”

是的，这些评论是有道理的。经历了两个半小时恶战赢下美国队之后，招娣大脑皮层上的一盏红灯亮了——腰部的老伤报警了。她感到腰肌发僵，已经不舒服了。郎平的脸看上去也明显瘦了一圈。

老将曹慧英更是感到疲惫不堪，精神上、体力上都已超过自己的负荷。出发前，在南京 43 天的紧张集训之后，一检查身体，小曹的血色素下降了 2.7 克，高低血压之差有时只有 10 千帕。这次比赛，前六场她上去拼了四场，体力消耗很大，老伤有反应，新伤又袭来。每打一场比赛，田大夫都要用几卷弹性绷带，把她的小腿从上到下裹满。她的右小腿肌肉拉伤了，不这么裹起来，一跳就会痛。

过去，小曹两条大腿的爆发力好得惊人。那时，从国内到国际不少排球行家都称赞小曹的快攻速度是无人可以匹敌的。就是受伤之后，她的弹跳也还令同伴们羡慕。快攻好手周晓兰特别欣赏她的腿："你助跑起跳的爆发力那么好。"小曹开玩笑说："等拿到世界冠军，我这两条腿就送给你。"

这些天来，她天天在和晓兰念叨："再用五天，再用四天，再用三天……我这两条腿就送给你。"

这是最后一场拼搏了。她事先就想好了："由于年龄和身体的原因，我不能像郎平她们那样挑重担了。但是，在关键时刻，要发挥作用。虽然我可能只是在主力队员累了的时候，上场顶几分钟，但这几分钟，我一定要打好。"

第一局的第一个球，日本队就发出界外。看来她们有点儿紧张。我们反倒得心应手，以 15 ∶ 8 旗开得胜。

第二局打到 11 ∶ 2，郎平轮到后排，由曹慧英换上发球。凭着她的沉着冷静，又夺一分。这一局，我们又以 15 ∶ 7 轻取。从场上下来时，她心头涌起一阵油快耗尽的感觉，四肢沉重，力不从心，端着杯子喝水，手直发抖。水泼了出来。周鹿敏在旁边紧张地直问："你怎么啦，怎么啦？"

陈招娣在第一局就意外地扭伤了腰。她没有作声，咬紧牙顶着打了两局。

前两局，中国队打得又干脆又漂亮，士气高，节奏好，技、战术充分发挥出来了，拦网、强攻、快攻、防守，真是要什么有什么。袁伟民很满意。

小岛托着下巴坐在另一边的板凳上，一看就知道没情绪了。他的队员们的眼神也黯淡了……

赢了前两局，意味着我们已经登上了世界冠军的宝座。

我们的姑娘毕竟没有尝过世界冠军的滋味，高度的兴奋使她们不知道怎么支配自己的行动了，思想竟一下子难以集中起来，球，忽然打得毫无章法。而日本女排一直认为“拿冠军的最大障碍是中国队”，刚开始与我们交手心里是虚的。现在，对她们来说已经不存在夺冠军的问题了，反而甩掉了包袱，放开来打“精神球”了。

这时，近 6000 名激动的日本观众大声呐喊，为越打越威风的本国选手助威。他们一刻不停地呼喊：“日本！日本！”呼喊着“三屋”“横山”“广濑”“杉山”等日本球星的名字，这仿佛在说：“拜托了，希望设法赢中国！”极大的声浪，从看台上隆隆地滚过顶棚，又跌落在地板上，冲击着人们的耳鼓，吞没了其余的一切声音，响得连两三里外都隐约可闻，而体育馆内对面讲话都听不见。多少人喊得口焦舌燥，场内出卖的汽水一时脱销。

几千人同声大叫着一个运动员的名字为她打气，她能不拼吗？日本队豁出去了，大有拿亚军也要把你冠军赢下来的架势。她们队里那些来自大阪的球员，在父老乡亲们面前，更是玩命了。

第三局 12 ∶ 15，第四局 7 ∶ 15，被气势高昂的日本人连扳两局。

袁伟民光火了！暂停的时候，他没有大声嚷嚷，也没有挥舞拳头，外表还是像前几天一样稳重。但是，姑娘们从来没有看到他这样激动：浓眉拧成疙瘩，眼里布满血丝，泪水盈满眼眶，嘴唇颤抖着。话，讲得那样沉重：“你们要想一想这是在什么地方打球。要知道我们是中国人，你们代表的是中华民族；祖国人民要你们拼，要你们搏，要你们全胜。这场球不拿下来你们会后悔一辈子！”

我们这场球不能输啊！要是拿了个冠军，最后却败在日本队手下，那个冠军的价值就大不相同了。

前天，在房间里看日、美之争的电视转播，比局打到二比二，姑娘们坐不住了，七嘴八舌发议论，有的希望日本队胜，有的希望美国队胜。孙晋芳推推坐在身旁的袁伟民问：“指导，你希望哪边赢？”袁伟民不假思索地回答：“我不管她谁赢，我的目标只有一个——全胜！”

打日本队，袁伟民担心的不是胜不了，而是赢两局以后，场上会不会出现另一种局面。

最怕发生的事情，真的发生了。他深知，训练比赛有一点儿不符合质量,可以毫无还价地把她们留下来补课。如果这场球输掉,“这一课”是怎么也补不回来了。

头脑发热的姑娘们，好像被迎面浇了一盆凉水，她们这才清醒地意识到问题的严重性。

刚才，曹慧英被换下来，她知道教练随时还可能把她换上去，就趴在地上吃力地做着准备活动。她喘着气对周鹿敏说：“我这部破机器不行了。”这时，她看到场上出现二比二的比局，听了袁指导激昂的言辞，急得手心直渗冷汗。

生命的发条又奇迹般地拧紧了。决胜的第五局，她主动请战，“破机器”最大限度地发动起来了。她上场了，还是像过去那样带着八面威风，赢得了为中国女排加油鼓劲的一百多名华侨和中国留日大学生的齐声叫好。

第五局打到15 ：14，对方领先。看台上一位老年华侨退出了看台，他说他的心脏承受不了如此强烈的刺激……

正当中国队危在旦夕的时候，场上亚琼和小孙抢一个二传，慌乱中亚琼传出个“倒三角”,郎平只能在三米线处起跳扣开网球,球打飞了。发球权被人家夺过去。亚琼素来胆细，教练很少对她提要求，只是说：“你要放开打。”平时打坏个球，不等别人讲，自己先责备起来。这次她一点也没分心，在后排严阵以待。对方一个重扣，要是球一落地，那就没有戏了。真是危在旦夕！只见亚琼从六号位扑出去，舒臂一垫，化险为夷。

孙晋芳把这个球调整给郎平，这可是众望所归的一锤子啊，就看你郎平的了。

郎平这时也处在忘我的境界了。第二局的时候，打到 14 ∶ 5，也是小孙传起了个好球。郎平心想："哎呀，还有一分我们就是世界冠军了。我这个球使劲扣，扣下去就完了。"头脑里就这么一闪，球就被三屋裕子拦死了。这一次，她完全放开了，什么也没想，狠狠打下去——落地开花！夺回发球权。对方的一攻被顶住了，我们可以得分的又一次进攻组织起来了，还是小孙传给郎平，一记重扣，扳成 15 平。

最后由晓兰和孙晋芳两次拦网截死对手，再夺两分，以 17 ∶ 15，宣告第三届世界杯最后一场比赛结束。

我们终于七战七捷，以全胜夺魁的战绩拼下来了！

裁判哨声刚落，中国姑娘们就抱作一团，脸上挂着晶莹的汗珠，眼里噙着喜悦的泪花。周鹿敏冲上场去，紧紧地抱着汗流浃背的曹慧英呜呜地哭着，轻轻地捶着她的臂膀，一遍又一遍重复地说着："你真好，你真好，你说你不行了，你还打得这么好！"

姑娘们脸上挂着泪痕笑了，甜甜地笑了。

她们终于经受住了最后的考验，达到了预期的目的，成了真正的世界冠军。

在休息室里，袁伟民望着这些可爱的丫头们，又气，又喜。"17 ∶ 15，还是拿下来了，不容易啊！"不过，他把喜悦放在心里，外表依然那么冷静、风趣地说："瞧你们乐的，要是第五局输了，看你们还笑得出来。"

享受着胜利喜悦的姑娘们，直捶袁伟民的背："你昨天不让我们哭，今天又不让我们笑，你要我们怎么才好啊？"

陈招娣说出了大家的心里话："袁指导啊，我们服了！"

“中国人是行的！”

象征着伟大祖国的五星红旗，我们不止看过千遍万遍，为什么今天你如此鲜艳？！

升旗礼及奏国歌仪式开始了。手上的金杯闪闪，胸前的金牌闪闪，眼中的泪花闪闪。中国女排12名姑娘望着荣获前三名的中、日、美三国国旗冉冉升起，五星红旗升得最高，她们心中充满了自豪。

这面国旗，不仅升起在每一个中国人的心中，在外国人的心目中也引起了强烈的反响。

“蛰伏了多年之后，中国这条龙在蠕动了。”

“中国人是行的！”

……

团体授奖就要完毕，马上开始发个人奖了。

随队翻译王英兰首先得知了一个喜讯。一位身着西服的大会工作人员匆匆走来告诉她：“袁伟民先生被评为最佳教练员，请他准备领奖。”这是最后一场比赛结束后，由国际排联有关人员投票评选出来的。

这时的袁伟民，依然习惯地把双手抱在胸前，肩膀松弛着，身体微微斜靠在墙上……

他凝视着苦心训练出来的中国女排，站在世界冠军的领奖台上，激越的心潮，如大海的波涛击拍翻滚，然而，外表平静得仿佛刚刚打完了一场国内比赛。

给中国带来第一个“大球”世界冠军的袁伟民，获得这个荣誉称号是当之无愧的。

他整了整敞开着的拉链运动衫，跟在翻译小王后面，向通往领奖台的入口处走去。

过道里坐着各队的教练员，不等宣布，他们早已猜到，这届世界杯的最佳教练员奖，无疑是属于中国队的。这倒并不是因为世界冠军队的教练员必然是最佳教练员奖的获得者。上届世界杯赛男队冠军苏联队的教练员就没有得到。见到袁伟民，他们都不约而同地站起来，一一和袁伟民握手，表示祝贺。虽然刚刚结束的中、日之战争夺太激烈，使小岛孝治先生一时还平静不下来。但是，看到老朋友走过来，他立即迎上去，紧握袁伟民的手。

“袁伟民是行的！”

各国教练员很钦佩他能带出中国女排这样一支世界第一流水平的球队来。各国裁判员们也投来了赞许的目光，他们非常欣赏这位中国教练的沉稳作风和大将风度。因为这次八强之争的激烈程度是空前的，各队教练员临场指挥时也都在不同程度上表现出了激动的情绪。几乎每一个教练都因在比赛进行时对场上队员讲话被裁判亮过黄牌，唯有中国的袁伟民例外。

《勇敢者回来了》的雄壮旋律在这个偌大的体育馆里回荡。这支世界名曲，是德国著名作曲家罕德尔的呕心沥血之作，是一首献给胜利者的颂歌。

这是主办国做的最隆重的音乐安排。据说当年这支曲子演奏时，连英国国王乔治二世都曾带领听众起立恭听。现在，隆重的发奖仪式在日本朋友精心安排的世界一流的赞歌中进行着……

扩音器里开始报最佳运动员的名字了。站在团体领奖台上的孙晋芳听着好像是自己的名字。谁获奖，事先并没有通知。她想：搞不好是张蓉芳，因为张蓉芳和她的日语译名蛮像的，听起来差不多。

扩音器里又用英语报了一遍。自学英语已有两年的小孙这次听清楚了，最佳运动员果真报的是孙晋芳。她愣了，仍不敢相信自己的耳朵。

她问旁边的队友：“是不是？”紧挨着她的郎平、周晓兰推着她：“是你，是你。”

她指着自己的鼻子，看看准备发奖的前田丰先生和松平康隆先生，他俩笑着点点头。她这才把手中抱着的团体金杯交给周晓兰，接过又一个大奖杯，站到了最佳教练员袁伟民的旁边。

小孙自己虽然没有想到会被评为最佳运动员，可是伙伴们在比赛结束前一天就猜到了。

晓兰说："这次你最佳二传手是跑不了的。"

郎平说："咱队长小孙，在这次比赛中的拼劲啊，就甭提啦！平时打比赛她很少捏拳头，这次总看到她捏紧拳头在我面前舞：'郎平啊，拼啦！'"

她带头拼搏，名副其实地起到了场上中坚的作用，最佳运动员怎么不该属于她呢？她像一节火车头、一部发动机，自始至终从精神上、士气上带动大家；她又像一部变压器、空调机，镇静地掌握着火候，调节着温度，成功地组织着战术。

中美、中日两场激战，比分咬得很紧，都是打满五局才见分晓。关键比局，关键时刻，小孙头脑冷静，与攻手配合默契，组织战术没出一点儿差错。外电评论说："这是中国队成熟的表现。"比赛结束后，记者问郎平："你打关键球不紧张，不手软，有什么秘诀？"郎平笑着说："这要感谢我们的队长孙晋芳，是她锻炼了我。"原来，平时训练中，小孙总爱制造紧张气氛，让郎平练习打关键球。有时分组比赛一打到13 ：13，小孙就一个劲儿地把球集中传给郎平打，并且大声喊："这就是世界杯决赛的关键时刻，郎平啊，看你的啦！"渐渐地，郎平形成了条件反射，打关键球也不觉得那么紧张了。

"拼啦，不拼没机会啦！"这已成了小孙的口头禅。多少次，她用这句话，发动别人，也发动自己。她知道，下届世界杯肯定不会再有她的份了，她只有这次付出自己的全部力量。

她已经26岁了，体质已明显地不如从前了。这次"拉练式"比赛，整整十一天都是在激烈的角逐、紧张的节奏中度过的，她几乎天天都出现失眠现象。体力上的消耗，精神上的刺激，使她一躺上床，就反常地兴奋起来，不得不借助于田大夫给她预备的乘晕宁和安定片了。她在队里处于举足轻重的地位，决定了她要比别人多操几分心，脑海里总是不断考虑着这样或那样的问题，甚至在睡梦中也在呼唤着郎平重锤破阵。

胜利的美酒是苦水酿造出来的。比赛结束后检查身体，孙晋芳这个二传手体力消耗比进攻手还大,名列全队第二,仅次于老大姐曹慧英。

“中国人是行的！”从大器早成的郎平身上不是同样看到了吗？！

从“中国女排的新兵器”到“世界大炮”，仅仅两年多的时间，在外国人看来，郎平的崛起，真有点儿“不鸣则已，一鸣惊人”了。

赛前，人们有过这样的议论：“世界杯大赛，中国队能否捧杯，从某种程度上来说，要看郎平的发挥了。”因为她毕竟是个新队员，缺乏世界型大赛的考验，很难说临场不出现波动。

这次，郎平确实发挥得不错。她甚至像一位沙场老将一样，常常张开两手，轻轻向下拍拍，示意队友们镇静、不要慌，在场上表现了优雅的风度。

现在，优秀运动员的奖杯已经捧到了她的面前。她俯下身子，从国际排联主席利博先生的手中接过奖杯，稳稳地举过头顶，轻轻地转身一周，向全球观众致意，依然显得风度翩翩……

集体要夺金杯，自己要挑重担，郎平是有准备的，出发前整理东西，她把护肩、护肘、护腕、护膝，还有一个护腰，一一装进了箱子。这个护腰是她拆掉两个护膝自己缝制的。同房间的小孙看见郎平有条不紊地在摆弄这些东西,不由得笑了:“郎平,你是准备‘重装上阵’啊。”郎平一本正经地说：“以备万一嘛。”她的腰背肌也不大好，她担心拼到最后一场，腰不争气，她以特有的幽默告诫自己：“到了那火候上，你老先生就是缠上十根护腰也千万别下去。”

这一年来，她是接受大夫治疗最多的一个，腰不舒服治腰，肩不得劲治肩，两腿的髌骨都有骨刺，稍不治疗就顶得疼。她还有小腿胫骨疼的毛病，好在这一年大夫治得很到家，一直没犯过。

郎平在比赛中表现出成熟的技术，这和她思想上的成熟不无关系。不熟悉她的人，总觉得她无忧无虑，很放得开。熟悉她的人都知道，她是外松内紧。她的脑神经是很灵敏的，不断捕捉、分析、判断着来自现实中的一切讯号，然后把思想专注于一个目标。每天不是激烈的拼搏，就是匆匆赶往下一个比赛地点，节奏是少有的紧张。可是，她在“百忙”中竟还抽出时间写日记，理思想，记感受。除此之外就是睡觉。异国的风光可以不看，热闹可以不凑，可非得挤出时间来睡觉不可。因为，从某种意义上说，睡觉就是体力，体力就是胜利。

打胜了美国队，她回房间刚洗完了澡，电话铃响了。是袁指导找她。她马上想：什么事？是不是自己的“秘密”泄露了？她对西餐总是不适应。几天来，她一直在拉肚子，怕教练“骂”，没敢说。不过，这次指导找她，谈的还是刚才打的那场球。袁伟民充分肯定了她在决定胜负的第五局里起到“一锤子定音”的作用。同时又给她指出，你总想不失误，“一锤子定音”，就容易缩手缩脚，十分之一秒的犹豫，都可能把一个好球打坏。郎平觉得指导看到了自己的心里，解开了她思想上死抱着的东西。是啊，责任心强是好事，但是强到拘谨起来，这可不是一个优秀运动员的风度呀！

袁伟民的谈话给了她力量。打日本前，外界已经在评论了：“郎平已经很疲倦了。”中、美之争，郎平扣球 102 次，体力消耗很大。但是袁伟民希望她战胜自己，坚持到底。郎平以坚定的目光望着袁伟民：“指导，请您放心，我再累，也要比哪一场比赛都跳得高，拿下这个世界冠军。”

在第二天争夺世界冠军的决斗中，郎平实现了自己的诺言，她果真跳得更高，扣球 93 次，一人独得 19 分，夺回发球权 30 次。

“铁榔头”叮当不息地敲了 11 天。中国体育科研人员提供的统计数字记载着：七场比赛，中国队共扣球 1116 次，其中郎平扣了 407 次；中国队扣球共得 162 分，其中郎平得了 79 分。扣球命中率高达 48.6%，名列世界第三。

中国夺魁，当之无愧！

郎平评为优秀运动员，当之无愧！

这次世界杯赛是圆满的。唯一使国际排联领导人感到遗憾的是，不少表现优异的选手未能进入优秀运动员之列。前田丰先生走到中国领队张一沛面前，对中国队捧走七座奖杯表示祝贺。接着他惋惜地说："你们的周晓兰、张蓉芳表现很好，也应该是优秀运动员，因为名额有限，要照顾到各个队，所以才没有评上。"

是啊，周晓兰、张蓉芳、陈招娣、陈亚琼、曹慧英……这次她们虽然没有获得个人奖，但她们给人们的印象不是也说明了"中国人是行的"吗？！

第七章

“你招来了一个世界冠军”

每一颗星星都闪耀着光辉

勇敢者回来了

“你招来了一个世界冠军”

激战的硝烟刚刚散去，中国驻日大使馆迎来了转战扶桑、征尘仆仆的中国女排姑娘们。

鲜艳的五星红旗，漫卷着初冬的寒风，在东京的夜空中欢笑着。洋溢着节日气氛的中国大使馆门前车水马龙。

兴高采烈的华侨们来了，对中国排球界有着特殊感情的大松博文先生的夫人来了，当年风靡世界排坛的“东洋魔女”来了……

亲人们、朋友们为荣获世界冠军的中国女排祝捷来了。

到处是欢声笑语，周围是一片欢乐的海洋。

“请大家举杯！”

仪表堂堂的驻日大使符浩，率先举起杯来。

300 盏漂亮的玻璃酒杯一齐举在空中，醇美的中国红葡萄酒微微晃动着，映着辉煌的灯火，照着甜美的笑脸。

盛大的庆功宴会开始了。

在最后一战中伤了腰的陈招娣，不能去参加这个宴会。现在，她正静静地躺在使馆二楼一个整洁的房间里，疼痛咬噬着她的神经，从僵直的腰部向全身辐射开去。

队友们要留下来，田大夫要留下来，使馆的同志们要留下来，可是，她不让任何人留下来陪她，叫大家都去享受一下胜利的喜悦。这位性格耿直、心地善良的杭州姑娘，做什么事总是先想到别人。

所有的人几乎都汇集到灯火辉煌的宴会厅里去了，周围静得听不到任何声音。

11 位亲密的同伴，今天全都换上了漂亮的礼服，光彩照人。她们一定会举起酒杯，向祖国致敬，向大使和使馆的同志们致谢，向全体来宾致意。

想着，想着，微笑浮上了她的嘴角。在这个沉静的“港湾”里，她不感到孤独，心中同样充满了欢乐。

这么多的电报，堆在她的床头，像一座小山。

这么多的声音，响在她的耳畔，像在热烈的交谈。

“招娣，你先看。”宴会前，领队张一沛把使馆转来的电报全捧到了陈招娣的身边，让无数颗观众的心来和不能赴宴的姑娘做伴。

祝贺、激励、慰问……每一封电报都写得情真意切，每一句话都说得动人心弦。

这些陌生而又亲切的声音，使招娣驾起想象的翅膀，飞回祖国，来到亲爱的同胞们中间。她看到了多少激动的笑脸，多少热情的眼睛；她听到了我们祖国在呼喊，人民在呼喊——“我们赢了！”

泪水涌出来，又一次模糊了她的视线……

“我们赢了！”1981 年 11 月 16 日晚上 8 点 05 分，在日本这个繁华的商业之都，哪一个炎黄子孙不从心底发出自豪的呼喊。

大阪府体育会馆建立 20 年来最扣人心弦的一场鏖战结束了。

当 11 位中国姑娘，在她们洒满汗水的战场上欢呼雀跃的时刻，第 12 位中国姑娘，你在哪儿？

她躺在场边的长条板凳上，由田大夫照看着，眼泪顺着她的面颊一滴一滴地落在地板上。这时的陈招娣，已经站不稳、坐不住了。

她是在结束战斗的前夕，被背下球场的。在她11年的排球生涯中，这是第五次被背下来了。中国女排重新组队之初，她在青岛集训时，因跳传一个近网球，不慎扭伤了腰。当她知道是夹骨裂，急得哭了，心想："这下完了，再也打不了球了。"后来，经过精心治疗，她的伤好了，球也逐渐练出来了，只是腰上落下了这么个病根。谁知她一见了球就忘记了腰，五年已经犯了四次。这次大赛之前，她就一直暗暗地念叨着："你这个破腰可要争点气啊，可千万不能犯老毛病啊！"

但是她最担心的事情还是发生了，而且恰恰发生在最后冲刺的时刻，这对一个不惜牺牲一切为祖国争荣誉的战士来说，怎不感到恼恨？

四年前，她和同伴们也是在大阪这个体育馆里，她们打了个第四名，这是中国女排历史上最好的成绩了。但是，当她们看到第三名站在高高的领奖台上，自己只能站在地板上，心头压着一块铅云："难道我们天生要比人家矮一截？"

当时招娣就暗下决心：不！我们不站在地板上，我们要站在领奖台的最高处！

领奖台又一次在大阪府体育馆里摆好了，就像四年前一样，摆在场地的正当中，也是那么高，那么显眼。

在领奖台的对面，是一排桌子，铺着雪白的台布。流光溢彩的奖杯，整齐地排着队，盼望着和它们新的主人会见。

授奖马上就要开始了。招娣在等待着这个庄严的时刻，她站在通向领奖台的出口处，由田大夫搀扶着。

"招娣，我们背也要把你背上去。"

11双明亮、深情的眼睛注视着她，从"大姐"曹慧英，到"小妹"梁艳，一齐拥在她的身旁。球场上拼搏，少不了招娣这位骁勇的战士；去接受荣誉，也不能落下我们的这位姐妹。

战友之心是相通的，招娣含泪望着这些最了解自己的同伴。平时吃了那么多苦，流了那么多汗，盼望的就是这一天啊！

招娣是一个倔强的姑娘，她没有叫人背，也没有让人扶，她排在自己的队伍里，前边是张洁云，后边是张蓉芳，踏着音乐的节拍，精神抖擞地朝领奖台走去。她要堂堂正正地登上高高的领奖台，以一个中国青年的风采和气概，来接受世界冠军的灿灿金牌！

虚掩着的门轻轻地推开了。招娣收回了思绪，望着两位笑容可掬的使馆工作人员，他们端进来一只大托盘，放在床边，凡是宴会上有的，都单独备了一份拿来了，还有一盏酒杯，一瓶红葡萄酒。

珍馐佳肴，琳琅满目。招娣哪里吃得下！但是，她还是感到非常高兴，好像自己也和大家一起坐在宴会厅里。

“大伙儿都在念叨着你呢！吃吧，吃吧。你们女排的几个老队员正在给教练敬酒。你们的袁指导啊，真是个了不起的人。”

使馆同志的一席话，讲到了招娣的心里。队友们的一杯杯酒，表达了她的心意。

她何尝不想给袁伟民敬杯酒啊。

赢了美国队，招娣就想好，一旦冠军拿到手，她一定首先给袁指导敬一杯酒。平时，袁指导“骂”自己“骂”得最多，可她最钦佩袁指导。“袁指导啊袁指导，这些年来，你‘整’我、‘罚’我，现在‘怨恨’已经一笔勾销。没有你平时对我们的严格要求，今天我们能顶得住吗？！”招娣多想把这些心里话亲自对袁指导讲。可是，不争气的腰却使她不能如愿以偿。

袁伟民在举杯之际，也没有忘记陈招娣。为了祖国的荣誉，招娣是付出了代价的。这时，袁伟民正在宴会厅里给大家讲述最后一场比赛中招娣受伤的故事，听的人几乎都流下了眼泪……

陈招娣是在最后一场开局不久因和孙晋芳抢一个二传，把腰扭了。在激烈的比赛中，磕磕碰碰是不足为奇的。她的指尖，不知打裂过多少次，贴的胶布积起来做件衣服都够了；她的左肘打伤过，曾经缠着绷带上场，人称“独臂将军”。但是，伤手伤脚可千万不能伤腰，这条有老伤的支柱是伤不起的。

这一扭，招娣知道大事不好。看看场上打得正顺，她怕影响队友们的情绪，打乱攻防的节奏，脸上没露声色，依然习惯地抿着下嘴唇，两颊显出浅浅的酒窝。

纵观全局的孙晋芳还是从她以手捶腰的细微动作中觉察出来了。

“顶住，招娣，顶住！”小孙轻声鼓励她。

“顶住！”腰僵直了也要顶住。

“顶住！”痛得冒冷汗了也要顶住。

巨大的精神力量在鼓舞着、支撑着她，她完全把自己置之度外，牙一咬，心一横：“拼了！只要能抱回金杯，我这个腰就是断掉，也认了！”

她不顾一切地去扑救每一个球。为了不影响整部机器的正常运转，她这个带伤工作的机件承受着多大的痛苦啊！

命运攸关的头两局拿下来了。招娣还来不及品尝一下拿到世界冠军的滋味，就被痛苦越来越紧地钳制着。腰，越来越不听使唤了，跳传后落下来，竟直直地跌坐在地上。平时，她最拿手的后排防守，这时也摔不出去了……

袁伟民的敏锐目光捕捉着场上任何一点细小的变化。招娣以手捶腰，他看到了；招娣忍着痛苦，奋不顾身地拼搏，他也看到了。他太了解招娣了，这个整天笑眯眯的姑娘，上了球场就变了一个人。不论面对着的是对手、是困难，还是自己的教练，只要她不服气，那她会和你“牛”到底。现在，她的这股“牛”劲发了，一个人在关键时刻要是没有这股“牛”劲，那就完了；一支队伍，要是没有一批这样的勇士，那也不会有什么希望。他看出招娣在拼，他希望招娣在拼。正像打苏联队那次，张蓉芳扭了脚，问她“换不换”，她说不换一样，要是还不到该换的时候把招娣换下来，那她真会“怨”死你，“恨”死你！

第三局打到 10 ∶ 4，我们领先，招娣被曹慧英换下场。

田大夫立即给她推倒治疗。招娣心里明白，老伤又犯了，一时治疗是不会明显见效的。她感到腰部就像压了一块沉重的铅板，针锥般的疼痛，沿着两腿往下窜。但是，她默默地忍受着，没提一个“伤”字，没喊一声“痛”字。

人生能有几次搏！这正是需要搏的时候。

袁伟民问场下的招娣：“能不能上？”招娣心里矛盾极了：上吧，腰不允许；不上吧，责任感不答应。她听听教练的声音都有点儿变了，怎能让教练失望？于是点了点头。

日本队一扫前两局的拘谨，重扣轻吊，越打越活。她们打过来的这些球，平时真也难不住招娣，可是现在不行，她防守的节奏完全跟不上了，能救起来的球也失掉了。

招娣上场发了一个球，接了两个一传，又被换下来了。袁伟民逼视着她：“你说行，为什么不拼？冠军拿到手，就可以不拼了？”招娣一声不吭，眼泪断线珠般地落下来……“走走走，你给我去做准备活动”，袁伟民是不饶人的。

招娣怨的不是教练，只恨自己这不争气的腰。她擦干了眼泪，趴在地上做准备活动，想把腰拉开，准备再上……

“我委屈了她。”从不轻易动感情的袁伟民，讲完了招娣的这个故事，心里也很不平静……

从宴会厅出来，女排姑娘们一齐拥进招娣的房间，争先恐后地向她报告刚才看到和听到的……

“使馆的同志真逗，他们说，招娣，招娣，你不仅招来了一个弟弟，还招来了一个世界冠军。喏，都写到照相册上了。”

精致的照相册，是使馆一位球迷尹钟云同志送的，姑娘们每人一册，每一册上都有着不同的题词。

招娣翻开她的，果然看到上边写着同伴们刚才告诉她的那句话。

招娣笑了，同伴们笑了，这个寂静的“港湾”里，激起了欢腾的浪花……

每一颗星星都闪耀着光辉

当招娣还是个天真烂漫的孩子，看到妈妈挑着艰难的生活担子，抚育着她们姐妹和那个可爱的弟弟，她会忽然沉思起来："当我降生的时候，爸爸妈妈一定很失望。已经有了一个姐姐，我要是个男孩子那多好。"父母给她起这个名字，是希望招来个弟弟。

她果然招来了个弟弟，家里人像喜欢弟弟那样喜欢她，可大人的负担太重了。现在，这个弟弟已经长大成人，在杭州参加工作了。

但是，她从来没有想到过招来个世界冠军。一个人，谁有那么大的能耐啊！

"不是，冠军不是我招来的。最后一场我没能打到底……"

"人家是说你那种无私无畏的精神招来的嘛！"

招娣问站在身旁的张洁云："你那本上写的什么？"张洁云把自己的照相册打开来，只让招娣一个人看："虽然你很少上场，但是我们也看到了你的力量。"

"对啊！"招娣情不自禁地赞美出声来。这个世界冠军，是我们集体的力量"招"来的呀！

一个骁勇的战士负伤了，往往会从一般人体验不到的角度，来感知集体的可爱，团结的力量，从中得到温暖和鼓舞。

16日晚上，大战方休，招娣硬撑着领了奖，就再也坚持不住了。她要么躺着，要么被人背着，外表平静，内心却非常激动。

当晚，回来饭店已近午夜。郎平匆忙吃了点面条，回到房间一看，招娣正痛苦地躺在床上，汗湿的球衣贴在身上，这怎么会舒服呢？她顾不得做别的事情，先把招娣扶进卫生间洗澡，接着又把她的衣服也洗了。

招娣知道，这些天来，作为主攻手的郎平是够辛苦的啦！招娣真想自己能挺起来，把散乱的东西理一理，明天就要回东京了。可是，这些琐事现在全都落在了郎平的身上。

她看着郎平把她们两个人的箱子打开，东西一样一样地放进去。最后连两个人用的旧护膝也都放进去了，招娣连忙招呼道：“算了，护膝别带回去了。”是的，这些浸满汗水，已经磨破的护膝已不足保留了。可郎平说这是咱们艰苦拼搏的纪念品，把它们带回北京吧，明年说不定还要带到世界锦标赛上去呢。

理着理着，郎平哇的一声，呕吐起来。原来那天从中午到晚上，她们整整十几个小时没有东西下肚了，刚才在餐厅里吃面条，她惦记着房间里躺着的招娣，吃急了点儿，接着又这么一忙碌，她胃痉挛了，痛得手脚冰冷头冒汗，折腾了好一阵……看着这些，招娣能不激动吗？

从大阪回东京，多少次上楼下楼，下汽车，上火车，大家争着背招娣。

朱玲背过招娣。比赛前，她们结束了在日立公司的适应性训练回东京，中午在使馆进午餐，吃饺子。那天过得很愉快，她们坐在使馆的草地上照相，招娣把头枕在朱玲的肩膀上，大家依偎在一起，笑得那么甜美，气氛那么和谐。

朱玲的祖籍是山东，却是在重庆山城长大的。从小喝嘉陵江的水，使她长得眉清目秀，一双眼睛明亮而深沉，深得像两条弄堂，显得纯洁而伶俐。她的家乡出产蜜橘，大得像红皮球，两只大约就有一斤重，“天府之国”真是名不虚传。每当柑橘上市，钟爱女儿的父母，都要捎来最好的蜜橘，她总是选最大的放在同伴们的床头。招娣每次看到朱玲送来的蜜橘，总是像欣赏艺术品似的爱不释手，舍不得吃。朱玲总是笑着说：“别摆着看了，吃吧。”

朱玲体态匀称，在女排姑娘们中间，她只能算中等个子，可是她的弹跳非常好，摸高达到 3 米 18。虽然她 18 岁才练排球，可是由于她有很好的田径基础，技术上得很快，尤其是拦网，时机掌握得准，手法特别好。平时，教练总喜欢叫她给大家做拦网示范。这次与美国交锋，袁伟民把她换上去，一连拦住了对方三个球，据说海曼见了小朱玲，心里都有些发怵。有一次，日本记者问袁伟民起用朱玲的想法，袁伟民回答得很俏皮：“让日本观众熟悉一下我们的朱玲嘛。”

每场比赛之前，朱玲比别人都要忙一些，她负责烧水，盛在容器里，带到球场上。每次暂停，田大夫匆匆送到队员手上的，就是朱玲烧的水。

梁艳背过招娣。梁艳是中国女排里的小妹妹，今年才 19 岁，已经 1 米 78 了，还在长个儿哩！她的脸色黑里透红，充满青春的活力，闪着健美的光彩，大家亲昵地称她是“黑娃”。“黑娃”爱笑。场下笑，让人觉得她像个中学生那样腼腆；上场以后也爱笑，笑中透着几分天真，几分自信。

她也是个责任心强的姑娘。过去，她怕在大姐姐们面前失手，有点儿放不开。今年在布加勒斯特与古巴争夺大学生运动会冠军，她调上场去，笑着又拦又打，时机掌握得极好，封得准，扣得快，立下了战功，打出了信心。这次世界杯大赛，袁指导问她：“敢不敢上？”她总是毫不犹豫地回答：“敢上！”打保加利亚，果然让她先上了。打得可漂亮了，闪电般的快攻，弄得人家眼花缭乱，往往球都落地了，对方拦网队员的手才出网。场下几位老队员直夸她：“瞧咱梁艳，像扣散球似的。”

驻日使馆同志在送给她的照片册扉页上这样写着：

“梁艳小鬼：你很有发展前途，好好地向女排大姐姐们学习。光荣属于祖国的女排。”

周鹿敏背过招娣。谁都知道这位上海姑娘有着一副软心肠，好脾气。作为一个二传，她临场沉稳，手法细腻。两年前，在第四届全运会上，她被评为女子二传技术第一名。这次大赛，她是唯一没有上阵的队员，因为她是孙晋芳的替补，万一小孙出了问题，她就要去顶小孙的角色。她准备上，又不希望上，小孙可不能伤啊！尽管她一次没有上场，但是谁能埋没她的功劳，忽视她的作用呢！

老将曹慧英要上场了。周鹿敏赶紧把她的球衣接在手里，贴着她的耳朵，真诚地说：“你在上面打，我在下边打气。你一个人扣球，我们两个人使劲。”只要小曹在场上一跳起扣球，小周就在场下用日语喊“加油！”因为她知道，疲惫不堪的小曹尤其需要鼓劲。

主力队员上场前，小周常常一本正经地与她们一一握手，点头示意：“拜托了！”

主力队员一下场，小周早就剥好巧克力等在那里了，赶紧塞在她们嘴里。她还剥好香蕉，和招娣你吃一口，我吃一口。

从饭店到球场，从球场回饭店，她总是抢着把装球的袋子背在肩上。打比赛之前，有时要吃点儿方便面条，也由她和张洁云等人忙着张罗。

现在，曹慧英背着招娣。这位性格豪爽而又多情的“大姐”，说是梁艳她们背得不得法，硬是把招娣“抢”了过来。招娣明白，小曹是担心把梁艳她们累着。

小曹卷曲的秀发擦着招娣细嫩的额面。她的身躯稍稍向前倾斜着，使招娣的重心刚好落在她的腰上，这样是比刚才舒服一些。但是，她太累了，招娣真不忍心加重她的负担。

这次大赛，小曹这颗在排坛几乎要隐去的星，是点燃自己的生命，才发出了耀眼的光华。怎么能再让她背呢？招娣贴在她的耳朵上，像妹妹呼唤着自己的姐姐一样：“小曹……好小曹……你放下，让我走……”热泪滴落在曹慧英的脖颈上。

曹慧英强忍着涌出的泪水，一声不响，只是把招娣的双腿挎得更紧、更紧……

她们向着新干线的候车室走去。

候车室里，多少双目光向中国女排投来，向曹慧英和陈招娣投来，含着羡慕之意，含着敬佩之情。招娣的伤，在喜悦之中给人以悲壮的印象，使我们这次胜利的分量变得凝重起来。

同车返回东京的，还有保加利亚女排。她们看见曹慧英背着陈招娣，很感动。这种感情，缺乏一种相通的语言来表达，她们就想送一样礼物给这两位中国姑娘，以物寄情。找来找去一时找不到合适的，结果掏出了两瓶随身携带的香水，一瓶硬塞在招娣手中，另一瓶放进小曹的口袋里。

一辆救护车开进了北京首都机场，悄悄地停在航空舱的附近。

中国女排启程之前，国家体委接到了东京的电话，派出救护车来接我们这位受伤的英雄了。

咱们的招娣没有坐这辆救护车。

她自己走来了，和她们这支英雄的队伍一起，走到祖国母亲的身边，走到了亲爱的同胞们中间。

勇敢者回来了

在欢乐中，时间过得更快。《勇敢者回来了》的旋律仿佛还在耳畔萦绕，首都机场欢迎中国女排凯旋的锣鼓就响起来了。

前一天，当中国民航飞行总队队长尹淦庭驾驶祖国的银燕飞落在富士山麓，来接女排姑娘们的时候，符浩大使欣然命笔，怀着激情写下这样一首诗：

扶桑秋光好，
水碧叶更丹。
岭风知劲草，
头白说不完。
天人语奇传，

乐与神州连。
中华好儿女，
壮志冲云天。
勤学兼苦练，
功到力自全。
冰雪封不住，
登攀万仞山。
明日班师去，
国门锣鼓喧。

现在，祖国的英雄儿女，捧着七座金光闪闪的奖杯回来了，首都机场出现了空前热烈的欢迎场面。

十几位手捧鲜花的女同志簇拥在连接着机舱门的甬道口。新中国第一代女排国手刘匡生、花桂青、马纫华、张晓霞等，以及 20 世纪五六十年代驰骋我国排坛的王子淑、林宏珠、韩翠清、袁德风、徐爱敏、蔡希秦、郭淑云等巾帼豪杰，现在都已人到中年，有的已年过半百，有的已体形发胖。今天，她们穿上自己最称心的服装，怀着像小学生迎接贵宾的激动心情，向中国女排的同志们献花来了！

几代人的心愿在一代人的手中实现了。当这些深知球场甘苦的老将，望着英姿飒爽的新一代英雄走来的时候，她们没有一个不掉泪的。千言万语，汇成了一句话："谢谢你们，谢谢你们实现了我们大家梦寐以求的夙愿！"

女排姑娘们没有想到，竟是排坛"老前辈"们来向自己献花。她们心潮起伏，接过一束束芳馨的鲜花，涌出一串串感激的话语："应该感谢你们，传给了我们艰苦奋斗的好作风、好传统，为我们铺平了路。"

体育界的同志们、机场工作人员、新闻记者、亲人们、朋友们……凡是女排队伍经过的地方全都站满了人。

一位手捧鲜花、身穿深蓝色尼龙衣的小朋友，在人缝里直钻，他是袁伟民的儿子小袁粒，好不容易挤到爸爸的身边一看，爸爸手里的鲜花已抱不下了……

欢迎人群中，四川队教练王德芬也来了。袁伟民握着她的手，说："谢谢您，是您培养出毛毛这样好的运动员。"王德芬谦虚地说："应当谢谢您。是你们的千锤百炼，才使毛毛没有辜负大家的期望。"

中央有关的领导同志、体委的领导同志、各方面的同志们，都欢迎女排来了。热烈的欢迎场面，通过中央电视台的现场转播，送到千家万户，传遍祖国大地。

1981 年 11 月 18 日这个喜庆的夜晚，给中国女排、给祖国人民留下了美好的记忆。

《人民日报》刊登评论，发出有力的口号："学习女排，振兴中华！"

《体育报》以大字标题报道："中国女排获世界冠军，大球取得历史性突破"。

一张又一张报纸套红刊登口号："向为祖国荣誉拼搏的中国女排英雄致敬"！

每一家报纸都登了女排 12 位姑娘和领队、教练的肖像。

中央领导同志有的发表讲话，有的撰写文章，号召各行各业都要以实际行动学习女排精神。

多少人想一睹中国女排的风采，多少人想听听她们征战东瀛的故事。一个接一个的欢迎会、座谈会开起来了，气氛是那样热烈，感情是那样真挚。

11 月 22 日上午，全国政协把中国女排的同志请去了。这天是个阴天，又刮着寒风，不少年迈的政协委员，到了冬天是深居简出的。这天一个个穿着大衣，围着大围巾，都来了，是到会人数最多的一次。

张一沛、袁伟民代表女排向老人们报告了这次拿世界冠军的情况，引起了他们极大的兴趣。

他们迈着蹒跚的步履，挤到桌子旁，来看那些来之不易的奖杯，兴致勃勃，赞叹不已。

他们又像青少年那样，向女排队员们请求签名。不少人事先准备了本子。有些“仓促上阵”的老人，翻遍衣兜，找到什么算什么，送到姑娘们面前。

一张纸递到郎平的面前，显然是刚刚摊平的。郎平赶紧站起来，捧起这张有褶皱的纸，毕恭毕敬地签上自己的名字，因为这是在给爷爷、奶奶辈的人签字呀。

老人们兴高采烈，高谈阔论。周培源等学者，诙谐地自称是“蛀书虫”，过去对打球等“玩”的事，从来是兴趣不大的，这次也被排球“俘虏”了，甚至到了入迷的程度，每场必看。有的明知自己心脏不好，血压也高，可是手上抓着药，还看。

他们无法表达自己激动的感情，“言之不足，则歌之”。何长工同志自告奋勇，以歌声慰问女排。他先唱了“红军不怕远征难……”，意犹未尽，接着又唱了“飒爽英姿五尺枪……”，喘息未定，又自编自唱了一首颂扬女排精神的歌。三曲唱罢，已经头上冒汗，气喘吁吁了。他说：“让我喘口气，过一分钟再唱。”他正要落座，警卫员伸手扶住他：“何老，你先站着换换气，再坐下。”

排球，你哪来的那么大能量，不但燃烧着青年人的心，而且使老年人也返老还童了。

这是一次别具情趣的晚餐会。这次女排回来，没有任何人用公款宴请她们，可是和她们有着特殊情感的元老妈妈队的排球前辈们，执意要和她们聚一聚，每人掏 5 块钱，其余的由王涛同志包了。王涛在 20 世纪 60 年代初，一人而二任，同时担任国家男女排领队。那时，在国际交往的场合，当我们这位很有气派的女同胞出现时，各国须眉都要敬畏三分。这天，她特别高兴，端起酒杯祝酒时，感慨地说：“贺老总过去老讲我们打球是孔夫子搬家——净书（输）。现在，我们可以用胜利的捷报来告慰他老人家了。”

这时，大家一齐把目光投向在座的贺龙夫人薛明同志。薛明同志会心地笑了，把三大球搞上去，是贺龙同志多年的愿望。这次世界杯赛，她每次看球的时候，总是一边看，一边想，如果贺龙同志有知，能够看到这些精彩的比赛，看到运动员过硬的本领和高尚的品质，看到三个大球都在不断地进步，尤其是能看到女排今天荣获世界冠军，他一定也会含笑于九泉。她特意带来了贺龙同志的画册，亲笔题词，赠给中国女排和在座的老运动员们。中国女排把一个签满了几代排球运动员名字的排球，赠给薛明同志。

多少封信哟，从祖国的四面八方飞来，抒发崇敬女排的感情，表示向女排学习的决心。不到一个月，三万多封信涌向中国女排，不少女排队员收到的信都在四位数以上。这对一个集体，对个人，都是惊人的天文数字。

我们纯朴的人民，为自己的英雄而自豪，对她们表现了一片赤诚：

驰名中外的武昌鱼，从武汉空运来了，几乎条条都是活蹦乱跳的；

卫生部的同志送来了吉林人参，每人两枝，说是给她们补补身体；

香味四溢的黄香蕉苹果从烟台捎来了；

无核蜜橘从郴州邮来了；

成串的大香蕉从南国广东运来了；

……

我们智慧的人民，以各自独特的方式向英雄们表示敬意和希望。

5000 多条红领巾，代表着多少大队、中队、小队，代表着多少少先队员的心，向北京飘来了。

一个邮政快件送到了郎平的手上，沉甸甸的。打开一看，是一把铁榔头，真正的铁榔头，打磨得十分光洁，像艺术品一样闪着金属的光。这是广西一位青年工人利用业余时间精心制作的，说是希望我们的“铁榔头”百炼成钢。

画家苗地，挥洒彩笔，为郎平姑娘绘制了一幅“铁锤盖顶”的漫画像，看上去真有铁锤抡动、呼呼有声之感。

“胜了吃饺子”，白杨果然乘车来接郎平吃饺子了。坐落在前门闹市的人民餐厅的师傅们，听说郎平来了，列队欢迎，饺子做得鲜美极了。

著名歌唱家胡松华，以自己的书法相赠，洁白的宣纸上赫然跳出了四个遒劲的大字——“振兴之锤”。

苏州著名书画家创作的国画《十二花开第一春》送到北京来了。展开这幅装裱精美、全长八尺的画卷，女排姑娘欣喜地看到，素白的宣纸上，开着 12 枝艳丽的春梅。枝干刚劲挺秀，用紫红、胭脂、墨绿等 12 色点染的花朵，繁盛茂密，透着盈盈生意。这幅画是吴门画派研究会会长吴敦木、顾问张辛稼所绘，题词是出自书法家费新我的左手。梅花，乃花中精英，傲霜斗雪，铁骨铮铮。12 枝梅花象征着不畏艰险、顽强奋斗的 12 名女排队员，寄托着书画作振兴中华的美好祝愿。

像一群快活的小鸟，她们向自己的家乡飞去……

陈招娣要飞回西子湖畔，去看望亲爱的妈妈。她非常想念自己的妈妈：“妈妈，你好吗？”

孙晋芳、张洁云这对好朋友结伴向南京飞去。民航的同志做了精心安排，让她们最后登机，坐在前舱的最前面。尽管她们低着头，可是一踏入机舱门，马上就被人发现了。飞机滑行了，升空了。乘客好像忘记了是坐飞机，不是乘汽车，纷纷朝前舱涌来。机上工作人员急中生智，马上报告说：“请大家坐好，孙晋芳同志和大家讲话。”天哪，竟要发表“空中演说”。说什么好呢，还是站起来走一趟和大家见见面，握握手吧。

曹慧英坐在东去的列车里。车厢里像以往一样，熙熙攘攘，热气腾腾。她稍微“打扮”了一下，用条大围巾围上了头，又戴了个大口罩。她希望像一位普通的旅客，进行一次通常的旅行。开始，果然起了点儿作用。后来，她实在闷得不行，刚一把口罩拉下来，对面的几位旅客几乎同时喊了出来：“曹慧英！”

曹慧英在列车上的消息传开了。列车员赶紧报告列车长，列车长马上决定，把她换到软卧车厢。因为他知道，上级有通知，一定要让回家的女排队员休息好。

曹慧英发现自己的出现已经影响了列车上的正常秩序，就听从了车长的安排，到软卧车厢去。

一节节车厢走过去，一双双热情的眼睛望着她，一双双手伸向她。不知是谁带了个头儿，人们把旅途携带的水果竞相塞进她的包里，那位帮她拎行李的列车员，帮着她直劝："谢谢了，装不下了。"可是大家还是把橘子、苹果、梨……不断塞来，有人还解释说："就剩这几个了，别见外。"

……

半个月的休息，一晃就过去了。总结还没进行呢，快活的小鸟又纷纷飞来了。

"你们都带来些什么消息？有些什么感想？"

这是总结会第一天的主题。

袁伟民用铅笔轻轻地敲敲坐在身旁的小朱玲的头："老实说，摆过几次'龙门阵'？"

朱玲如实向大家汇报："我说我作不来报告的，人家就要开座谈会，我说那不能超过 50 人，结果还是来了 100 多人。我又不能像袁指导那样讲，讲什么好呢？就说，大家有什么问题，可以提出来……"

"哈，朱玲答记者问了。"听到这里，大家都笑起来。

重庆的皮鞋做得好。几位队员托她买。她在重庆已成"新闻人物"，不能轻易上街。就托体委的女友代办。谁知皮鞋厂的同志一听都是这么大号的女鞋，就追根究底问起来，问得那位女友只得如实说来。

朱玲在家里等皮鞋，忽然开来一辆小车，来人自我介绍说是皮鞋厂的，一定要接她去。她一听，急了，连忙说："我不去。皮鞋我也不买了。"她想：大尺码的皮鞋时有时无，能买到就买，不能买到就算了，千万不能惊动人家，尤其不能因为是女排的同志要买而惊动人家。但是，不行。皮鞋厂非把她接去不可。多大尺寸，什么样式，马上安排定做。

郎平没有远行。有一天，驻京解放军某部的表哥驱车来接她去玩。她到了部队里，刚在表哥家坐了不一会儿，门口开来了几辆小汽车，走下了几位威武又和蔼的军人。表哥马上起立敬礼，原来是师首长来了。

首长“批评”她表哥道：“郎平来了，怎么不报告？”

表哥不知说什么好了：“来个亲戚，我想用不着报告了……”

“郎平是国宝，中国女排是我们国家的英雄，你怎么能不报告？”师首长接着又问，“有车吗？”表哥说：“有车。”“不行。换师部的，叫汽车排长亲自来开。”

郎平的大爷在天津塘沽。乡亲们说，人家非亲非故都去看中国女排，您老还不去看看您的侄女。11 月 5 日，他果然乘车到北京来了。谈不了几句，就一条一条提开了问题，有的还挺在行的。郎平好奇地问：“大爷什么时候懂得排球了？”“嗨！不是我懂，是咱们那里的人，听说我来看你，就开了一串问题，要我来问问你。我回去，还得向他们原原本本汇报汇报哩！”

不懂排球的人也懂排球了，在“排球热”席卷我们国家的这些日子里，又何止一两个人呢？

杨希回到河北，可是正正规规作了四场报告。不作不行。省体委派了车，还派来了曾是国家青年女排的熟人李桂芝，一定得把她请去。

刚好领队张一沛同志回保定搬家，他在爱人的单位里听说，杨希报告会的入场券十分热门，一个大工厂也只分配到一张票。

杨希的爸爸是大学的副校长，熟悉的、不熟悉的人，都找上门来，要见杨希。几天下来，杨希已疲惫不堪。妈妈心疼女儿，担心她病倒，准备帮她挡挡驾。可是爸爸说，越是在取得了荣誉的时候，越是要和群众在一起，再累也要接待人家。“爸爸讲得对。”杨希从接近群众中受到了很深的教育。热情的邻居们，把活鸡提来了，把冒着热气的锅贴饺端来了。有的群众是从地、县乘车特意来看她的。有位基层来的同志，硬要把家乡的特产大红枣带给她，说是“一颗红枣一颗心”，你能拒绝群众的心吗？那么一大堆红枣，那是多少颗心啊！

张蓉芳和梁艳一起飞回成都。

一开机舱门，哇，那么多人在机场上等着欢迎，连省长、省体委主任都来了。小梁艳赶快躲到张蓉芳的背后。

要回母校，要去拜访启蒙教练，日程排得满满的，连拖不垮的张蓉芳都累病了。家里人只得把门从外面反锁上，让她安静地睡上一会儿。

张蓉芳要去看看她的姑姑。几位兄妹和朋友陪她去。张蓉芳稍微化了化妆，蹬上自行车，夹在这队骑车人中间上路了。但是，途中还是被认出来了，最先发现她的是几位哑人，他们的眼睛真尖，可是招呼不得，只能不停地指着这支小小车队中的一位姑娘，急得什么似的，向路人示意。等到别人明白过来，喊道：“张蓉芳！”她已骑车过去了。她何尝不想停下来和大家见见面，和那几位可爱的哑人握握手。可是，一停下来就脱不得身，她确实没有时间了。

周晓兰一到太原，全省都知道了。省电视台做了转播。为了让她休息好，省里给她在宾馆里安排了一套房间。她谢绝了。她喜欢住在自己的家里，在太原一家工厂的职工宿舍里。

早晨，人还在被窝里，外边就有人敲门了。外出时，总有一辆车给她用，前边还有一辆开道车，后边还跟着一辆车，热情得使她觉得不好意思。

她说：“党和人民给了自己这么多荣誉，组织和群众这么热情地对待自己，真是受之有愧啊！”

说实在的，这次度假，要说休息是没休息好，比训练还累。可是，却从自己的故乡、从人民群众中得到了力量。

孙晋芳本来想，这次大赛后，能退居第二线就退居第二线。可是回去以后，从启蒙教练、省队教练到乡亲们都叮嘱她：“你要培养好接班人再退出来啊。”她感到，这是大家的期望，也是自己义不容辞的责任。

张蓉芳说：“荣誉不能成为我们骄傲的资本。拿冠军是光荣的，但光荣也伴随着艰巨。明年世界锦标赛的分组情况对我们不利，在决赛前就要遇到美国、苏联、古巴等强队，我们要有所准备。”

胜利和荣誉没有遮住她们的眼睛。

她们的目光又投向了 1982 年的世界排球锦标赛，投向了 1984 年的奥运会。

草创时期的中国女排

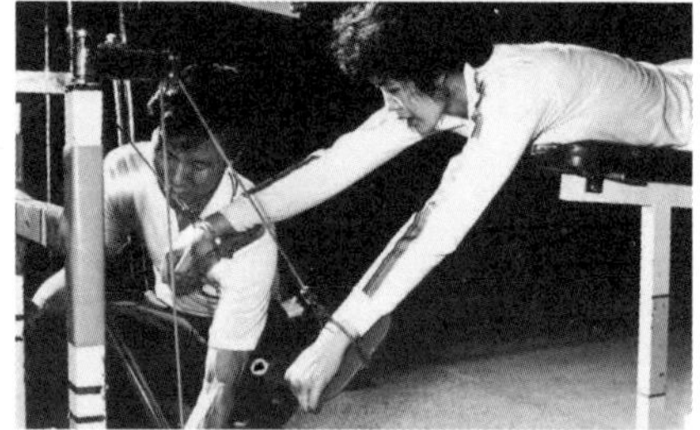

1981年首次夺冠

1981年11月16日，在日本举行的第三届世界杯女子排球赛中，中国女排首次登上世界冠军领奖台。左起：孙晋芳、郎平、周晓兰、陈亚琼、曹慧英、杨希、周鹿敏、朱玲、梁艳、陈招娣、张洁云、张蓉芳。

中美之战，副攻手陈亚琼快球得分。

怪球手张蓉芳的平拉开频频突破对手的严密防守。

周晓兰的短平快令对手防不胜防。

中日决赛，郎平的超手猛扣势如破竹。

首次夺冠，载誉归来。

第八章

她在利马警察医院里醒来
A 老板赌赢了
塞林格说：“很难预料！”

她在利马警察医院里醒来

金色的光波，透过轻柔的窗纱，照射进来，把窗外斑驳的树影投在漂亮的镶木地板上。

和风，带着里马克河上的水汽，轻轻地拂动着窗纱，吸一口，甜甜的。

房间里，一切都是洁白的：墙壁、窗帘、床铺和小柜。唯有枕边放着的一束鲜花，五彩艳丽，散发出阵阵幽香……

鲜花，是秘鲁女排的姑娘们刚刚送来的。

周晓兰静静地躺在房间里的一张病床上。旁边整齐地排列着二十几张病床，全都空着。安谧的病房里，只有她这一位病人。

昏睡了数小时之后，她渐渐地苏醒了。

这是 1982 年 3 月 31 日的早上。

周晓兰病倒在中国女排首次秘鲁之行的最后一天。这是中国女排成为世界冠军之后四个月，第一次出访比赛。

半年之后，这个南美洲的国家将成为第九届世界女子排球锦标赛的赛场。女排这次远涉重洋来到这里，一个重要的目的，就是要适应一下举办国的场地、气候和生活环境，熟悉未来的对手。

访问比赛已经打完了，我们全胜。就在离开秘鲁前夕的欢送宴会上，周晓兰腹痛难忍，被一辆风驰电掣的救护车送到了利马警察医院。

醒来后，陌生的环境，竟使周晓兰一时弄不清自己是睡在什么地方。

“大夫，大夫……”她轻声呼喊着，片刻没见动静。她微微抬起头来，当视线落在床头挂着的一块外文牌子上时，她恍然想起：这不是在北京，而是在异国；这不是在她们刚来时下榻的“划船俱乐部”，而是在一所医院里。

“doctor，doctor……”她立即改用英语呼喊起来。

一位大夫应声走进来。他高大魁梧，络腮胡刮得青青的，眼镜后边闪动着一双和蔼友好的眼睛。昨天深夜，就是他为晓兰诊断之后做了阑尾切除手术。晓兰是这所医院接待的第一位亚洲病人，院方派出了最好的医生。

见晓兰醒来，精神挺好，医生很高兴。他就像对自己熟悉的老病人一样，一边比划着手势，一边用英语周到、细致地询问晓兰各方面的感觉。

晓兰努力搜索着记忆里的英语单词，指指伤口，皱皱眉头，表示依然还有些疼痛。

“没关系，没关系，一切都会好起来的，好起来的……”他表情丰富地安慰道。

当地的华侨，听说周晓兰在宴会上突然发病，不放心，纷纷打电话到使馆，询问住院地址。

一辆辆小汽车开到警察医院门口，都想进去慰问一下远离故乡亲人的晓兰，可是警察医院严格的探病制度把他们拒之门外，院方对自己这位“特殊病人”守卫得更严。一只只花篮、一束束鲜花，带着侨胞的一片片心意，被收下了，送到了晓兰的身旁，陪伴着寂寞的姑娘。

一见到前来探望的我国驻秘鲁使馆的同志，晓兰马上着急地问：“我们队里的同志们在哪里？”

“她们已于今天上午 7 时飞往美国。”使馆的同志说着，摸出了一张字条，是张一沛留下的：

“我们全体同志希望你安心养病，不要牵挂比赛……”

望着这熟悉的字迹，晓兰仿佛听到了领队、教练和伙伴们的声音……泪水，情不自禁地顺着她瘦削的脸颊淌落在枕巾上。

利马，是一座被漠漠黄沙包围着的热带都市。安第斯山峰巅的积雪融化了，股股雪水汇成短促的河流，流不多远就被干枯的沙漠吸光了。河床边发育了 40 多个绿洲。利马，这个呈巨大的不等边三角形的城市，就坐落在一个绿洲上。

秘鲁，并不是一个很富庶的国度，但利马这座历史名城却是富甲南美，多姿多彩。在当年殖民者吹嘘“金银铺砌”的通衢大道两旁，耸立着一座座豪华的建筑。工业的发展，又促进了这座古城的现代化。中国姑娘们到达的第二天，适逢周末，“划船俱乐部”的迪斯科舞会，通宵达旦，要想入睡，只有求助于棉花球，把耳朵堵上。高分贝的噪声，可以用一团棉球阻挡，防范蚊子的攻击却很难一劳永逸。四个姑娘住一间房间，大家苦乐同当。

10 天前，晓兰和中国女排的姑娘们来到这里，引起了小小的轰动。虽然，排球在这所首府远不及足球有广泛的观众，但是，一听说世界冠军来到，谁都想一睹中国姑娘的风采。主人有意安排中国姑娘和秘鲁女排队员乘坐大篷车，有专人随车用麦克风做热情的介绍，所到之处，经常受到夹道欢迎。

可是，现在只有晓兰一个人留在这座沙漠包围着的城市里，躺在病榻上，她怎能不思念她那个温暖的集体、战斗的队伍。

9 月里将要进行的第九届世界排球锦标赛，是“拉练式”的；这次适应性比赛，也是“拉练式”的，十天打了八场比赛，几乎每天都要花费四五个小时在路上，或乘长途汽车，或坐飞机，匆匆从一个城市赶到另一个城市。那是什么样的飞机哟！机舱矮得抬不起头来，嘈杂的轰鸣让你面对面讲话都要用力吼。飞行中，一会儿降落，一会儿又升起。落地前，靠放进空气来调节气压，舱内白气团团，谁坐了都不免提心吊胆。原来，秘鲁排球协会经费不足，让客人搭乘的是军用飞机。

3月的秘鲁，有时气温高达30多度，人们天天汗流浃背。尤其是在亚马孙河流域打的两场球，热得不行。祖国的长江边上有酷热的“火炉”城市，亚马孙河边的“火炉”比起长江的三大“火炉”有过之而无不及。

在秘鲁的比赛，体力消耗已经很大了，到美国的比赛怎么打？更令晓兰担心的是老队员的伤情：打到第三场第四局时，张蓉芳和陈亚琼争着去抢一个眼看就要落地的球,球救起来了,毛毛的腰肌却拉伤了，随队的罗维丝大夫每天都给她治疗，却还是一直不能打；孙晋芳旧伤复发，情况也甚不妙；郎平出发前，在家里也生过一场病，体力不佳，力不从心，却因张蓉芳受伤不能上场，要一直盯到底。“她们现在好些了吗？”主力阵容因伤减员，世界杯后补充进队的新手就要顶上去，郑美珠、杨锡兰、姜英、苏惠娟、林国清……她们要经受真枪实弹的磨炼了，能行吗？

眼看就要去迎战实力很强的美国女排了，偏偏这时自己又发生了意外，周晓兰为自己不能打比赛而难过，为伙伴们的困难处境而担忧。

她的一颗心，已随着自己的队伍飞到了美国……

A老板赌赢了

湛蓝的天幕上，飘逸着一片片轻盈舒卷的白云。

如果白云也能传情，那一定会带着中国女排姑娘对战友周晓兰的思念，飞向利马。比赛需要“天安门城墙”，当周晓兰不在队里的时候，大家才深感中国女排只有一个周晓兰，太少了！

一架银灰色的飞机穿出云层，正在徐徐降落，拉斯维加斯热情地迎接中国客人的到来。

在这里，中、美女排将要进行第三场角逐。

一跨进机场现代化的候机大厅，中国姑娘就好奇地发现一个个像“自动售货机”一样的玩意儿排列在两旁，就像北京十三陵两旁树荫里排列着的石人、石马一样。看到美国女排 12 号佩尔摸出几枚硬币，走到机器的面前，几位中国姑娘也凑过去看个究竟。

佩尔对陈亚琼说：“瞧，只要你将这个投入它的口中，便可以开始赌钱。”噢，原来这就是最现代化的赌具——吃角子“老虎”，它内部的一切都由电子计算机控制着。

拉斯维加斯，是世界上最大的现代化“赌城”。这里一天平均进出飞机达 1700 架次，每天都有大批大批的赌徒从世界各地纷至沓来。尤其是到了每年春天，许多美国人都想到这儿来碰一碰自己的运气。全城拥有 250 多家赌馆，被称作“不夜城”，畸形繁华。赌业在这里受到法律的保护,赌场财务直接由州和美国财政部掌管。从机场到商店、旅馆,到处都设置赌具,方便赌客。走到哪里,哪里就可以听到“咔嚓”“咔嚓”的扔角子声音，令人眼花缭乱，头脑发涨。绝大多数碰运气的人并不走运。偶尔听到“哗啦”一声，一位幸运儿投进去的硬币刚好凑满了数，便招财进宝。

城里最大的赌馆热情地接待了中国女排。这家赌馆的 A 老板，是一位祖籍广东的美籍华人。有趣的是，中国队一到，他便与别人打赌：中国队一定能胜！

赌，似乎已经渗透到这里人的日常生活中了，凡有输赢的事都兴赌。不过，这次 A 老板打赌，并不是冲着钱，而是为了争口气。他从未看过排球赛，也不知道中国女排是世界冠军，更不知道这次来访的中国女排有什么样的实力。听说他赌的款额还不小呢！有的熟人劝他别赌了，因为前两场中国女排均以〇比三败了，要赌准输。他说：“我相信中国女排能胜，我是中国人，就是要赌中国队赢。”

中国队能赢吗？局外人说不准，连她们自己也觉得实在有些悬乎。

十几天来，女排姑娘们的耳畔不时震荡着飞机的轰鸣声。她们在秘鲁乘飞机都乘怕了，原以为到了美国，旅途不再像在秘鲁时那么疲劳。谁料到，这里的“拉练”更艰苦。因为美国排球协会也存在经费不足的问题，他们安排客人乘坐旅游飞机。这种飞机票价便宜，但飞行航线完全根据旅游需要。从纽约到旧金山，一般飞行4个小时就到了，旅游飞机的旅途却长达15个小时，因为绕道多停了好几个城市。

旅途劳累折磨着姑娘们。第一天上午的训练中，郎平与另外一位队员在练一打一防，只打了几个来回，就觉得头晕眼花冒虚汗。她想：“顶过这一会儿就好了。”但是，忽然眼前一黑，浑身一软，便跌了下去，想起来却起不来。她躺在地板上，脑子很清楚，身子软得不行。大夫赶过来，一搭脉，诊断是虚脱。张一沛和钱家祥一左一右，搀扶她回去休息。回到房间，她暗自庆幸，好在没发生在比赛中。

中国队的情况明摆着：体力越来越差，老队员中接连发生意外，只能让新手多打。

张蓉芳的位置，由19岁的主攻手姜英顶了起来。四个多月前，当她在沈阳从电视里观看第三届世界杯激战的时候，张蓉芳扣球崴了脚，她急得一下站起来，不由得向荧光屏靠过去，同伴们打趣说：“怎么？姜英，想上啦！”其实她是为自己钦佩的这位主攻手担忧，想近前看清楚点儿，到底伤得重不重。她没想到，后来竟收到去北京参加中国女排集训的通知，接着又随队出访，恰恰又是当张蓉芳的替补。自从张蓉芳在秘鲁扭了腰，她就冲上了第一线。

一个好的排球运动员怎会不渴望着上场？但是，迎战世界强队的担子真的压到肩上，又会莫名其妙地紧张起来。马上就要上场了，她心里像打鼓，看一眼袁指导，袁指导的眼里丝毫没有对她放心不下的神情，语气平和地对她说：“你放开打，平时怎么练现在就怎么打，别考虑别的。”这句话，卸了她的思想包袱，鼓了她的劲。“打！”她脑子里就装着这一个字上场了。打秘鲁队，她临场发挥不错；打美国队，前两场也胆壮手辣。美国姑娘与她初次相遇，摸不清她的球路，拦网和后排防守受到她炮口的威胁。

新阵容由郎平、陈亚琼、陈招娣、梁艳、杨锡兰、姜英组成，三老带三新。这个阵容能不能赢球？袁伟民心里没把握，但他想：困难再多也不能放低要求。只有动员她们竭尽全力去赢球，使她们看到自己的力量，才能打出信心来，从中得到更大的锻炼。

塞林格的心理显然与袁伟民是不同的。他对这场球似乎是胸有成竹。这天刚巧是他的生日，一家电视台在向全国转播这场比赛实况之前，特意为他举行了祝寿仪式。

比赛在观众和运动员唱完祝寿歌后，揭开战幕。

使美国姑娘惊讶的是，与姜英打对角的还是郎平。上午不是眼看着她被人搀出去了吗？这会儿怎么又生龙活虎地出现在场上了呢？郎平下午实实在在地睡了一觉，晚上两腿还有点儿发软，她知道自己跳不起来，便在手上多下功夫，时扣时吊，东劈一个，西劈一个，同样弄得对手忙于招架。

首局，中国队以 16 ∶ 14 险胜。美国队急起直追扳回一局。第三局开始，袁伟民把带伤作战的孙晋芳换下来休息，让身高 1 米 79、21 岁的新队员杨锡兰打主二传。

杨锡兰，是来自八一队的一位天津姑娘。伙伴们按照天津人的习惯，亲昵地称她为“杨子”。她的球龄不长，路，也是一帆风顺的。

她从小天真活泼，爱蹦蹦跳跳。当年天津红光里小学第一个小排球队的合影中，就有满脸稚气的杨锡兰。读四年级时，她被业余体校选上了，训练起来不怕苦，肯出力，便很快脱颖而出了。体校教练当面不夸奖她。背后却积极推荐她到能够培养成才的地方。刚巧，八一青年女排到天津招生，她应试录取，高兴地穿上了军装。

体格健壮的杨锡兰，有着典型的北方姑娘的性格，好强，抗练，经得起摔打。超负荷的“极限训练”，她次次能顶住，遇到再大的困难，也从不轻易低头，不光有一股子“犟劲”，还有心计。

1977 年的全国甲级联赛前夕，八一女排四名主力被抽到国家女排。

正当青黄不接之际，偏偏一位打副接应的队员又伤了手。教练刘维勤经再三比较，决定起用刚从八一青年女排晋升上来的杨锡兰。

出了蚌壳，才显出珍珠之光。一位新手，在重大的比赛中才能表现出水平。第一次参加全国比赛的杨子，敢打敢拼，作风顽强，引起国内排坛的注目。一些识才的教练，暗暗夸赞："八一队又冒出一棵好苗子！"

"世界杯"大赛上，孙晋芳以炉火纯青的技术，一人独得三座金杯。恰恰是在她技术和作风处于鼎盛的时期，袁伟民的目光就开始寻找能够接她班的人。可是，当时全国甲级队中选不出理想的二传。"二传危机"是一个带普遍性的问题。

袁伟民的脑子里装着几个人，在反复进行比较，其中一个就是杨锡兰。有一次，中国女排和中国青年女排在首都体育馆里打表演赛。第三局，袁伟民换下了周晓兰、陈亚琼等主力，青年女排的小妹妹们趁此机会向大姐姐发起猛烈的进攻。这一局竟然真的被她们赢下来了，把队长杨锡兰美得不行。袁伟民的视野，超出了现有二传手的范围，选中了杨锡兰。

一个从未当过二传的人，要成为中国女排的"灵魂"，需要火来炼、锤来煅，要采取特殊措施，甚至付出必要的学费。

现在，袁伟民就要派她上场。

杨锡兰想："前两场球自己没打好，这场球小孙先打两局，一比一，正是关键时刻，教练还把我换上去，相信我能打好，自己还有什么理由不自信呢？！"

她思想高度集中，球越传越活。在她的组织下，强攻突破了对方的拦网，快攻也打得挺漂亮，这个新阵容终于连扳两局以三比一取得了这次访美比赛的首场胜利。领队、教练和姑娘们心里的高兴劲儿，不亚于世界杯赛时胜了美国的那一场。

A 老板真的赌赢了，乐得他赶紧献上 15 束早已准备好的鲜花，还相约请客吃饭，庆贺胜利。钱的输赢可以不在乎，他要的是中国人的志气。

赛完球，女排姑娘被邀请去看立体电影。一走进电影院，便被一群台湾学生围住，亲切攀谈起来。亚琼和他们有共同语言，都会讲闽南话，谈得很亲热。

“在台北时就听说大陆有个郎平很出名，是不是？”

“是，是。”

“我们台北学校的老师给我们讲过你们夺冠军的故事，还放了世界杯赛的录像。现在又亲眼见到你们，真高兴。”

分手时，他们一再祝福我们女排姑娘：“多多走运，多多胜球。”

塞林格说：“很难预料！”

自由女神昂然挺立，高举着火炬，从高高的国会山上俯瞰着这座没有一根烟囱的城市。宽敞的街道呈辐条状，从这个中心伸延到远方，东西横贯 22 条街，南北纵穿 22 条街。在每一个交叉点上都有一个别具一格的广场。星罗棋布的街心公园、喷泉公园、小花坛、绿草坪，把城市打扮得五彩缤纷。咕咕啄食的鸽子在人们脚下踱步，姹紫嫣红的花朵染成满目春色。

这就是华盛顿。

波托马克河畔的这座美国都城，有开国总统华盛顿的故居，有名闻世界的白宫，有美国历史的脚印。

中国女排姑娘第一次成为这座城市的客人。中、美女排前四场的较量在打成一比三后，第五场比赛马上就要在这里开始了。

历史悠久的乔治敦大学门口，五颜六色的轿车，鱼贯而入，体育馆前面的停车场，顿时汇成了车的海洋。

我国驻美国大使柴泽民赶来了；很少出现在体育比赛场合的美国助理国务卿帮办和华盛顿市长代表赶来了；许多华裔、华侨和留学生从四面八方赶来了……

赛前，海军陆战队的仪仗队进行了精彩表演，使这场友谊比赛增添了隆重的气氛。

美国队把这场球看成是这次较量中关键的一仗。如果赢了这一场，那么最后两场即使都输了，也能取得胜多负少的好成绩。

中国姑娘心里也在算账：两年前我们访美，七场比赛，六胜一负；这次访美也是计划打七场比赛，已负三场，这一场再输了，那就只能输着回去了。可是，这是我们在世界大赛中夺魁后第一次出访啊，人家日本女排和古巴女排赢得世界冠军之后，分别连续保持一百多场和七十多场国际比赛不败……

姑娘们想赢球的心更迫切了。张蓉芳前几天坐起来都要别人扶一把，现在却向袁伟民请战了："让我上吧！我的腰能顶住。"

在拉斯维加斯打的那场球的胜利，使袁伟民和邓若曾心里有了个谱。他们考虑的是，怎样趁热打铁，让新阵容进一步打出信心来，打出新老队员之间的信任和了解来。他们毅然决定：第五场上场阵容照旧。

美国队的阵容也是照旧，还是参加"世界杯"赛的六个主力上场。前几场球，有时她们让身高 1 米 80 的 6 号贝克尔·卡罗琳当主二传，因为 10 号格林只有 1 米 62，虽说她二传技术老练纯熟，在网前却明显是个漏洞。这场球，塞林格让格林出马，看来是想稳住阵脚，掌握主动。

两支劲旅，都是拼劲十足，争夺激烈、精彩。中国队的新阵容一上来打得有板有眼，以 15 ∶ 6、15 ∶ 8 先胜两局。美国队锐气不减，防守又有新起色，以 15 ∶ 9、16 ∶ 14 追回两局。

关键的第五局打得精彩纷呈，比分交替上升，七次出现平局。10 分以后，美国队领先，一气打到 14 ∶ 11，又一次攻势组织起来了，眼看 3 号克罗克特凌空跃起，马上就要一锤子定音，球打手出界，性急的观众已经狂呼起来。可惜，她落地时碰到网了，中国队死里逃生，重又夺回发球权。

11 ∶ 14，落后三分。面对强队要反败为胜，这种考验，对于郎平、招娣和亚琼来说是经历过的，以前在与美国、日本、古巴的比赛中都出现过。可是这时的中国队，场上有三名新手，她们能稳得住吗？场上队长陈招娣冷静指挥，郎平、亚琼镇定自若，再看看新手：只见小姜仍轻松活泼，眼疾手快，有球来跳起便打；杨锡兰不动声色，有条不紊地组织二传，还出其不意地来两次吊球。在这场比赛中她已多次吊球成功。

中国队一鼓作气，连追五分，以 16 ∶ 14 反败为胜。

这场球，扣人心弦。正如外电评论的："中、美双方都打出了高水平，简直是'世界杯'赛上中、美之战的重演。"

这场比赛的胜利，给中国队带来了转机。至此，虽然美国队仍多赢一场，但士气上、情绪上的优势，已倒向我们这一边。

球，越打越顺。信心，越打越强。两天之后，仍是这个新阵容，在纽约，以三比一获胜；最后一场，在斯托克顿，以三比〇告捷。我们终于获得了四胜三负的成绩，七场比赛共打了 27 局，是十四比十三。我们多胜了一场，多赢了一局。

中国女排的胜利，给旅美侨胞和华裔带来了自豪和欢乐。到处有陌生的笑脸，到处有人邀请姑娘们去赴宴，吃饺子。也许是吃饺子更能表达中国式的喜庆和团聚，也许是他们看到姑娘们训练比赛太辛苦。六七个中国留学生，在宿舍里干了通宵，包了许多饺子带到球场，比赛一结束，他们就跑到球场的小吃店煮饺子，不巧，那儿没有炉子只有烘箱。热情的店主便和他们一起想办法把水烘沸，再将饺子煮熟，忙乎了近一个小时。等到中国队员洗完澡，走进休息室，热气腾腾的饺子端到了她们面前。姑娘们十分感动，吃得香极了。

整整一个月的美洲之行结束了。女排姑娘们带着疲劳，带着收获，带着新的希望，踏上了归程。

雄伟的金门桥，美丽的旧金山，在机翼下渐渐远去……姑娘们离开了这个民族杂居、风情迥异的城市，谈笑凯歌还。

又乘飞机了，她们打趣着，坐飞机似乎已经习惯。她们屈指一数，如果把此行坐飞机的时间统统加起来，足足有一百多小时哩！

大洋彼岸的旖旎风光，并没有给袁伟民和邓若曾留下多少印象；球场上激烈争夺的一分一球，却清晰地印进了他们的记忆之中。作为一个教练员，此行最大的收获，是从新手的表现中看到了新的希望，他们对自己的队员更有数了，对美国队和秘鲁队的情况更了解了。

姑娘们都消瘦了，晒黑了，连壮实的杨锡兰圆圆的脸也变尖了。二传的担子虽然重，她挑起来试了试，并不胆怯。刚到国家队那阵儿，要她打主二传，连怎么跑位都不知道。就是这次在秘鲁打比赛，裁判吹她越位，她一下还反应不过来，不知道是怎么越位的，直到袁指导给她做做手势，方才弄明白。在北京集训，她和主攻手练配合，怎么也不顺，急得她和郎平都掉了眼泪。这次，由她担任主二传，战胜了美国队，她高兴得和郎平抱在一起打转转。

姜英从没有感到这样充实过。这一个月，她累得喉咙也沙哑了，却依然笑嘻嘻的，充满朝气，充满活力，像春天山谷里冒出来的新竹。这次出访，前后打了十五场比赛，她打了十一场。说来也怪，美国队常常拦不住她的扣球，拦直线她拐斜线，拦斜线她扣直线，看她跳得不算高，可就是难对付。塞林格告诉张一沛，他们做了统计，姜英有两场比赛共扣了二百多个球，命中率达48%。然而，初出茅庐的新手难免稚嫩。姜英打到最后两场球，当美国队开始熟悉她、适应她的球路之后，就缺少突破的办法，锐气也不及当初。她有自知之明，听到赞扬总是微笑着说："和张蓉芳、郎平比起来，我的技术差得还远哩！"

激烈的对垒，也使我们进一步看清了美国队的长处和短处，波动大，仍然是她们的"致命伤"。这次她们有几场球没打好，看来原因是对我们的新阵容估计不足。一旦她们摆正位置，解决好波动问题，拼出来，还是相当强的。

美国队一向是以夺取世界冠军来激励自己。暂时的失利，没有动摇她们的目标。有人问塞林格："请你预测一下 9 月份谁将成为世界锦标赛的冠军？"塞林格回答："很难预料！"

塞林格的雄心没有变；美国姑娘夺魁的愿望也没有变。克罗克特私下悄悄对孙晋芳说笑话："去年你们已经拿到过世界冠军了，今年该让我们拿一次了。"小孙说："那不行，我们还要拿的。""那好，让我们两个队并列世界冠军吧！"

美国女排教练和队员的话，是意味深长的。到时候，她们是会和我们拼一拼的。

日本、苏联、古巴、南朝鲜诸强队，不是也把目标定在打败中国队上吗？！

夺得世界冠军不容易，保住世界冠军的荣誉更难！

第九章

万里赴戎机

“我们要笑着走出球场！”

穿越沙漠去寻找绿洲

万里赴戎机

“万里赴戎机，关山度若飞”。

一架银燕，冲腾而起，载着中国女排的姑娘们飞向蓝天。她们透过朵朵白云，从一碧如洗的晴空里，俯瞰着祖国欣欣向荣的大地。

这是1982年的9月1日，党的十二次全国代表大会正在庄严的人民大会堂里隆重开幕，中国女排有四位十二大代表，中央直属机关选了袁伟民，江苏选了孙晋芳，北京选了郎平，山西选了周晓兰。他们未能出席这次盛会，而是怀着兴奋的心情，随同女排这个战斗的集体，踏上前往秘鲁参加第九届世界女子排球锦标赛的万里征程。

她们用了整整12个小时，飞越浩瀚的太平洋；用了7个小时，横越美国大陆，从西海岸的旧金山飞到东北海岸哈得孙河口的纽约。

纽约，是美国最大的城市，鳞次栉比的摩天大楼，组成一片灰色的世界。这里有亿万富翁，又有身无立锥之地的穷人。

中国女排在转机去秘鲁的途中，要在这里停留三天。她们舍不得把宝贵的时间耗费在浏览市容上，一住进我国驻纽约总领事馆的招待所，袁伟民马上宣布：“明天上、下午都进行训练。”

纽约与北京的时差是12个小时。昨天晚上，大多数队员只睡了两三个小时，清晨起来，人懵懵懂懂，颠三倒四，仿佛生活在另外一个世界里。

训练场地租到了，小得可怜，只有一个篮球场那样大小。在家千日好，出门一时难。能马上找到这么一块场地也算不错了。

在这个小小的场地上，队员们在袁伟民、邓若曾的指挥下快速地向前跑，向后退，滚翻，扑救，不少人在向球冲去的同时，大声呼喊着："我来！""嗨！"自己鼓自己的劲。尽管这个体育馆又矮又窄，施展不开，但是大家练得都非常卖力，不到半小时，一个个都汗流浃背了。要使直打架的眼皮睁开来，要甩掉时差带来的昏沉，就要出一身大汗，加大活动量，把劲缓上来。

"你们怎么一个个都是这么瘦？"见面后，我国总领事馆的工作人员关切地询问女排姑娘们的身体状况。他们并不知道，出国前，姑娘们刚刚结束了在沈阳的夏训，这一个多月，不知吃了多少苦，掉了多少肉。

7 月的沈阳，酷热不雨，与秘鲁热带沙漠的气候有些相似。女排姑娘的到来，吸引了多少崇敬的目光。多少次，刚刚下了夜班的工人，工作服来不及换，饭也顾不得吃，就跑来看女排训练。

这是一次普通的扣球训练。一个新队员接连扣了几个漂亮的重球，博得场外观看的人一片喝彩。可是，这都是二传到位的好球，光打这种球，不是真本领，好球要打好，坏球也要打好，这才过得硬。只见袁伟民往网前一站，说声："重来！"这位当年中国男排的主二传，把球传出"花"来，一会儿近网，一会儿远网，一会儿低，一会儿高，一会儿又传出个"倒三角"，出的尽是难题。这位新队员一次又一次助跑、跃起、挥臂，汗珠随着她的动作甩到对面拦网的同伴脸上。球，一个又一个地被她击得"嘭""嘭"响，她只管扣啊扣，也不知道是否达到了指标。正当她再一次冲向网前的时候，袁指导却忽然收住了球，往腋下一夹："停，今天就练到这里。"这位刚才还龙腾虎跃的姑娘，竟一下子瘫坐在地板上。是顽强的意志支撑她接受“极限训练”的考验。

沈阳集训的一个重要课题是练整体配合，因为新老队员之间需要默契。默契，产生于高度的熟练之中。她们的劲敌，是人高马大的美国队，从实战出发，袁伟民请来了一彪悍男将，作为对练的假想敌。一边是准备打锦标赛的主力阵容，一边是四位替补队员配上两名男将。小伙子陈忠和、秦毅斌上场前，袁伟民关照他们：“要真打。”真打就真打，姑娘也不是吃素的，四女两男的对手被她们打败了。袁伟民再调上去一名男将江申生，变成三女三男，拦网和扣球都占了优势。渐渐地，那边的主力阵容又有了新的提高，郎平的超手扣球，张蓉芳的变线巧打，连男选手的拦网也能通得过了。袁伟民还想增加难度，打电话搬来了江苏男排的高个子主攻手李连邦。他，就是中国女排每天隔网相向的“海曼”。

为了成为第二座金杯的主人，姑娘们付出的，岂止是汗水？

有一天傍晚，食堂里的大师傅烧好了美味可口的饭菜，可是却久久不见姑娘们的身影。是不是又在球场上“补课”？他们派人去喊，球场上找不见她们，原来都在宿舍里，全队人员集中在一间大房间里，有的俯身在床头柜上，有的抱一床折叠整齐的被子当桌子，有的坐在沙发上，膝头垫一本书，没有人说话，一个个都专注地在写着什么……这是一场别开生面的考试，问题全都围绕着即将进行的世界锦标赛，涉及思想准备、技战术措施、各强队的基本情况等一系列题目。考试是一本正经的，不准翻笔记，不准交头接耳，因为这些问题必须牢记于心。答这份卷子，足足用了三个多小时，可真够难为她们的了。“纸上谈兵”是场上练兵的重要补充，考试成绩令人满意，没有人不及格，全部在八九十分以上，为参加未来的大赛，从思想和技术上做了充分的准备。

小别不到半年，中国女排姑娘从纽约又飞到秘鲁首都利马。这一天，无声小雨润如酥，给这座几乎终年无雨的城市披上了一层美丽的轻纱。一见面，秘鲁朋友就欣喜地说：“细雨迎春，这是吉祥之兆。”在这座干旱的城市里，雨是很珍贵的，他们打趣地说：“雨，是东方的龙带来的。”姑娘们在祖国已经送走了一个春天，在太平洋的彼岸却又迎来了同一年度的第二个春天。地处南美洲的秘鲁，节气和我国不同，当时正值冬末春初。

利马市民对中国女排热情友好。每次她们从下榻的利维拉饭店前往阿莫乌塔体育馆练球，都有两名英姿飒爽的女警察一路护卫，她们穿一身笔挺的黑色制服，头戴白色的小钢盔，足蹬锃亮的高筒皮靴，一把小手枪斜挂在武装带上，平添了几分威武神采。据说，这里有一支上百名的女警察队伍，练就了一身格斗、擒拿、射击的技术，成为这座城市的骄傲。

在这座无雨城里，中国女排要用挥汗如雨的奋战，迎接夺取世界冠军征途上的第二个春天。

“我们要笑着走出球场！”

世界排球锦标赛，是国际排坛上规模最大、参加队数最多的高水平比赛。来自五大洲的 24 支强队，分成六个组，在秘鲁几座城市里同时拉开了第九届世界女子排球锦标赛初赛的战幕。

海边小城奇克拉约的上空，飘扬着中国、美国、意大利、波多黎各四个国家的国旗。在“旅游者”旅馆里下榻的，不是领略秘鲁西海岸旖旎风光的旅游者，而是一批肤色各异、身材修美的排球女将。这里是第六组的赛场。中、美两强各自以三比〇轻取意大利和波多黎各队，于 9 月 15 日的夜晚狭路相逢。

两支世界排球劲旅的角逐，在酷爱足球的秘鲁人中间，同样引起了浓厚的兴趣。当地的新闻传播媒介，把黄金时间和重要的版面慷慨地用于世界锦标赛的报道。报纸上预测，中、美女排之战，将是十分精彩的，“因为双方都拥有世界级的‘炮手’，她们是中国队的郎平、张蓉芳,美国队的海曼和克罗克特。中国队有非常出色的二传手孙晋芳，美国队则有成熟的格林。第一流的进攻手与进攻手，第一流的二传手与二传手，将在奇克拉约一争高低”。

战幕拉开，美国队的表现令人刮目相看，海曼、克罗克特两门大炮轮番轰鸣，给中国队员心理上造成强大的压力。在美国队刁钻的发球钳制下，一传到位率大为降低，快攻特长没有发挥应有的威力，影响了自己的情绪。这种呆板的气氛，连续三局都未能扭转过来。

当裁判的哨声宣告美国女排以惊人的战果，直落三局取胜中国队的时候，体育馆里乘兴而来的 8000 名观众不免感到失望，他们期待着双方都有精彩的表演，但事实上只有美国队得到了超水平的发挥。

墙上的电子记分牌无情地显示着三局的比分：6 ∶ 15，9 ∶ 15，11 ∶ 15。

看台上有人议论：“这简直不像是同一个级别的比赛！”

获胜后的美国姑娘，欢呼雀跃，为打败中国这样的强劲对手兴奋得不能自已。中国姑娘则为失利而感到震惊。

在莫斯科举行的第八届世界排球锦标赛上，美国队排第五，中国队居第六。从那时到现在，整整四年了，中、美女排多次交锋，我们胜多负少，还从来没有像这样不堪一击。何况，中国队将背着这个○比三的沉重包袱进入复赛,姑娘们的心像忽然堕入冰窖里,缩得紧紧的。

张蓉芳，习惯地用衣袖擦去脸上的汗水，咬紧嘴唇；

陈招娣，双手叉腰，默默地伫立着；

孙晋芳，瞪大眼睛，透出懊丧的神情；

女排姑娘们的眼眶里，都含着痛苦的泪水……

袁伟民的脸色，也出现了少有的严峻。比赛的过程中，他多次试图让队员们摆脱拘谨，放开来打，但是并没有成功。当第二局球接近尾声时,他就预感到凶多吉少。场上的节奏总调整不好,进攻很难奏效,拦网频频失误，海曼的重磅超手扣杀，如同开门进攻，中国姑娘拼命伸长手臂拦网，也无济于事。相反，我们四号位强攻的炮口却被对方紧紧地封锁住，她们用重兵对付郎平这门大炮，而中国队擅长的多点快攻，又发挥不出来……

中国姑娘的第一个反应是："简直想痛哭一场。"

局势，真的到了不可挽回的地步，袁伟民马上镇定下来，丝毫不动声色，用冷静的目光捕捉着姑娘们在失败打击下的内心活动。他示意大家围拢过来……

每逢重大的比赛，这位严师说话的声音都会变得温和起来，思想工作非常及时、细腻。他总是通过最容易为队员所接受的方式，帮助她们培养最好的思想情绪，带着最好的心理状态投入比赛。

此刻，队员们面临着挫折的考验，袁伟民理解她们的心情。他没有埋怨，没有责备，平心静气地说："大家把头抬起来，有眼泪往肚子里咽，不能哭。哭，不是我们中国人的形象。我们要赢得起，也要输得起，在哪里跌倒就在哪里爬起来。要像前两场赢球那样，去礼貌地向观众致意，热情地向华侨招手，我们要笑着走出球场！"

姑娘们听从了教练的话，竭力控制住了自己起伏的情感，依然微笑着向观众鞠躬致意，尽管泪水在眼眶里打转，却硬是没让它掉下来。

袁伟民经过中央电视台的转播座席前时，略带歉意地对体育评论员张之、宋世雄说："对不起。今天我们没有打好……"

对于这个爆炸性的新闻，不但中国姑娘缺少思想准备，连特地赶来观战的日本、古巴、苏联、秘鲁等国的教练，也感到意外。他们说："美国队发挥了一百二十的水平，而中国队只发挥了不到百分之八十。"

美国打"疯"了，中国队打"傻"了。

塞林格赛后高兴地对记者说："中国队没有估计到海曼今天打得这么好，我也没有估计到！"

袁伟民很客观，他认为：美国队从去年"世界杯"赛后，大有进步。今天晚上美国队的表现，充分证明了她们近几个月来在体育训练中心的集训是成功的。这首先反映在，她们在“世界杯”赛上暴露出来的许多弱点，大都得到了有力的纠正。美国队不再只是依靠海曼的身高优势做高点强攻，还在快攻上表现出纯熟的配合和技巧。海曼除打出了许多斜线、直线高点强攻外，还打出了许多高点吊球，增加了拦网的难度。

两支队伍回到了同一个旅馆。美国姑娘们那股高兴劲，就像考试猜中了题的中学生。为了这场球，她们是做了充分准备的。中国女排访美期间的每场比赛，她们都从场地的四个不同的角度做了录像，抱着打败世界冠军的强烈愿望，准备到秘鲁向中国队挑战。

在塞林格的隔壁，住着中国记者张之、宋世雄。三天前，他们把他请到自己的房间里，进行了一个小时的采访。

“请问，你们为什么选择在加利福尼亚州的布拉克峡谷进行训练？”

“那里有电子计算机中心，便于利用科学方法指导训练。”张之、宋世雄他们早就听说塞林格在探索进行科学训练的方法。一提起这个话题，塞林格就说，“我给你们看一些你们会感兴趣的材料。”他回房间取回两个本子，翻开一看，上面画着各种图形，不同的曲线、直线标志着球运行的路线，人跑动和球飞行的速度，主要攻击手击球的力量、高度和线路……他把中国、日本、苏联、古巴等几支世界强队的技术数据全都收集在本子里，为美国女排的针对性训练，提供科学的资料。

在晚上交锋之前，中国女排姑娘们就发现毗邻而居的美国姑娘在她们住的房间外面挂上了标语，上面写着：“美国队通往冠军的胜利之路。”她们是把自己的决心贴在了墙上，要从奇克拉约这家旅馆的楼道里走向胜利。

在旅馆的楼道上，两国姑娘来来往往，互相礼让，在通往胜利之路上却互不相让。

痛苦的奇克拉约之夜，输了球的中国姑娘聚集在教练的房间里，严峻的形势在每个人的心里敲响警钟。处在世界冠军的位置上，能没有包袱吗？孙晋芳说："我们一心想打好这场球，但思想太紧张，反而打不好。"队员们普遍存在着想赢怕输的心理。赛前她们对战局的预测，往往停留在这样一点上："如果我们打好了，是三比〇；打不好，顶多是三比二。"应该说，对〇比三败下阵来是缺少思想准备的。

怯懦的人埋怨别人，勇敢的人责备自己。认真的总结，使大家找到了失败的症结，归纳起来主要是三方面：

一、对美国队的水平估计不足，对可能出现的困难准备不够；

二、没有放下世界冠军的包袱，不是立足于拼别人，而是让别人来拼我们，处于被动状态；

三、丢了自己快速多变的技术特长，拦、防基本失灵。

失败的教训，拂去了赛前过分乐观的思想浮云。冷静的分析，提供了如何看待这场球的客观尺度。袁伟民不希望自己的队员过分乐观，也不希望摔了一跤就过分悲观。他说："这场球输掉，我们认了。但决不能把自己的信心打下去。不要因为输了一场球就见人矮三分。中国队还是中国队，美国队还是美国队，古巴队还是古巴队，苏联队还是苏联队。我们还有希望，要振奋精神，从头开始，一分一分地争，一局一局地拿，豁出去，拼出来！"

邓若曾接着说："下面的比赛，我们不靠天，不靠地，不靠别人给机会，要凭自己的力量打出去！"

六个小组的预赛结束了。第六组，美国队第一，中国队第二。谁将是第九届世界排球锦标赛的盟主？中国队最终将名列第几？排球行家们的回答，往往是让人捉摸不定的，不管出现哪一种结果，总能证明他们的预测有道理。而电脑的回答则不绕弯子，简洁明了：

"中国队第二。"

有些人认为，相信人脑不如相信电脑。但是，袁伟民却认为，电脑对于技术数字的分析处理是准确的，但是，运动员的意志品质、心理因素、潜在能力发挥的程度，决定于思想工作的深度。这，未必是电脑所能预料的。

穿越沙漠去寻找绿洲

一辆大轿车，在通往特鲁希略的公路上奔驰。离开了奇克拉约，想起昨晚那场球，真像做了一场梦。当中国女排姑娘们怀着懊丧的心情走出体育馆，热情的华侨、华裔争着同她们握手，几位从利马赶来助威的侨胞，红着眼圈给她们鼓劲："姑娘们，利马再见！"

通往利马的路，是不平坦的。

陌生的村镇，从车窗外一闪而过，接着是荒凉的沙漠，没有绿色，没有人烟，仿佛进入了我国西北部那茫茫的戈壁。

昨天夜晚，姑娘们几乎一宿未眠。现在，她们疲惫地倚靠在松软的座位上，眯着眼睛，像是在打盹，却又一点儿也没有睡意。

翻译小王准备打开录音机播放音乐，让闷闷不乐的姑娘们放松放松。平时，还不等他想到，喜爱音乐的姑娘们就争先恐后地点着曲子请他播放了，可是今天一上车就沉闷得很。他正要按键盘，被眼尖的郎平发现了，连连摆手，示意他不要开。此时哪里还有雅兴欣赏音乐呢？旅途上常有的轻松活泼的气氛，充满着青春活力的欢声笑语，今天都不见了，姑娘们一颗颗好强的心，被悔恨、焦虑折磨着，她们的情绪，就像眼前的这一片沙漠……

谁都一言不发。在沉默中，时间在前进，道路在伸延。眼前，沙漠连着沙漠，半个小时、一个小时，都不见一座村庄、一个行人……姑娘们多么想早点儿从沙漠里穿过去啊。

痛苦，同样煎熬着袁伟民的心。但是，再大的精神压力他都要承受住，他的责任是带领姑娘们穿越赛程中的"沙漠"，寻找胜利的"绿洲"。中美之战的〇比三已经成为不能改变的事实，但失败投在姑娘们心上的阴影，要尽快抹去。

过度的辛劳，使他的面庞日渐消瘦，眼睛里布满血丝。偏偏这时候慢性支气管炎又发作了，不停地咳嗽……但是，他还是打起精神，显得若无其事。

忽然，一阵歌声冲破了郁闷的空气，尽管只是轻轻地哼着谱子，在这个特殊的环境里，却让人听得那么分明。是谁的歌声？不是邓指导，邓指导的歌声要洪亮浑厚得多；当然，更不会是张一沛领队……坐在前面座位上的新队员杨锡兰她们，情不自禁地转过头来；而孙晋芳、曹慧英、周晓兰这些“老部下”用不着看，一听声音就知道是袁指导，同乡人孙晋芳听出来了，袁指导哼的是一首苏州小调。和袁指导相处数年，队员们难得听到他唱一首歌。现在，这个不唱歌的人唱起来了，而且唱得那么自信。姑娘们心里明白，输了球，袁指导比谁都难过。听着他跑了调的歌声，要是在平时，早就有人善意地“取笑”他了，可现在谁也笑不出来。这无字的歌，竟有一股催人泪下的力量。袁指导啊，你分明是在用一颗心在唱啊，就像姑娘们当年在日本挥舞黄手绢，唱“没有眼泪，没有悲伤”一样。他是在用自己的情绪来感染别人啊！

败给美国人，无疑是把自己置身于薄冰之上，复赛的形势明摆着：中国队最理想的前途是不失一局地战胜苏联、古巴及所有的对手，这样才能保证进入半决赛，否则就要靠碰运气，由别人战绩的优劣，以至算到每一局的小分，来决定是侥幸出线，还是名落孙山。这一“落”，可就要落到五名以后了。堂堂世界冠军，千里迢迢到秘鲁来，难道就是为了拿个“老五”？

今后每一场球都是背水之战，领队、教练有多少工作要做：怎么估计形势？怎么坚定信心？兵怎么用？棋怎么走？……思想要统一，工作要做细，需要找老队员谈，也要找新队员聊，把每个人心中求胜的火苗扇起来，把全队的积极性调动起来，坚定信心，迎接艰苦的战斗。

汽车飞驰着，袁伟民坐到孙晋芳的身边。

孙晋芳的脸拉得长长的，还没有恢复平时的“笑眯眯”形象：圆圆的脸，弯弯的眉，眯眯的眼……球场上的不如意，使她的肚子里憋着一股无名气。她想哭一场，可是袁指导不准哭，作为一队之长，哪能随便哭？她更多的是思索。在队里，她是有名的急性子、热性子、直性子，这几年又多一股钻性子，被称为“四性子”队长。昨天深夜她辗转反侧，今天途中她凝视遐思，脑袋里好像有一个排球场，失败的每一个细节，都在她的思维中“过电影”：

人家都说美国队打“疯”了，中国队打“傻”了，我们“傻”在哪里？对方改变了战术，海曼的高点超手强攻发挥了“怎么打怎么有”的高水平，我们的拦网好手跳起来只是指尖触到她扣出的球，全场只拦住对方三个球。敢打敢拼的弗拉基梅尔和动作敏捷的韦肖芙，配合默契，显示了亚洲型的快攻的威力，支援了海曼和克罗克特。我们没有马上适应对方的变化，陷入被动挨打的窘境。但是，只要我们把平时练的本事拿出来，实力并不比她们弱。两强相遇勇者胜。我们要靠智勇双全迎战强敌。

孙晋芳谈了她对这场球的分析，袁伟民心里是赞同的。毕竟是老队员，处于逆境依然相信自己，相信这支队伍的战斗力。袁伟民也看出她的锋芒锐气已不及从前，体力也有所降低。心有余而力不足，这也是老队员最痛苦的。她对袁指导说：“你放心，我们一定还像当年没有拿冠军时一样去拼。”

汽车继续飞驰着，袁指导刚和孙晋芳谈完，又移到另一个座位上和郎平谈了起来。

郎平是个责任心强的队员，比赛时很努力，可是对方采用密集拦网战术对付她。她打快攻，有两个人拦；她打强攻，有三个人拦，很难突破。临场出现的这种情况，使她感到无能为力。她对袁指导说：“我也不知道是什么原因，在场上一反常态，脸部没有表情，什么话都不想说，兴奋不起来。再一想吧，自己是有名的队员，可不能出丑……

几板打下去，基本上让对方防起来，打死的球也不怎么漂亮，心里埋怨着自己。为了扭转情绪，试着喊了几声。想笑，但笑得不自然……”

这一路上，她已经把思想理清楚了：“开局几个防守反击抓得不紧，让对方连连得分，第一局我们以0 ∶ 4落后，第二局又出现0 ∶ 4的严重局面，第三局还是0 ∶ 3落后，如果我们开局能咬住，估计对方就不会打得这样顺。我们的拦网防守阵势乱，前排拦网没有给对方造成压力，后排防重磅炮弹就没有了阵势。没有拦防就没有防守反击，没有来回球，得分就很困难，造成被对方压着打的局面。”今后在这种情况下怎么打，她心中也有数了：“躲开拦网手，用实力打空当，以至打直线，要注意抬高击球点……”

一个强者，要经得起胜利，也要经得起挫折。挫折最能锻炼人。即使在上次比赛中自己是个弱者，但在精神上决不能做弱者。

五个多小时的旅途，袁伟民找了六个队员谈心。当他找第七个队员周晓兰交谈时，由于过于劳累，晕车，一开口就恶心，想吐。“晓兰，我不和你谈了，我想你会知道我要跟你谈什么的。”说完，他捂着嘴往自己的座位上走去。聪明的晓兰完全会意，点点头，叫袁指导放心，好好休息。

心中信念的琴弦没断，生命便能弹出响亮的音符！让我们用行动来弥补自己造成的疏漏。

路上的绿树、村镇渐渐多起来了。浩瀚的沙漠已落在后面，迎接她们的，是一片新的绿洲。

第十章

潮起潮落的六天六夜

掌声，飞向“奇兵”

“阿莫乌塔”的花雨

潮起潮落的六天六夜

秘鲁报纸以醒目的位置刊登塞林格的谈话："美国队光荣的时刻是在预赛中打败了世界冠军中国队，金牌已经在望。"

袁伟民看了这条消息，嘴角泛起一丝不易为人所察觉的笑意，心里想："上一场球输给你，我服了。但是，冠军就是你的了，我还不服哩！"

女排姑娘们的求战心理很迫切。张蓉芳对同伴们说："输给美国队后，冠军的面子没有了，架子也没有了，一身轻，只有拼了！"

希望就在这里，在这座依傍着太平洋的古城里。被称为"春之城"的旅游城市特鲁希略，在潮起潮落的涛声中度着悠闲的岁月。中国女排将在这里逗留六天，复赛阶段的这六天六夜，将决定中国女排参加这次世界大赛的命运。

体育馆坐落在市中心，名字叫"古兰希姆"，意思是大废墟，因地处古代印加帝国昌昌城废墟遗址附近而得名。拥有 8000 个座位的漂亮体育馆与残垣断壁的古代废墟相映成趣。

休整一天，战火重燃。

9 月 18 日晚上，体育馆里大大超员，获得特鲁希略赛区第一名的古巴队，将与奇克拉约赛区第二名的中国队，在这里进行一次引人注目的交锋。

中国女排一出现在“古兰希姆”体育馆里，马上就被一群天真烂漫的儿童包围了，他们举着自己的作业本，或是脱下了衣服，要求运动员签名留念。姑娘们把随身带的小纪念品赠送给他们，引起了一阵阵欢呼。

中、古之战，是老对手之间的较量。自1977年以来，中、古五度交手，中国队三胜两负。这场球，对于双方都很关键。中国队要靠这一仗扭转被动的局势，古巴队连战皆捷士气正旺。赛前，双方都做了百分之二百的准备；上场，双方都使出百分之二百的力量。

第一个球就打得精彩激烈。中国队一改迎战美国队的拘谨劲。四号位，是郎平、张蓉芳的“重炮”轰鸣；二号位、三号位，是陈亚琼、梁艳、郑美珠等三挺“机关枪”轮番扫射；孙晋芳穿针引线，组织起变化多端的快攻战术，时间差，短平快，配合默契，频频奏效。古巴队的“黑色橡胶”表现出过人的弹跳和出色的力量，32岁的老将佩雷斯宝刀未老，后起之秀冈萨雷斯身手不凡。双方打得有板有眼，观众看得如痴如醉。发球权，你争过来，我夺过去，轮换八次，双方均无建树。“0 ： 0”在电子记分牌上相持了六分多钟，直到孙晋芳和张蓉芳巧妙配合，一传一扣，打了一个漂亮的平拉开直线球，才首开纪录。

古巴姑娘为中国队的拼劲吃惊，中国姑娘为古巴队的顶劲震动。你凶我更凶，你狠我更狠。网的两边，你看我像打红了眼，我看你像打红了眼，个个都异常地兴奋、活跃。

对于中国姑娘来说，只有拼才有出路。这场球“拼”不出来，以后“拼”出花来恐怕也无济于事了。中国队靠张蓉芳那个落地开花球夺得一分之后，古巴队连扳四分，反以4 ： 1领先。球，再一次被她们的二传手冈萨雷斯传起来了，近网，适中，佩雷斯跃起来，做出凶猛的劈杀姿势，就在这一瞬间，她看清楚了，梁艳的一对有力的手，同样凶猛地向这只球包抄过来，猛扣无异于自杀，她毕竟久经沙场，经验丰富，马上改重扣为轻吊，球儿沿着一条斜线，从梁艳左手边飞向三米线的附近，眼看就要落地。在此千钧一发之际，郎平倒地救球，好在她的手长，指尖把球托起，斜着蹿向网前。梁艳刚刚拦网落下，站脚未稳，球又朝她飞来，而且距离这么近，她几乎是出于条件反射地舒臂一垫，球朝着后场的左角飞去。古巴队员高兴地把手扬了起来，准备为佩雷斯打出的这个好球欢呼。只见守在六号位的陈亚琼一个箭步冲上去，伸出接近球的左臂猛地一击，又把球打到对方场上，她们虽也有人拼力补救，但是，晚了！

这是一场关键球。我们就是这样一个球一个球地拼，一分一分地抠，终于连克三局，赢了！

这是一场精神球。奇克拉约的挫折，坎坷不平的道路，并没有挡住中国女排前进的脚步。山重水复疑无路，柳暗花明又一村。姑娘们的士气越打越高。

这场球也牵动着祖国人民亿万颗心。自从输给美国队，多少人在等待着中、古之战的结果。可惜，电视台和广播电台的计划里都不包括转播这场球。

由于时差的关系，女排姑娘们在18日夜晚奋战，祖国亲人在19日上午静候捷报。

“丁零零……”

清脆的电话铃响了。

“是国家体委值班室吗？女排有消息吗？”一个焦急的声音在询问。

“啊，太好了！”打电话的人得到满意的回答，情不自禁地欢呼起来。

在人民日报办公大楼的底层里，一块小黑板前围满了人，大家已经知道了结果，还是要等刚才接电话的那位同志把好消息公之于众：

“据本报内部消息：中国女排以15 ：8、15 ：9、15 ：2胜古巴女排。”

这是一个星期天的上午，阳光灿烂。许多关心女排的人，见面第一句话就是互相报告胜利的消息。

有的记者写道："中国女排这一胜利，开始拨开由于预赛输给美国而蒙在头顶的部分乌云，使人们看到了通向胜利的一点亮光。"

整个复赛，我们是踩在薄冰上往前走，不但自己的脚下每一步都潜伏着危机，而且同一赛区别的队的胜负也与我们命运攸关。

以三比〇打败古巴队，在中国女排的面前重新露出了希望的曙光。但是，还没有等到她们喘过一口气来，意外的情况发生了。

19 日晚，中国姑娘们以悬殊的比分轻取匈牙利队，又打了一个三比〇。她们在更衣室里匆匆换掉被汗水湿透的球衣，马上出来看苏联战古巴。想不到苏联女排以〇比三大败。

姑娘们回到旅馆，吃过夜宵，洗完衣服，已是深夜 12 点了。孙晋芳、郎平照例来到田大夫房间里治疗，袁伟民也来了，大家便议论开了，因为刚刚结束的苏古之战，使这个赛区的形势又发生了新的变化。

"就担心古巴打苏联来个三比〇，人家就真打出了个三比〇，哪怕苏联队胜一局，我们的日子也会好过一些。"

"她们这场球的比局，把我们 21 日与苏联队的比赛也逼到非打三比〇不可的地步，如果丢一局，最后一场美国输给古巴个〇比三，那么我们就要和古巴算小分才能决定谁上；如果丢失两局，就有可能被挤出半决赛四强之外。"

形势严峻，他们正议论得热烈，张蓉芳匆匆走进来了。早在比赛开始前，袁伟民就对孙晋芳、郎平、张蓉芳说："你们都是身经数次世界大赛考验的队员，是队里的台柱，不管出现什么情况，只要你们能顶住，阵脚就不会乱。希望你们多挑重担，多做队里的工作。"对事业的高度责任感，支配着她们的行动。比赛打响后，她们几乎每天晚上都要聚会在田大夫房间里，一边治疗，一边分析研究比赛情况。每场比赛前，三人还要伸出小拇指，孩子气地拉钩钩，预祝比赛顺利。

意外的"险情"，使她们坐不住了，三人拿出笔算起小分来。随队出访的排球协会秘书长钱家祥和观摩教练祝嘉铭推门进来了，他们给袁伟民送来了刚刚算好的中、古两队总得分情况表。

“反正大家也睡不着，干脆开个会把情况摆一摆吧！”袁伟民叫小孙把姑娘们都招呼到他房间去。

这时，已是凌晨1点30分。紧急会议开始了。

袁伟民说：“情况很清楚，我们必须做好最充分的准备，如果中苏之战我们三比一胜，那么胜的三局必须把对方的比分压在9分以下，而输的那局我们得分必须在8分以上，这样才能保证我们上、古巴下。如果我们能三比〇胜，那么人家想整也整不倒我们啦！”

姑娘们心里有一本账。1977年大学生运动会，1977年世界杯赛，1978年世界锦标赛都因一局之差，中国女排被整了下去，这个滋味是尝过的，历史的教训值得注意。

“我把情况统统告诉大家，把底兜出来，是充分相信大家，坚信大家能正确对待，靠自己把握局势。如果因为怕情况讲明后有压力，打不好，而不说，这是盲目的，是回避矛盾。我们就是来拿冠军的，就要根据需要打比分，我相信你们能经得起这个考验。”袁伟民坚定地说。

张蓉芳那股狠劲又上来了：“明天非打她们个三比〇不可！”

郎平笑眯眯的，说出来的话却掷地有声：“不靠天，不靠地，不靠神仙皇帝，靠我们中国女排自己。”

孙晋芳多了一个心眼儿：“苏联队肯定进不了前四名了，在目前这个特定的情况下，她们很可能破罐破摔，放开来拼我们，哪怕赢一局也是好的。我们要有思想准备，用最大的力量，主动去拼她们。”

一场重要的比赛，越临近越觉得时间难熬。第二天，吃过晚饭，郎平就感到心神不定、坐立不安。她是个痛快人，巴不得早一点儿开赛，好了却这桩心事。袁伟民就住在她的对门，这时他来串门了，郎平的心事全写在脸上哩，他问道：“郎平，感觉怎么样？”

郎平用轻松的口气说："没说的，逼上梁山，拼了！"

袁伟民说："谁都想拼，但怎么才能保证拼出来？你不要过多地考虑比分，这样会分散精力，我要求你一条，就是要丢掉比分的包袱，把全部精力集中在球上。可不能急于求成啊！"

郎平十分佩服袁指导的眼力，你心里想什么，他一看一个准，这回又让他说对了。

中国想打入前四名，进军利马。古巴队也想打入前四名，进军利马。这场球，苏联队发挥得好坏，对她们自己的名次已无重大的意义，却对中国和古巴两队的前途起着决定的作用。

入场前，中国姑娘惊讶地发现，古巴队的教练和队长手捧鲜花，微笑着献给苏联队的教练和队员。噢，她们的意图尽在不言中，是预祝苏联姑娘胜利呢！谁知，这个微妙的举动，反而激励了我们的"铁榔头"。郎平暗暗下定决心："我一定要把我们输给美国所失去的再夺回来。我就不信中国队不行，而让别人看笑话，我一定争这口气，否则我就不配当中国队的主攻手。"

执法的法国裁判冈旦，则向袁伟民和邓若曾伸出三个指头，比划着手势，意思是："你们今天这场球必须要三比〇拿下来，否则……"

中国女排毕竟成熟了！比赛中，她们以良好的竞技状态，顺利地拿下了前两局，第三局又稳稳当当地打到了 14 ∶ 9。可是，眼看再得一分便可以结束战斗，谁知欲速则不达，稍显急躁，反而被对方连追 3 分。12 ∶ 14，发球权多次易手，最后一分总拿不下来。袁伟民一方面换上老将曹慧英，另一方面叫暂停。这次暂停，出乎姑娘们意料之外的是，袁伟民竟笑嘻嘻地逗起她们来："瞧你们，一个个脸拉得这么长，怎么就不能笑一笑？……"姑娘们会心地笑了，绷紧的情绪调整得轻松一点儿了。最后由曹慧英一个勾飘发球，直接得分，结束战斗。赛后，张蓉芳对袁指导说："我们心里急呀！丢一分就像挖掉我们身上的一块肉那么疼啊！"

中国队靠自己的实力夺得复赛的第三个三比〇。中、苏之战后，特鲁希略的报纸写道："虽然中国队还剩和澳大利亚队的一场比赛没有打，但是她们已经一只脚跨进决赛了。"

复赛的最后一场，杨锡兰换下了孙晋芳，周晓兰换下了陈亚琼，杨希换下了郎平，陈招娣换下了郑美珠，姜英换下了张蓉芳，只留下一个梁艳没换。她们轻松地为中国队拿下了第四个三比○。

赛场上潮起潮落的六天过去了，中国队的另一只脚也跨进了决赛。

掌声，飞向"奇兵"

1 米 72 的姑娘，要是找对象，真可以说是标准的高个儿；要是打排球，那就显得太矮了。尤其是在高妹如林、日渐大型化的 80 年代的排坛，她这样的身材，"一抓一大把"，一般人谁能想到在世界锦标赛的关键时刻，会把她调上场打主力！

可是，中古之战，教练真的起用她了。

掌声，飞向"奇兵"。观众为郑美珠鼓掌。

为了贯彻"以我为主，以攻为主"的思想，充分发挥我们快速多变的特长，袁伟民、邓若曾决定组织新阵容，让新秀梁艳顶替周晓兰，让郑美珠顶替陈招娣，上场打主力。

起用梁艳，在意料之中；而毫不犹豫地起用郑美珠，是需要胆识和魄力的。这个决定，不是临时仓促决定的权宜之计，而是袁伟民、邓若曾经过周密思考、充分酝酿，早就成竹在胸的方案。

郑美珠，这个 19 岁的福州姑娘，外表恬静，性格内向、沉着、刚毅，打起球来有着男孩子的气质。她身体素质好，基本功扎实，攻防技术全面，球性很熟，有过人的控球能力，她用过硬的技术弥补了自己的不足，才使美珠闪光，没有被埋没。

她是自己从"夹缝"里钻出来，走上排球之路的。早在小学三年级，她就成了一个小体育迷，而且兴趣很广，长跑、跳高、跳远、篮球、排球，样样都来。1975 年她从福州十三中进入省少年业余体校，接受正规的排球训练。起初，体校嫌她长得矮，不想收她，她急得不行，吃饭、睡觉都没有心思。后来还是心疼女儿的妈妈出面说情，说她别的都不喜欢，就想当个排球运动员。“精诚所至，金石为开”，教练被感动了，同意她留下来当试用队员。“试用”，是可留可退的，小美珠可美得笑起来：“只要你开了一条门缝，我就钻进来。”刚好，当年福州这支少年体校女排夺得全国少年体校比赛的亚军，天公成人之美，她作为主力队员留了下来。

一个矮个子攻击手，从少年业余体校打到省女排一队，又晋升到国家青年女排，已经很不容易了，可是郑美珠的心高，她想迈进中国女排的大门！

高高的门槛，真的被她迈进去了，那是在 1979 年的上半年，她刚刚 17 岁。在这个好手荟萃的集体里，她一点儿也不出众，那时的主力队员正是巅峰时期,她这个替补派不上用场,几个月后又退回福建女排。

高高的门槛，第二次又被她迈进去了，那是在 1979 年的 8 月。她参加了 60 天难忘的集训，以替补队员的身份参加在香港的“冲出亚洲”的鏖战。她陌生的身影开始出现在荧光屏上。有一场比赛，当打到 13 ：13 的紧要关头，袁伟民调她上去发球，结果因为心太狠，劲太猛，发出了界外。换下场时，袁指导、邓指导一句也没有责备她，更没有因此而不相信她、不用她。艰苦的中、日之战，袁伟民又调她上场，接替轮换到后排的郎平去发球。只见她从端线往后退去，直退到发球区的边缘，站得远远的，人越发显得矮小了。可是，球一出手，竟是那么冲，那么重！有的观众当场就评论起来：“人小手辣！”她接连发出五个很有威慑力的远距离上手飘球，有的直接得分，有的破坏对方的一传，间接得分。郑美珠的名字便和她发球的神态一起留在观众的记忆里。比赛刚完，她又回福建了。这一次，她并不感到像上次那样难过，因为她做出了努力，她发出了一份光，尽管这份光并不耀眼。回省队以后，她练得更刻苦、更认真了。

等待着随时报效祖国的郑美珠，第三次成为国家队的队员。这是1982年的2月，首次荣获世界冠军称号的中国女排在调整阵容时又想到了她。

刚进国家队那阵，她是想来又怕来，担心这个国内水平最高的队会看不起新队员。没想到进队后大伙儿很团结，非常关心新队员。球场上，经常练防守极限，不管是新队员还是老队员上场了，其他队员就围成一圈，在旁边鼓劲加油。有时，郑美珠练得实在没劲儿了，趴在地上起不来，被大家一喊，又会咬咬牙站起来，继续练下去。

现在是三进国家队，她不再像过去那样心里没有底了。“调我来，总有用得着我的地方。”她以高昂的情绪投入紧张的“备战”。

6月，她在访日比赛中引起人们的注目。同伴们说她真有一股“小老虎精神”。钱家祥称赞她像一门“小钢炮”。日本教练和老钱开玩笑，说：“假如中国队嫌郑美珠个子矮，我们日本队不嫌，给我们吧。”钱家祥同志故作正经，笑着说：“美珠者，国之瑰宝也，焉能送人？”

是啊，我们还要用她夺第二座世界冠军的金杯哩！

中、古之战，小郑披挂上阵，大显威风。在前排，她跑动进攻大胆积极，点活线多；在后排，她防守判断准确，起球率高；在发球区，她的远距离重飘球颇具特色。为中国队三比〇勇克古巴队立下功绩。外电评论：“中国队出了奇兵！”

掌声，飞向另一个“奇兵”——观众为梁艳鼓掌。

“中国队的年轻球员梁艳，拦网及快攻都达到了世界一流水平，以后会是世界女子排坛上一颗耀眼的明星。”这是古巴女排教练乔治对梁艳的评价。

复赛的四场球，梁艳是唯一一个顶着打满四场的主力队员。打澳大利亚队，为了保持主力队员的体力，几乎全都换下去了，没换的只有梁艳。

梁艳，这个在球场上像中学生般腼腆的姑娘，如今老练多了。她再不像过去那样老是害羞似的笑了，脸上显出来的是自信的神情。“在队里，我是半老半新的队员，上场后我要像老队员那样沉着应战，像新队员一样敢打敢拼。”梁艳的话里，同样透着自信。自信，是力量的源泉，是克敌制胜的法宝。

每次比赛，周晓兰都暗地里给梁艳做技术统计，扣死了几次，拦住了几个球，发球怎样，一传如何……她看到梁艳越打士气越旺，越打技术发挥得越好，心里不住地称赞：“‘黑娃’，好样的！”

周晓兰的心里原来是悬着一块石头的。自从3月在利马开刀之后，她的体力一直没有得到很好的恢复。谁知祸不单行。5月，她又因为一次意外的事件住进了医院。

她记得清清楚楚，那是5月12日的夜里，忽然腹痛难忍，她心中不免疑惑：莫非是上次阑尾没割干净，怎么又痛了？很快，她就痛得额角渗出了汗珠。她穿起衣服，想去上厕所，只听门外脚步杂乱，有人在匆匆地讲话，匆匆地赶往什么地方。这是怎么回事？

推门出去一看，梁艳、招娣、郎平……个个抱着肚子，上厕所还要排队。发病早的，已经在上吐下泻。原来是食物中毒，做冰淇淋的鸡蛋上染有“伤寒大肠杆菌”。她再次被送进了医院。除了孙晋芳、陈亚琼没有吃这份点心，得以幸免，连袁指导、邓指导、前来采访的体育记者宋世雄，全都刮进病号的行列中去了。

严重的腹泻，持续的高烧，使周晓兰尚未完全恢复的身体，受到又一次的打击，她的体重一下子降了十几斤，这以后一直未能很好地恢复，总感到力不从心。

梁艳打的是周晓兰的那个位置，从前当替补，大树底下好乘凉。现在晓兰的身体状况不好，梁艳就被逼上了梁山。

说起梁艳与排球结缘，那是从不情愿开始的。

“你愿意到少体校打排球吗？”要是有人问郑美珠，或是问郎平、张蓉芳，她们准会笑眯了眼，因为她们都是从小就迷恋排球，自己找上少体校的门的，而且唯恐人家不收留。可是当成都少体校的排球教练这样问梁艳的时候，她不是求之不得地点头，而是不置可否地摇头，因为那时排球对她并没有特殊的魅力。小梁艳对未来的憧憬，并不是沿着运动员的道路，走上世界冠军的领奖台，而是在家当个好孩子，在校当个好学生，沿着中学、大学的路，实现当个工程师的理想。

知识分子的家庭，给了她渴求知识的熏陶。但是，知识分子的父母却并不反对体育，他们站在少体校教练的一边，说服女儿。听话的女儿尊重父母的意见，答应到少体校排球班去试试。这一试，就试了七年，从 14 岁打到 20 岁。排球和她，就像人家先结婚后恋爱的夫妻一样，感情越来越深，深到形影不离的地步。

梁艳文雅秀气，温顺多于倔强，服从多于抗争，到哪里都是个听话的好孩子。在家里她是姐姐，在队里她总处在小妹妹的位置，不惹是非，不露锋芒，吃苦也肯吃苦，但精神上的压力并不太大，总是乐呵呵的。

中国女排是个熔炉，它熔炼掉人的惰性、平庸、杂质，让每个人性格中闪光的东西明亮起来。在含辛茹苦的磨炼中，在为国争光的拼搏中，梁艳身上那些可贵的品格，凝聚，结晶，升华了，她的个性鲜明起来，追求的理想鲜明起来。她的一条信念是：一个人或一个集体，要获得事业上的成功，必须有一个明确的目标，任何时候，遇到任何艰难困苦，都要矢志不渝为实现这个目标而奋斗。

在中国女排这支队伍里，过去上场的副攻手大多是身高 1 米 80 以上的大个儿，陈亚琼 1 米 80，周晓兰 1 米 82……梁艳虽有 1 米 77 的高度，但是伸出手臂来还不及 1 米 72 的郑美珠长呢，是个假大个儿。排球界有人说：“梁艳打三号位多吃力，个子上吃亏了，还不如让她去打副接应。”责任心强的梁艳，自己也顾虑重重。有一段时间，袁伟民看她脸拉得长长的，知道她有心事，就让张蓉芳去对她进行现身说法。

“1978 年世界锦标赛后，有人说我打主攻个子太矮，没出息。我听了以后闹着要回四川队。王德芬教练对我说：‘毛毛，先天不足后天补，你要用心用力，创造出奇迹来，为我们的排球打翻身仗争口气！’

这以后，我就树立了一个明确的目标：要从一个不称职的主攻手变为一个称职的主攻手，为拿世界冠军出一把力。”

这些话，出自张蓉芳的口，是很有说服力的，毛毛走过的正是这么一条路。

“人家作为一个身高只有 1 米 74 的主攻手，不但没有被大型化的潮流所淘汰，相反能成为国际排坛公认的一名优秀‘炮手’，比起她来，我的困难小多了，还有什么不可以原谅自己的呢？只有一条路：发愤图强，当个称职的副攻手！”

石的积聚，铺就一条坚硬的道路；水的积聚，汇成一条浩渺的河流。梁艳在奋斗中提高着球技，这个老实的四川娃儿也说开了俏皮话：“压力越大越有劲，辣椒越辣越有味！”

在特鲁希略的四场球，梁艳发挥得都比较好。虽然也有不顺手的时候，但是没有影响情绪，很快纠正过来。她感到欣慰的是没有辜负大家对她的信任。

“阿莫乌塔”的花雨

特鲁希略的几度春风，吹散了六天前中国姑娘心头蒙上的乌云。

再见了，特鲁希略！直到告别时刻，她们才发现这座城市竟是那么迷人。满城的阳光，满城的色彩，到处都有绿色的生命在闪光。姑娘们从空中鸟瞰大地，心中说不出的舒坦、开阔。

夺取第二座金杯的征途上，绿灯亮了，中国女排终于从困境中摆脱出来，打通了进军利马的路。

取得半决赛资格的中、美女排，各自怀着问鼎金杯的心愿，乘坐同一架飞机飞向利马。

机舱里，孙晋芳握着海曼的手，友好地问道：“感觉怎样？”

“感觉很好。”海曼微笑着回答。

“你们打日本信心怎么样？”海曼问。

孙晋芳说：“信心很足。”

性格活泼的克罗克特走过来了，她比划着手势和小孙逗乐，又重复了不止一次她和中国姑娘说过的话：

“中国队已经拿过世界冠军了，这次该我们美国队拿了。”

“No！No！”小孙一面说着，一面幽默地做了一个乘电梯的手势，意思是说：前面我们落后了，现在要赶上去拿冠军。

“No，No，No！”克罗克特忙不迭地摆手，翘着大拇指说，“这次USA拿，1984年奥运会还要USA拿！”

说笑归说笑，不过在这个问题上谁也不谦让，谁也不示弱。

利马在欢迎中国女排。

国际排联主席利博先生也在欢迎中国女排。一见面，他就激动地对姑娘们说：

“你们终于打回来了，你们是靠自己的实力打回来的！”

从预赛到复赛，球场风云变幻，连经验丰富、见识广博的排球行家，也很难预料哪支队伍在哪个关卡被拦截下来，无论是上届世界锦标赛的冠军，还是“世界杯”赛的冠军、奥运会的冠军，都可能遇到这种遗憾事，所以，谁能进军利马，前些天一直是个“谜”。

中国姑娘是冲破暴风雨的云层，才看到蓝天和太阳的。她们从心里感谢美国女排，是美国姑娘打掉了她们的冠军包袱，真是无论从哪方面学习都不如从自己所犯错误的后果中学习来得快“跌跤不是耻辱，爬不起来才是耻辱。”作为一支世界劲旅，它最大的光荣并非不曾失败，而是屡倒屡起！

十几天前，上届冠军古巴队就将金杯交回，放在利马“阿莫乌塔”体育馆里。

“阿莫乌塔”体育馆雄伟壮观，观众席像连片的蜂房，分上、中、下几十排，有规律地排列着12000个座位。它的前身是个斗牛场，后来改建成当地首屈一指的体育馆。一个多月前，来自世界各地的摩登女郎曾在这里竞选“环球小姐”，轰动一时。当时使利马人倾倒的是容貌的美，外表的美；而现在使利马人仰慕的是力量的美，内在的美！

9 月 24 日晚 8 点，先由中国队迎战日本队，再由秘鲁队迎战美国队。这是中国姑娘开赛以来首次在“阿莫乌塔”露面。四个队都只有四分之一的希望成为金杯的主人。她们都想保住自己的“四分之一”，夺取对手的“四分之一”。

今晚，日本女排则是带着失败的悔恨迎战中国姑娘。

昨晚，在利马赛区复赛阶段最后一天的比赛中，日本姑娘以一比三败在秘鲁姑娘的手下。从实力对比来看，这简直是不可思议的。意外的结果，造成日本、秘鲁、南朝鲜三家积分相等，只得算胜负局来决定谁出线。南朝鲜队在与巴西队比赛中多丢了一局，遗憾地被挤出了决赛圈。

这个戏剧性的变化，引起了舆论的议论，一心等着打半决赛的南朝鲜队，一夜之间掉进了争取第五至第八名的行列。南朝鲜姑娘流着眼泪连夜收拾行装，准备飞往特鲁希略赛区。汉城的报纸愤慨地指责日本队玩弄伎俩，故意输给秘鲁，既达到了淘汰南朝鲜出局的目的，又讨好了东道主，奉送顺水人情。日本排球协会立即出面，断然否认是蓄意输球。小岛孝治教练也动了感情，他在答《朝日新闻》记者问时说：“他们（指南朝鲜记者）一定是没有看比赛而写文章，这是一个震撼性的失败，这种愚蠢的指责，明显的是不真实的。”

日、秘之战，日本队显得思想准备不足，沉着的小岛，换人时也出了错。

与其说日本队被超水平发挥的对手打“蒙”了，不如说是被一万多副喉咙喊“蒙”了；

与其说日本队对秘鲁女排的技、战术不适应，不如说是对秘鲁观众的浩大阵势不适应。

反正，她们是绊在了一块石头上，重重地跌了一跤。

跌这一跤，日本队反而可能摆正自己的位置，轻装上阵和中国队拼了。

中国女排如履薄冰的处境还没有从根本上摆脱，这场球打好了，才有可能同最后一个对手挑战，走向光辉的顶点。

谁是这场球的主角？

日本队早在迎战中国队前，就做了充分的准备。一到秘鲁，她们的团长、日本排协强化部部长山田重雄就带着两名助理教练，从奇克拉约到特鲁希略，追踪着中国和美国女排的足迹一场不落地观看，直到中、日之战前夕，才飞回利马。在机场上，他对记者直言不讳地说："从比赛一开始，我就仔细研究中国队的战术，准备在利马与小岛孝治教练共商对策，打败中国队。"小岛甚至提出"打倒中国队！打倒郎平！"的口号，以激励部下士气。输给秘鲁，更促使她们背水一战。

这一天，素有打"精神排球"传统的日本女排，一出场就面带微笑，表情活泼。入场式的音乐是做了特意安排的，军乐队演奏的是《舰队在前进》，这是一首日本海军进行曲，熟悉的旋律使日本姑娘大受鼓舞，她们产生了一种仿佛置身于故乡的亲切感。

不知是出于答谢东道主的盛情，还是为了赢得观众，日本姑娘拉开球包，把一只只雪白的排球当作一束束鲜花，抛向四座。排球，在人海里溅起欢腾的浪花，一双双手臂伸出来，每一个人都希望得到一只有纪念意义的排球。那些挥舞着太阳旗的日本啦啦队，呼喊着，跳跃着，提前进入了兴奋状态。他们一行数百人，包了两架飞机，是专程从日本赶来助威的。

等到日本队赠球完毕，邓若曾指导跑到场地中间，用一只大手抓起排球，挥臂一抡，球飞出去几十米，落在哪里哪里就响起一片掌声。他特意朝着五星红旗成片的地方发过去，落在华侨群中。

南美开发时期血泪华工的后裔，在历史的进程中，不少已与当地秘鲁人融为一体，据说全国有一百万混有中国血统的公民，利马的一千家餐馆中，有四百家是中国餐馆。秘鲁，是拉丁美洲华人最多的国家之一。

中国女排的到来，成为秘鲁华人社会的一件喜事。半年前，爱国侨胞就行动起来，带着记录中国女排首次夺魁的影片《拼搏》，奔走于利马、特鲁希略、奇克拉约三个城市，进行了充分的准备，为比赛时组织啦啦队打下了基础。这次比赛一开始，利马一位姓戴的华侨，她开的旅行社不管了，孩子也不管了，为每个啦啦队员做了黄背心，中国女排赛到哪里，他们跟到哪里，分担着亲人们的忧虑，也分享着欢乐。他们盼望的，就是中国女排姑娘第二次登上世界冠军领奖台的那一天。

观众席上，中、日两支啦啦队各占一方，气氛热烈。秘鲁观众没有明显的倾向，只为好球喝彩，显得文雅有度。

球场上，两支亚洲劲旅互不相让，中国队战术对头，“顶一攻，巧拦网，拼防守”，打得有板有眼，发挥了“快、变、高”的特长。日本队拼劲十足，咬住不放。但是，相持一段时间之后，比分便逐渐拉开。第一局 15 ∶ 7，第二局 15 ∶ 8，第三局 15 ∶ 6，直落三局。中国女排取得了胜利。

这场比赛的胜利，和赛前预想的一样，我们发挥了正常的水平，对方在强攻受阻的情况下被迫打快攻，这正中下怀，我们以快制快，牢牢掌握着主动权。

正当中国女排摩拳擦掌，准备倾全力于决赛，再战美国姑娘时，消息传来了，真是“芝麻落在针眼里”，天下就是有这么巧的事，那块曾经绊倒过日本女排的石头，又把美国队给绊倒了。

秘鲁与美国的较量，竟应了“强龙难压地头蛇”的谚语。匆匆更换了汗湿的球衣回来观战的中国姑娘，惊讶地发现，刚才看中、日女排相争显得温文尔雅的秘鲁观众，忽然全都变成了另外的人，在这场持续一小时二十一分钟的鏖战中，他们一直扯着喉咙嘶叫着，像是翻滚咆哮的浪涛，永远也不知道疲倦似的，以自己号角般响亮的喉咙而自豪。

当12000人被有效地组织起来，服从于统一指挥，齐声呐喊，那声浪是巨大的、富有摧毁力的。

指挥啦啦队也需要天才。秘鲁啦啦队的队长贝科索·拉米雷斯，是特意从巴拿马聘请来的，他是南美球迷公认的“天才”，在四年前的世界杯足球赛上就曾赢得“南美最佳职业啦啦队队长”的称号，当地报纸形容他“能征服魔鬼，能战胜五万颗脑袋”。这一天，他穿着和秘鲁女排一样的红色尼龙衣，一条金黄色的装帧带像绶带般斜在胸前，非常醒目。只见他手舞足蹈，在看台上满场飞，利用体育馆内的音响系统，指挥全场观众一会儿吹响事先发给的哨子，一会儿发出节奏分明、震耳欲聋的喊声，噪声强度达到110分贝以上，像沙漠上狂暴的热风吹着熊熊烈火。这团火，烧得没有领教过这般阵势的美国姑娘心烦意乱，影响了她们竞技状态的正常发挥。

奇怪的是，这吞没了一切的声浪，却刺激得秘鲁女排更加兴奋，她们越打越“疯”，1米72的小个儿，居然多次令海曼吃“闭门羹”；“金左撇子”泰特刚刚受过伤，她的左手进攻，如同炮弹，炸开美国队的网上防线，根本不像一个忍受着脚腕严重扭伤的运动员。她扣球的命中率超过了海曼。

第一局12 ：15，美国队输了。第二局，又是一个12 ：15。美国队队员心神不定，塞林格也失去了冷静，第三局打到3 ：9，他两次暂停全都用上了，只得顺其自然，眼巴巴地看着对方一次次得分，终于以10 ：15丢了第三局。

美国队大意失荆州。她们和日本女排一样，确实没有料想到秘鲁的啦啦队这么厉害。轻敌也使她们吃了大亏。意想不到的“黑马”，最容易冲破麻痹大意的防线，脱颖而出。

秘鲁的女子排球运动启蒙较晚，1965年5月，她们聘请前日本男排队员加藤明执教，开始从“娱乐排球”向“竞技排球”发展。1974年加藤明因病改当顾问，由南朝鲜人朴万福补上。后来，加藤明病逝，葬于利马国家英雄墓，被誉为秘鲁排球之父。这时的秘鲁女排已“冲出南美”，开始走向世界。上两届世界锦标赛的成绩是第八名和第十名。由于她们接受的是日本、南朝鲜教练的指导，后排防守好是一大特长，这是美国队屡攻不下的一个重要原因。

秘鲁大胜美国。这奇迹般的喜讯，像春风，吹遍利马，吹遍秘鲁。

当地报纸上富有感情色彩的大字标题，淋漓尽致地表现出秘鲁人的喜悦。

“秘鲁队的猛烈炮火，摧毁了美国队的铁拦网。”

“我们没有被征服，山姆大叔哭了，今天该轮到中国了。”

“秘鲁队将争夺冠军，在中国队面前寻找皇冠。”

……

巨大的胜利，使利马街头出现了不是狂欢节的狂欢场面。成千上万的观众簇拥着他们的女英雄欢歌狂舞。秘鲁女排的大轿车在人海中蠕蠕而行。回到驻地，总统亲自打来电话，向教练和队员祝贺，向建立功勋的攻击手们致谢。“即使最后一场比赛你们输了，我们也完成了任务。”

前车之覆，后车之鉴。日本和美国两强失败的教训，为中国姑娘敲响了警钟。中、秘夺魁之战，对中国队来说主要不是技、战术方面的问题，要是在平时，赢她们是十拿九稳的，但是面临的比赛将在一种特殊的环境下进行，这种环境莫说是姑娘们没见过，教练们也从未经历过。

如何从心理上排除场上强大的噪声干扰，成了中国女排准备会的主题。

袁伟民说：“这是一场拼意志、比思想的特殊战斗。对方可能破釜沉舟，决一死战。我们要做好最艰苦的准备，克服马到成功的思想，全力以赴去拼对方。”

邓若曾说：“不论观众给多大的压力也心不慌，手不乱，靠钢铁的意志自我控制。”

张一沛诙谐地说："反正你们也听不懂西班牙语，他们为秘鲁队加油，你们就只当是在喊：'中国加油！''中国加油！'不就得了嘛！"

决战在即，在当天上午的训练中，偏偏张蓉芳又拉伤了腰肌，走路都痛。郎平为她着急，心想："万一她不能上场，自己要多准备困难，多承担责任。"

9月25日晚上9点40分，当中、秘女排出场的时候，"阿莫乌塔"体育馆已是人山人海。一对新婚夫妇从婚礼上直接赶来观看这场冠军之战。

人们惊奇了，华侨啦啦队欢呼起来了，上午还要人搀扶的张蓉芳，出现在主力阵容里。刚才做准备活动时，大夫给她打了"封闭"，为了夺取第二座金杯，她豁出去了，多好的姑娘啊！

场外的表演和场上的角逐同样激烈。昨天由于美国教练的强烈抗议，经过组委会的讨论决定，不允许再用场地扩音系统呐喊助威。啦啦队队长只得另想办法，三个手执喇叭的人，根据他的意图吹出不同的音调，指挥全场。每个秘鲁人都发到一只哨子，有节奏地吹出"嚯！嚯！嚯嚯嚯！"的哨音。华侨啦啦队以哨子对哨子，还搬来了铜锣皮鼓，奈何还是敌不过对手，只有鲜艳的五星红旗在秘鲁国旗的海洋中不屈地飘扬！巨大的噪音声浪，几乎要震破人的耳鼓，裁判员的哨子早已无法发挥作用，只能靠手势发令。

一个优秀运动员，一支优秀运动队，要经得起各种考验。在可能引起各种机能障碍的噪声干扰下，中国女排姑娘镇定自若，打得不焦不躁，很有章法。郎平在二号位跑动进攻，扣中了；张蓉芳又打又吊，威力不减；郑美珠格外活跃，打出一个好球，你摸摸头，她拍拍背……她们利用擦地板、发球、换人、缚鞋带的空隙，互相提醒：稳住，稳住！冷静，冷静！

第一局，15 ：1，只用了15分钟，平均一分钟得一分。第二局15 ：5，第三局15 ：11。

最后一个三比〇又被我们中国女排拿下来了！

“今天的比赛用不着多加评论，中国队打得好，拿世界冠军是理所当然的！”这就是国际排联裁判委员会主席对这场球的一句话评论。

获得亚军的秘鲁姑娘和获得冠军的中国姑娘一样兴高采烈，两国姐妹手挽着手，拥抱在一起！两支女排都是胜利者！两支啦啦队都感到荣耀！大家都在欢笑！这样的场面，这样的情感，在世界大赛中也是罕见的。

花雨，纷飞的花雨，带着秘鲁人的热情，带着各国运动员的友谊，带着国际排坛的团结气象，从“阿莫乌塔”体育馆的空中撒下来了，落在获胜者的头上、身上，落在中国姑娘手中捧着的金杯上，胸前挂着的金牌上。

奋不顾身的精神，为国争光的责任感，能克服任何障碍，能在世界上创造任何奇迹。

金杯再得诚不易。中国女排终于经受住了各种折腾，从薄冰上走过来了！艰难的历程，使这座金杯闪现出了不寻常的光彩！

1982年9月13日至25日，在秘鲁利马举行的第九届世界女子排球锦标赛中，中国队以9战8胜的战绩，夺得冠军。这是中国队第一次捧起女排世锦赛的冠军奖杯。图为，中国队员郎平四号位扣球。

1982 年秘鲁世界女排锦标赛，袁伟民教练率领中国女排入场。

第十一章

“我们离队了，朋友们再见！”

金牌上闪烁爱情之光

“大换血”

“我们离队了，朋友们再见！”

地板上，满地的杂志、报纸和书籍；

床铺上，满床的球衣、球裤和球袜。

门敞开着，箱子打开着，东西理到一半，屋里却连个人影儿也没有。

这几天，孙晋芳就像变了个人一样。

从来都没有离开过这个可亲可爱的集体，现在忽然要离开它。多少事等着她办，多少东西等着她整理，她感到茫无头绪，恨不得分身有术，多生出几双手来帮她的忙。

作为一个驰骋排坛的老将，忍受着伤病的折磨，拼搏在九米见方的半个排球场上，多少次处于精疲力竭的痛苦中，多少次盼望着从这个让人不得安宁、让人奉献出一切的排球场上解脱出来，以为那是最美的时刻了。可是，当这个时刻真的到来了，她又心神不定，说不出是喜悦还是忧伤。想想总算熬到了头，总算对培养自己的人民有所交代，总算可以从不停顿的运转中停息下来，总算可以办青春年华中那件最大的喜事，总算有了一个进一步学习知识、充实自己的机会，总算……想到自己在中国女排拼搏的路上终于走到尽头，两届世界冠军的理想实现了，六年的汗水没有白流，六年的苦没有白吃，现在可以问心无愧地离队了。人生的一个新的起点马上就要开始了，她感到欣慰，感到兴奋，甚至有一种迎接新生活的冲动。

但是，她又深深地感到留恋，感到难舍难分，甚至有几丝茫然和悲凉……

人生途中，有多少悲欢离合，又有多少陌生人的相识、老朋友的分别。离开一个老的集体，又参加到一个新的集体中，不断地排列组合。谁能一辈子不挪窝，老是在一个地方，老是和那么几个熟人相处？

然而，孙晋芳的这次离别，却不同一般。她要告别的，是一个凝聚着她的奋斗、她的心血、她的荣誉的英雄集体；是如同父兄、姐妹一样亲的知心的同志，并肩战斗的伙伴！

朝夕相处，亲密无间，赤诚相见，忧欢与共，使她和这个集体融合为一个整体，她是集体的一部分，集体是她的一部分。这情感，这友谊，怎能忘却？怎能割得断？她的心里如同打翻了五味瓶，说不出是咸酸苦辣甜。

有人把预订的车票给她拿来了。归程近在眼前。时间，对她来说变得格外珍贵起来，需要按照计划来使用。偏偏在这个时候，《文汇报》一位特约记者敲响了她的房门，说是要请她在告别排坛之际写一篇文章发表。要是在平时，她很可能婉言谢绝，可是，这次她却爽快地答应了，因为此时此刻她确实有许多心里话要说啊！她和记者商量，她要把这篇文章写成一封信，给关心中国女排的读者朋友，这样更亲切，更便于抒发她的离别之情。

“这里太乱，咱们到隔壁房间去谈吧！”

她顾不得收拾行装，拉起那位记者到张蓉芳的房间里，把门一关，聊开了。

告别信一气呵成，题目是：“我们离队了，朋友们再见！”

信中写道：

有人说离别是杯苦酒，现在轮到我们品尝这种滋味了。这几天，我和曹慧英、杨希、陈亚琼、陈招娣的心情都很不平静，因为不久，我们就要离开国家女排这个温暖的战斗集体，分别走上不同的岗位了。

回想起来，我们在这个集体中进行艰苦训练和参加历次大赛的时间，断断续续差不多已有五六个年头了。在这些相处的日子里，我们把青春的汗水洒在训练和比赛场上。为了祖国的荣誉，我们共同拼搏，做出了自己应有的努力。这个集体也给了我们许多东西，它是哺育我们成长的摇篮。在党、人民和全国排球界老一辈人士的关怀下，在领队、教练兄长般的关心和帮助下，把我们从一个稚嫩的孩子培养成为一个世界冠军队的成员。这几天，当我们在整理行装时，看到从建队初期到历次重大比赛时留下的各种照片，真是别有一番滋味。因为这些照片忠实地记录了我们这个集体前进的足迹。

如今，我们都已成为了二十七八岁的大姑娘了，好几个人今年要结婚成家了。日前，亚琼已去香港探亲，并于1月上旬结婚，现在正在那里欢度蜜月呢！过去，我们把较多的时间花在球场上，对生活我们可以说是一个无知的孩子，一切都得从头学起。但是，球场给我们的不仅是技术，也使我们懂得了如何对待生活，如何对待工作，如何对待人生。

使我们这几个离队的老战友感到放心的是，在党和国家的关怀下，一大批女排新秀正在崛起，相信她们完全能够接替我们！

我们马上就要各奔前程了。前一段时期，上海复旦大学曾来信要我去当教练。最近，他们还给我写了许多封信。说实在的，我是非常想到这所高等学府去一边工作、一边学习的。但是，江苏是我的第一故乡，我还是想回到生我、养我的故乡去，我将在那里学习和工作。为此，我想通过《文汇报》向复旦大学的广大师生表示歉意，并衷心地感谢他们的盛情相邀。再见吧，亲爱的读者；再见吧，关怀我们女排的观众！

当她读着刚刚写好的信，在信末签上“孙晋芳”三个字的时候，眼睛不由得湿润了。

她不好意思地笑了笑说："不知道怎么搞的，一想到告别排坛，告别朋友们的这个时刻，就特别容易动感情。"

"小咪，小咪……"郎平像往常那样，一路进来，呼唤着老大姐孙晋芳的小名。要是在从前，老大姐一定会冷不丁从哪里闪出来，做出咬牙切齿的样子狠狠地捶下来，虽然拳头落在身上，可是一点儿也不痛："再没大没小的，当心吃拳头。"郎平也准会冲小孙做个怪相。今天，她喊得格外动情，亲昵中却带着几分苦涩。

她刚训练完，急急忙忙地洗过澡，就是想赶回来帮助小孙收拾行李的。进屋一看，像在摆地摊，东西仍是乱七八糟的。她也顾不得去找她的"小咪"了，便动手帮助收拾起来。先把床上的球衣、球袜叠好。

她拿起球衣，望着身前印着的那个醒目的9号。多熟悉，多亲切，这号码代表的是自己的队长。在郎平的记忆中，孙晋芳在国家队，一直穿着9号的球衣，从来没有变过。

郎平进国家女排参加的第一场比赛，就是站在9号的边上，是9号几年如一日任劳任怨地"喂"球给她扣，是9号和其他的老队员一道带着她在场上学本领、练意志。

她清晰地记得，过去她打关键球总是扣不好，尤其是遇到重大比赛，不是急于求成，就是顾虑重重，生怕输在自己手里。后来，每逢训练时，站在网前传球的9号总是不忘提醒她，进攻时要大胆果断，分组练习比赛双方比分接近的关键时刻，9号总是一边传球，一边呼喊："14 ∶ 13，扣下去，别手软！"声声为她鼓劲，处处为她壮胆！

郎平怎能忘记，从她迈进国家女排集训队的大门那天起，就和这个9号同吃一桌饭，同睡一间屋，在日常生活里，她感受到的是姐姐对妹妹般的温暖。

最初的"极限训练"，常常使郎平的体力和意志处于再也无法承受的境地，用她的话来说："简直是世界的末日。"一停下来马上就会瘫倒在地上。一天训练下来，晚上躺在床上，要怎么不舒服，有怎么不舒服。浑身的骨头就像散了架一样。睡到清晨，又乏又困，最不愿意听到的起床铃响了半天了，她还躲在被子里不想起来。这时，孙晋芳就像哄小妹妹似的，一会儿跑到她床边掀她的被子，一会儿又亲昵地捏她的鼻子……郎平这才一骨碌爬起来，睡眼惺忪地跑到瓷脸盆边赶紧漱洗，一端漱口杯，水是满的；一拿牙刷，牙膏已经挤在上面了……郎平心里暖融融的,不好意思地摇摇头说:“唉,看来本人这个‘睡眠爱好者’的毛病得改改了。”

这样的日子只能保留在她美好的回忆里了。9号球衣已完成它的历史使命，将带着沙场的硝烟和珍贵的记忆，伴随它的主人一同返回发现、培养了她、又输送她到国家队的江苏，落户在南京。郎平真舍不得把这些浸透过汗水、洗得发白的球衣收拾起来，仿佛它们要从她身边带走什么似的。

她舍不得，舍不得孙晋芳走啊。

她舍不得，舍不得曹慧英、杨希、陈招娣、陈亚琼这些同样给过她许多友情、许多帮助的老队员离队。

郎平是在杨希打得最好的时刻进队的，杨希虽然被这位新“炮手”顶下来了，但她处处为郎平创造条件，让新手带着自己给予的温暖和力量上场拼搏。这在队内队外传为美谈。

杨希动人的笑脸，一件件值得回味的往事，又清晰地浮现在郎平的眼前：

1979年，扎着两条粗辫子的郎平进队才一年，就随队出征香港，参加第二届亚洲锦标赛。打日本队的那场比赛前，哨音响了，她竟有些发愣，情绪紧张，动作僵硬，怎么也控制不住自己，结果第一局打得很差。交换场地时，杨希走到她的身旁，悄声对她说：“你现在要把精力集中起来，先别考虑比分，别担心，有我做你的替补……”那种场合，不能多说，虽短短几句，却说到了点子上，给郎平以鼓舞和力量。从第二局开始，郎平终于把握住了自己的情绪和节奏。又成了平时球场上的郎平了。她较好地发挥了水平，为打败日本队，冲出亚洲，立下了汗马功劳。

在生活中，杨希和孙晋芳一样，对她关怀备至。1981 年“世界杯”赛结束后，郎平突然胃痉挛，杨希一直陪伴着她，一会儿拿药给她吃，一会儿又帮她按摩，用同志心、姐妹情缓解着她难以忍受的痛苦，直到她安静下来。第二天清晨，郎平一觉醒来，看到靠在沙发上打瞌睡的杨希，一股暖流涌入她的心田……

惜别的气氛，像一朵云，笼罩在女排姑娘的心头。上个月，在北京站送别陈亚琼时，姑娘都难过地哭了。她先到广州，再去香港到新华社分社报到。姑娘们深知，以后与亚琼见面的机会最少，因为她是走得最远的一个。“不！我不久就会回来的，我的家在中国女排，我的心在中国女排，走得再远，我都会回来的……”平常只知做事、不善言辞的亚琼，此时含着泪，动情地劝慰着姑娘们。姑娘们在一只雪白的排球上一一签上名字，让她带着。排球，过去凝结着她们的巾帼志、姐妹情，分别了，无论千里万里，依然连结着她们的心。

金牌上闪烁爱情之光

“卸戎装，着红装，孙晋芳当了新娘”；

“陈招娣、杨希喜行婚礼”；

“曹慧英回家乡度蜜月”；

“女排名将陈亚琼在港注册结婚”。

1983 年的新春。大地万象更新时，女将燕尔新婚日，功成身退的五员女排老将陆续结婚的消息不胫而走，国内许多报刊报道了姑娘们的喜讯。

谁是她们的新郎？五员老将饮誉排坛，名扬四海，可是她们并没有飘飘欲仙，选择的丈夫都是普普通通的人。在爱情上，她们的思考和普普通通的人一样，是实实在在的，对爱情的专一就像过去对排球一样。

曹慧英的爱人殷勤，是北京客运交通总局的一位调度员；陈招娣的爱人郭小明，是北京市政府机关的一位普通干部；杨希的爱人韩小力是解放军体工大队科研处的一般军官；孙晋芳的爱人江伟光是南京航空学院的一位助理工程师；陈亚琼的爱人高克宁先生，是香港一家公司的普通职员。

她们的婚礼是简朴而热闹的，电视把她们的婚礼仪式送到千家万户，多少人为她们祝福，多少人为她们欢笑。她们是幸福的。

在她们生活的旋律中，有威武雄壮的事业奏鸣曲，也有优美动人的爱情乐章，这才是青春，这才是人生！

在她们当中，要数老大姐曹慧英的爱情故事最动人……

1978 年，曹慧英在排球天地不畏艰难、劲头十足地攀登着，正当她处于运动生涯的巅峰时期，突然跌进了谷底，髌骨断裂，结核侵袭，厄运把这位铁骨铮铮的姑娘逼到了最困难的境地。偏偏在这个不适合爱情之花生长的季节里，一位小伙子闯进了她感情的天地，在她悲凉的心田里撒下了爱情的种子。

病榻旁，亲朋好友开导她：“趁这次机会把身体彻底养好，别再那么要球不要命了！都 24 岁啦，也该考虑考虑个人的终身大事啦！”

在滦南农村的妈妈心疼自己的“五丫”，在中央组织部的姐姐关心着小妹妹：“五丫病成这样，怕是很难再回球场了。”就在她出院疗养期间，好心的姐姐给她一张照片，小伙子高大英俊，眉清目秀，显得聪明和善。

这一年的一个寒冷的冬夜，兀立于北京阜成门外的立交桥，在依稀的路灯下是灰色的，来往的行人穿着色彩单调的冬装，也是灰色的。桥下的小草早就枯萎了，柳树光秃秃的……可是一位站在灯柱下等人的小伙子，眼前看到的却是一个充满希望色彩的世界，他一点儿也没感到冷落，心里揣着一团火，他愿意用这一团火来温暖别人、温暖世界。

远处，一位姑娘裹着头巾，迎着冬夜凛冽的风，一步一步走上桥来，脚步迈动着，一步踩下去是迟疑，一步踩下去是希望。她知道，她不是昔日的那个曹慧英，她没有那个曹慧英那么神气，那么健壮，那么“帅”。她是那个曹慧英的“姐姐”，面庞清瘦，脸色苍白，人也老了。可是人家等的是昔日的那个曹慧英，她，担心会使小伙子失望。

殷勤是个体育爱好者，尽管她没有穿球衣，但是曹慧英他会不认识？曹慧英正朝他走来，眼前的曹慧英，带着病容，是与球场上的“铁姑娘”不同，但是，天底下的曹慧英同名同姓的或许不止一个，但他要找的只有这一个。

姑娘并没有想到就要从这个冬夜走上爱情的小路，只想见一见面。谁知，见了这一面，爱情之门向两颗日益接近的心敞开了。

危难之际识人心。曹慧英感动的是，她在逆境中认识的朋友，不是个追求名利、贪图虚荣的人，这样的人非同一般，可以把一颗心交给他。

殷勤比照片上笑得更俊了。他喜欢姑娘的性格，初次见面就把自己的伤病不掩不盖统统告诉自己，这样的姑娘纯朴、真诚，一点儿也不虚伪。

病魔夺走了小曹最值得珍贵的东西，却又给了她不可多得的机遇。这也可以说是“一分为二”吧。疗养生活使她有时间与殷勤接触、了解。熟了，她向小伙子敞开心扉，把心里话都讲给他听。她还想重返球场，她的追求在排球上。小伙子理解她的心，她如果不这样想就不是曹慧英了。为了实现这个目标，他们要用两个人的力量向病魔斗争，向命运挑战！

岁月匆匆，感情日增。小曹发现殷勤的性格、为人，真是名副其实的殷切勤恳。小曹热情果断，殷勤含蓄细腻，许多事情，小曹自己没想到，殷勤想到了。他对小曹说：“治病一要保证营养，二要有好的情绪。”从小曹爱吃的东西，到她欣赏的录音带，他都帮她准备得好好的，及时给她送去。一起养病的病友，总是用赞美的目光迎着殷勤来，送着殷勤走。等小曹送走殷勤回来，她们嘻嘻哈哈地还在笑，小曹心里甜滋滋的：“你们说什么呢？”“我们说你和你那对象真是打扑克配对子哩……”笑声，带着她们的欢乐飞出病房。

又一个生机盎然的春天来临了，杨柳抽出新枝，归燕呢喃筑巢。病魔败退，小曹胜利了！她像一只春燕，又飞回了运动场，重新加入这个集体中，为实现未竟的事业——夺取世界冠军而奋斗。

生命的发条又一次拧紧了，生活的节奏紧张到排斥假日的程度。在北京，却不能与近在咫尺的殷勤经常见面。殷勤家里的人，多少有点儿担忧：“人家会不会就此高飞了……”

女排的几位名将，球技高，人品好，倾慕者众，爱慕者众。尤其是小曹，才貌双全，又有文艺细胞，动心的小伙子真不少呢。情书一封封来，有坦诚的，有含蓄的，其中有位痴情者，不但寄来厚厚的信，还不断寄来礼物：有包裹，有崭新的自行车，有他辛勤劳动获得的奖金……他知道小曹有病，要小曹用来买滋补品，还说是“小意思”。小曹一一都退了回去。在追求者的面前，她颇为自豪地宣布：“我已经有了对象，他是一位在我最困难的时候，给我温暖、给我支持的人。”

小曹在球场上拼搏，殷勤在辛勤地工作。他们两个人的年龄加起来，都五十五岁了，应该筹办婚事了。北京有家木材厂热情承诺要把小曹她们结婚所需的家具包了。姑娘们谢绝了。殷勤对小曹说：“不用你费心。”他利用业余时间自己动手打，连大小皮沙发都是自己做的。但是，曹慧英觉得她还缺样嫁妆，那就是世界冠军的金牌。

金牌，终于盼到了。当女排姑娘从日本凯旋之时，殷勤没有出现在首都机场人山人海的欢迎人群里，而是和弟弟一起骑自行车到龙潭湖畔女排集训驻地迎接小曹。一见面，小曹就向殷勤扬起胸前挂着的金牌。他们一起聊了个痛快，临别时，殷勤的弟弟听未来的嫂嫂对哥哥说：“看来，眼下我还不能下，如果队里真还需要我留到明年，我想……我们的事再往后推一推。”而哥哥微笑着，默默地点点头，似乎早有思想准备。

是的，还在几天前看“世界杯”赛电视时，殷勤就想到了这个问题。他看到小曹带着伤病在场上那般出色的表演，既高兴、自豪，又心疼。他希望小曹这次打完比赛后能彻底休息了，可是他又觉得凭她的技术和精神，队里确实还需要她。

“再咬咬牙坚持九个月吧，把世界锦标赛这座金杯也拿回来，咱们再结婚！”

“行，我等着你，什么时候你不打了，队里同意你下了，咱们再结婚。”

这九个月，对一般人来说并不算长，可是对曹慧英来说，却并不短暂。她的病一度又有轻微的反复，可是她和殷勤都没有后悔，没有后悔当初的决定。

在伤病面前，曹慧英是强者，殷勤也是个强者。他每天下了班后，马上赶回家去给小曹煎中药，然后骑车送去，当晚给小曹喝一杯，第二天白天的，灌在保温杯里，几十天如一日，风雨无阻。

幸福，在等待中降临。

小曹和女排姑娘们抱着第二座世界冠军的金杯回来了。

小曹从胸前摘下第二枚世界冠军的金牌，放进殷勤亲手制作的大玻璃柜里，作为新房最醒目、最有价值的装点。

两枚金牌做嫁妆。金牌，凝聚着新娘十三年的追求，闪烁着小两口的爱情之花。

“大换血”

袁伟民的面前，14 位姑娘站成一排，齐刷刷的高挑个儿，焕发着青春的朝气。

中国女排进行了“大换血”。一批新秀代替了退役老将的位置。新女排平均身高 1 米 79，比老女排增长两厘米；平均年龄 22 岁，比老女排降 3 岁。

这几天，每堂训练课开始，当他往队伍面前一站，发现一个个熟悉的面孔不见了，心里总有一股说不出来的滋味。这个变化，使他想起了过去，也想到了未来。

六年前，中国女排重新组建之初，虽然起步晚，基点低，他也缺乏经验，甚至在队前讲话都有些脸红，但是，队伍是整齐的，12 名队员 11 名是各省、市队的队长、副队长，从思想到技术差距不大，谁也无法依赖谁，谁也不愿落于人后，心齐劲足。

眼前这支中国女排，新老队员之间年龄相差近 10 岁，当张蓉芳已是出色的主攻手时，姜英还没有摸过排球皮，而只有 17 岁的河北姑娘苏惠娟当年则还是一个热衷于跳猴皮筋的“红领巾”……要把这样一支队伍从技、战术到思想作风捏合在一起，不知又会冒出来多少需要解决的问题。如何根据新队的特点因材施教呢？如何使新队员成为中国女排这部机器上协调的“齿轮”和“螺丝钉”呢？如何帮助老队员解除因新手配合不上而产生的焦虑心理呢？如何帮助新队员放掉因害怕影响集体成绩而产生的怯懦的思想包袱呢……带领一支新老结合的班子，甚至要比带领一支由清一色新秀组成的队伍难度更大！

这一切，意味着路又要重新开始。生命的旅程对于袁伟民，是永无止境的跋涉。

靠这支队伍到 1984 年的奥运会上去夺冠军，实现“三连冠”（指连续获得世界杯、世界锦标赛、奥运会三次世界大赛的冠军）的宏愿，能行吗？人们议论纷纷，疑虑伴着希望，担忧化作祝愿，多少颗心关注着中国女排。

袁伟民何尝愿意抽换掉队中的栋梁。是的，有几员老将确实体力下降，可有几员老将却是他很舍不得放走的，像陈亚琼，正处于技术的高峰，又有经验，在重大的国际比赛中，还是很顶用的。但是，要使中国女排长盛不衰，就要及时进行调整，新陈代谢是保持强盛生命力的需要，有新手才有生气，才能发展新的风格，形成新的战斗力。

果断地决定让五员老将引退，是袁伟民经过深思熟虑后的胆识之举。

这一步棋走得很有远见。抓住 1983 年进行队伍调整，具有战略意义。他的果断，使他对任何大胆的决定毫不拖延，他抱着一种只争朝夕的急迫感，因为这一年是世界大赛的“轮空年”，中国女排需要参加的国际比赛，稍微重要一点儿的只有世界大学生运动会和亚洲锦标赛。世界大学生运动会，是非世界性正式大赛，许多国家派的都不是国家队。亚洲锦标赛系洲际性比赛，虽有替代 1984 年奥运会预选赛的职责，但我们已是两届世界冠军，是 1984 年奥运会的当然代表。

选择这一年进行队伍更新，可谓“最佳时机”。如果新老交替抓好了，一年可管三年用。用这班人马，可以连战三役：1984 年的奥运会，1985 年的世界杯赛，1986 年的世界锦标赛。可望取得好成绩。

相反，如果迟迟下不了进行大调整的决心，挽留老将参加奥运会做最后的一拼，新秀拔不上来，得不到国际大赛的锻炼，拖一年就有可能误三年。一潭死水只能保持现状，一股活水才能够开创未来。世界锦标赛上起用梁艳、郑美珠，正是“新竹高于老竹枝”的生动例证。

人们对中国女排“大换血”的忧虑是有根据的。世界排球运动的发展史早已揭示了这样一条规律：一些赢得过世界冠军的队，一旦处于“改朝换代”时期，大多会出现技术和成绩上的“U”字形，经历一个由高潮到低潮再到高潮的曲折历程。20 世纪 50 年代的波兰女排，60 年代的苏联女排，70 年代的古巴女排，以及男排中的捷克、日本等叱咤风云的强队，都未能避免这种遗憾事，有些队甚至因为新老交替，水平猛降，夺魁后就此一蹶不振，名落孙山。

开辟新的航道，要靠鼓满春风的风帆。“大换血”的决策，使中国女排的航船驶入一片顶风逆水的海域。虎视眈眈的世界女排列强，都想抓住这个难得的机会，把这艘奋进的船只击沉在抵达光辉彼岸的途中。

日本著名排球教练山田重雄发表谈话：

“听到中国女排五名老将引退的消息后，好像是从黑暗中看到一线光明。以孙晋芳为首，加上护网能力很强的陈亚琼等几名主力队员，都曾使日本女排吃过苦头。现在她们离队了，不说将来，至少在近期内，中国队的战斗力，不会有多大提高。”

美国教练塞林格也认为，打败中国队夺取世界冠军的日子为期不远了。他采取了一条令世界排坛为之惊讶的措施：同意两颗“黑珍珠”海曼和克罗克特去日本打球。她们与日本企业队“达伊埃”女排签订了一个为期三年的合同，每年除世界大赛的集训和比赛期间外，其余时间都得为“达伊埃”打球。塞林格的这个决定是一举两得，既可满足海曼和克罗克特希望得到高薪的要求，又适应了美国队掌握亚洲型打法的需要。他说：“我送她们去日本打球，目的是‘留学’，要她们去学习掌握日本的防守技术和战术。”他认为美国女排要战胜中国队，在网上已占据优势，在防守上还稍逊一筹。如果能把日本女排的防守本领学到手，那么战胜现在的中国女排将很快变为现实。

更新后的中国女排，不暴露问题是不可能的，要一下子达到老女排那样的水平，也是困难的。从某种意义上来说，新手能否在这支队伍里胜任愉快，大展其才，整部“机器”能否尽快地配合默契，决定着中国女排的命运。但是，主动权操在我们手里，要让日本、美国女排这些老对手的希望落空，关键在于中国女排缩短更新期，尽快地从“大换血”造成的一时虚弱中恢复过来，达到与世界冠军的称号相符的新水平。

摆在袁伟民、邓若曾和中国女排姑娘们面前的一个严肃课题是：和时间赛跑！

第十二章

袁伟民的“心病”
福冈，不是中国女排的“滑铁卢”
可怕的是你心中的软弱

袁伟民的“心病”

1983年7月，正是香港一年中最炎热的日子，是体育比赛的淡季。港九排球联会的同仁们却全体动员起来，联系场地，找赞助单位，经过一段时间的紧张工作，世界超级女子排球锦标赛一切准备就绪，只等中、日、美世界女排三强的光临。

三强会香江，不但为香港居民欣赏国际一流排球强队的精彩表演提供了极好的机会，而且通过卫星转播，引起参赛队所在国与国际排坛的注目。

三支强队对这次交锋，也抱着很大的兴趣。新调整的中国队，想在与强手的较量中检验一下几个月来的训练成效，尤其是想与美国队碰一碰，因为去年世界锦标赛预赛时输给美国队后，她们一直不服气。美国队则因为世界锦标赛决赛时失去迎战中国队的机会，一直深感遗憾。日本队也想借此机会探探调整后中国女排的虚实。

世界超级女排锦标赛尚未揭开战幕，一场新闻报道的拼抢却已经开始了。7月4日中午，云集于九龙喜来登饭店大厅的记者们，翘首等待着中国女排教练袁伟民的“出场”。

“调整后的中国女排现状如何？”

“从阵容到战术有什么新变化？”

“未来的前景如何？”

……

连珠炮式的问题，向风尘仆仆的袁伟民盖去。

前来香港采访这次比赛的日本记者达三十余人。他们以不亚于香港记者的“盯劲儿”，追踪着中国女排和袁伟民。

在珠海酒楼由大会组织的欢迎宴会上，日本记者谦恭地邀请袁伟民到他们的座席上，一场饭桌上的采访开始了：

“袁先生，看了你们今天下午的训练，我们发现你的表情似乎比过去温和一点了，是否你的训练方法有所改变？”

“是吗？我自己没有感觉到，也许因为天气太热的缘故吧。对新队员我同样要求很严，不过，更多地采取诱导的方法。”袁伟民笑着答道。

记者们的“火力侦察”继续深入：

“一般来说，新老交替的队会出现许多问题，为什么看不到中国队的问题呢？”

“中国队的问题，在明、后天的比赛中，你们就可以看到了。”

中国队的队长由孙晋芳换成张蓉芳；日本队的队长由江上由美代替小川和子；唯有美国队的队长没变，还是伍德斯特。她们分别用中文、日文、英文在超级女排锦标赛的彩印海报上签上了自己的名字。

比赛在新落成的香港体育馆进行。每场12000张门票，分港币100元、80元、60元、40元等四种价格，在前10天早已一抢而空。

7月6日，中国队首战美国队，应观众要求又额外加售站票，从几个门的入口处，到座位中间的通道上，挤满了人。

赛前，据香港报纸报道，摩士公园体育馆里，塞林格率美国队闭门操练，参观者被拒之门外，这更挑动了香港球迷的好奇心。

相反，对于中国队出什么阵容，塞林格好像已成竹在胸。他在回答一位中国记者的提问时说：“我可以告诉你，中国队会用哪些人出场。”

说着，他拔出笔，在纸上画了一个中国队的新阵容。原来，早在三个月前，匈牙利女排访华时，他们就向匈牙利买去中、匈女排比赛的录像，用电脑进行了认真的分析研究。

"电脑排球"的开拓，是塞林格的骄傲。几年前，他聘请美国电子计算机博士阿里尔帮助用电脑安排每个队员的运动量和训练手段。在20世纪70年代中期，阿里尔曾用电脑帮助铁饼运动员威尔金斯改进投掷技术，一下子把成绩提高了3米86，打破了世界纪录。塞林格希望威尔金斯的奇迹，能在美国女排身上重现。美国奥林匹克委员会为此专门组成科研班子，从"世界杯"赛到世界锦标赛，不断收集世界强队的"情报"。一个多星期前，香港电视台在《明日世界》这个专题节目中，用15分钟的时间专门介绍了美国女排利用电脑研究对手的情况：郎平在四号位扣球落点怎样分布？张蓉芳进攻线路有哪些变化？海曼进攻时中国队员怎样拦网？后排防守队员怎样站位……

当你需要知道这些问题的答案时，电视屏幕上便会显示由一个黑点一个黑点形成的"轨迹图"，一目了然。这是利用影片分析仪对录像资料逐格投影分析得到数据之后，通过电脑描绘出来的，既可找出对方防守的漏洞和弱点，以利进攻；又可发现对方进攻的规律，以固防守。

一位香港记者问塞林格："在去年世界锦标赛上，美国队连克中国、日本，是不是'电脑分析法'显灵了？"他高兴地笑了，连连点头。

可是，这一天在比赛现场，只见中、日有关人员在忙碌着准备录像，唯独不见美国方面有人录像。原来，在场地东、西两侧的看台上，美国队已买下两个座位，两台体形不大的录像机被安放在那里，自动拍摄着图像。据说，这种录像机采用两个镜头，既能拍全景，又能拍特写。

晚9点，中、美女排出场，右边场地的美国队员是世界锦标赛时的原班人马；左边场地的中国队主力阵容，果然被塞林格言中：杨锡兰顶替孙晋芳担任主二传，副攻手陈亚琼的位置换上了北京姑娘杨晓君，郎平、张蓉芳、周晓兰、郑美珠不变。

中、美之战，波澜起伏，险象环生。前三局，美国队以二比一领先。第四局，最为精彩，双方打成2平、3平、4平、7平。美国队先拿到10分，一气打成14 ∶ 10。中国队大势已去，许多观众已惋惜地站立起来，准备退席。就在这千钧一发之际，中国姑娘临危愈勇，奋力拼搏，一球球争，一分分夺，场上呈现白热化。打到12 ∶ 14，发球权第十四次易手，张蓉芳一个果断的两次球劈杀成功，13 ∶ 14，中国队士气大振，美国队急躁起来，扣球被拦，反被中国队超出一分，最后中国队发球直接得分，以16 ∶ 14，反败为胜。决胜局，中国队一鼓作气，以15 ∶ 9结束全场比赛。五局球打了两小时五十分钟。

凌晨0点15分，记者招待会在香港体育馆休息室里进行。

塞林格说："这场球我的队员打得不错，只是第四局关键球没有打好，使该赢的球输了……今晚的观众对中国队有利。不过，到了洛杉矶，观众可大多数是美国人了，那时的情况将对我们有利。"

在袁伟民看来，这个三比二，并不表明中国队的实力已超过美国队，相反，他觉得美国队又有新进步，尤其是在防守和小球处理上有明显的长进。统计数字揭示了两个问题：中国队的失误送分，高于美国队；后排防守失误率高达60%，也比美国队差。而老中国女排在这两项上恰恰要略胜美国队一筹。

袁伟民感到满意的是，能够扭转危局，反败为胜。这场球，中国女排从新队员到老队员，从技术到思想，都经受了考验。主力新秀杨晓君，第一次参加高水平的国际比赛，表现不俗，很有希望。

19岁的杨晓君，身高1米81，有五年的球龄，原是北京队的主力。打过主攻、副攻、接应二传，每个位置都能适应。她技术全面，扣、拦、防、传水平均衡。她打快攻下手快，有变化，拦网基本功好，成功率高。1982年年底被选进国家队。经过一段时间的训练，又有明显的进步。袁伟民这次是抱着"试试看"的想法，起用她打主力副攻的。

她过去从未迎战过美国队，对她们的一套打法很不熟悉，赛前虽然做了充分准备，但比赛真的打响了，又有些发“蒙”。打到第二局，她感到有种异样的感觉，暂停时，她不安地向袁伟民报告：“不好，我可能要抽筋了。”袁伟民凭经验判断，这可能是新队员经受不住紧张比赛而产生的心理反应，加上天气太热，出汗过多，容易心慌腿软。他一方面关照杨晓君顶住，冷静一些，一方面又给她吃了些盐片。不一会儿，杨晓君紧张的心理放松了，想抽筋的感觉渐渐消失了，球越打越清楚，关键时还打出了好几个漂亮球。

老将张蓉芳、郎平已十余次与美国队交锋，人家早就把她们的球路研究熟了。现在的副攻实力不如过去，掩护性小了，更加重了这两位主攻的负担。但是，她们不断发动自己，带动全队，表现了中流砥柱的气概，尤其是在第四局化险为夷的关键时刻，沉着、老练、机智、果敢，起了扭转乾坤的作用。这场比赛，她俩的强攻命中率超过海曼、克罗克特。张蓉芳扣球 46 次，成功 25 次；郎平扣球 47 次，成功 24 次；海曼扣球 47 次，成功 21 次；克罗克特扣球 36 次，成功 16 次。

以三比〇轻取美国女排的日本队，在与中国队决赛前跃跃欲试，斗志高昂。

中、日之战也苦斗了五局（7 ： 15、17 ： 15、11 ： 15、15 ： 13、15 ： 12），中国队以三比二险胜，算小分是 65 ： 70，日本队还多得 5 分。按项统计，扣球比她们少得 4 分，拦网少得 5 分，防守失误多 5 分，这三项，过去我们都比她们好。

在半年前的新德里亚运会上，中国女排以三比〇胜日本队。那时的日本队主力阵容和现在的相比，只有一人不同，而现在的日本女排的水平大有长进，甚至给人以“士别三日，当刮目相看”之感。

日本队最突出的变化是“快”，从一传、二传、一攻到防守反击，以及其他保证技术，整个一套打法的速度已比我们快。各个环节都快出一点儿，整个节奏就显得快多了。这“快”，成了她们手中掌握的最凶狠的武器。

日本女排能练出这一套快速多变的打法，并不是偶然的。几年前，山田重雄就在为实现这一套打法做准备了。他挑选队员的标准是：一、高度；二、速度；三、技巧。现在日本女排主要二传手中田久美就是他亲自选中的一名出色队员。17 岁的中田，身高 1 米 76，是日本女排历史上身材最高的二传手。由于她具备了一定的高度，采用的又大多是跳传，以快速二传组织快攻，从而为加快整个进攻节奏创造了很好的条件。行家们给予她很高的评价，在孙晋芳退役之后，她将成为中、日、美三强中最佳二传手。

谋求大型化，是世界排球发展的趋势。山田重雄并不认为日本先天不足，现在的日本，要挑选一些 1 米 80 左右的大个儿并不是做不到的事情，关键是训练，要培养出一些有高度又有速度的大型化运动员，这样才能重温世界冠军之梦。从这次比赛的表现看，日本两名主攻手的快攻能力有所增强，尤其是山杉加代子，这些年来，从未打出过这么高的水平。和她打对角的新秀大沽佐知代，则很容易看出是一名接受过快攻训练的强攻手。不久前，她在日本《排球》杂志上发表文章谈体会时说："如此快速的训练，开始使我很不安，以致掉下了眼泪。可是江上由美耐心地一个个球地给我指点，中田也尽量和我配合好。不过，许多次仍然不成功，我感到很不好意思，只能打完一个球说一声对不起。我希望能尽快地跟上全队的速度，不要成为大家的尾巴。"从大沽的体会中，可见日本女排在平时的训练中，把速度放到多么重要的位置上。

山田重雄对 17 岁的大沽和另外两名高中生宫岛惠子、广纪江都很赞赏。1 米 83 的宫岛惠子在日本有"郎平第二"之称。山田认为，她们完全有可能被培养成有高度、有速度、有力量、有技巧的全面型运动员。为了适应速度和灵巧的需要，他要求她们加强身体训练，再把体重降五公斤，如能练成"江上型"体形更理想。

中、日比赛之后，袁伟民坦率地对日本记者说："今后，日本女排将成为我的'心病'。"

奋斗中的日本女排，无疑将成为 1984 年奥运会上中国队夺魁的主要障碍。世界女排的争抗将会更激烈。中国女排面临新的挑战！

福冈，不是中国女排的“滑铁卢”

1983 年 11 月 17 日——是袁伟民和女排姑娘们留在噩梦中的一页痛苦的记忆。

日本福冈，爆出了一条震动全日本的新闻——在这里举行的第三届亚洲女排锦标赛上，两度荣获世界冠军的中国女排，败在日本女排手下，而且是○比三，相当惨。

电子记分牌是无情的。在由胜利和失败共同主宰的体育殿堂里，有胜有负，总是一家欢乐一家愁。

发奖了。进行曲的旋律代替了激战引发的啸声。灿灿金杯成了万众瞩目的对象。

日本女排总教练山田重雄穿一套黑色的西装，像一团“乌云”。不无神气地从袁伟民身边飘过去了，紧随其后的日本女排姑娘，也像流动的彩云轻盈地飘过去了，深情地去迎接与金杯的热烈拥抱。

中国女排的 12 名姑娘，跟随着自己的教练，走在“第二”的序列上。自从 1981 年在日本大阪，中国女排以漂漂亮亮的战绩第一次成为世界杯冠军，接着是 1982 年在秘鲁利马——第九届世界女子排球锦标赛上，1983 年在香港——超级女子排球比赛上，总是鲜艳的五星红旗升得最高，中国姑娘走在最前面。可是，这一次却屈居第二。丢失金杯，这对好强的中国女排是多么强烈的刺激！

金杯，是胜利者的“情人”。它从来不恋旧情，总是毫不犹豫地投入新的胜利者的怀抱。相反，被它遗弃的人却又一往情深地苦恋着它。它代表一种精神，象征着荣誉，标志着最高水平，只有最强者才配拥有它。

“这里不是中国女排的‘滑铁卢’！今天谁也不能哭。我们要赢得起，也要输得起！”

袁伟民关照着队员们，也是在提醒着自己。

可是，眼泪只服从于自己的感情，并不遵从别人的劝告。

袁伟民目不斜视，但是“第六感官”告诉他：有人哭了。他诧异地发现，最早的两行晶莹的泪珠，竟是沿着他的一位最经得起摔打的队员的双颊，扑簌簌滚落下来。

张蓉芳哭了。

并肩而立的郎平，暗地里拉她的衣角：“坚强点儿，毛毛，不要哭。”

劝人容易劝己难。这一说，犹如一股强烈的电流，刺激着郎平的神经，她的泪泉也给捅开了。

两位老队员的泪水，在袁伟民感情的港湾里搅起不平静的波澜。四年前她们亲手夺来的金杯，如今飞走了，任何一个珍惜祖国荣誉的人，怎会无动于衷？但是，他未必能够想到，在这次不尽如人意的领奖仪式上，自己的登台，也是触发两位姑娘泪泉的因素之一。

“拿世界冠军的那两次，袁指导从来都没有上台领过奖。唯独这一次拿第二，却偏偏安排他登台领奖……都怪我们不争气。”愧对祖国，愧对教练，愧对离队的战友，想到这些，她们怎能克制住自己？

郎平强忍泪水，擦干泪痕，打起精神去接受优秀运动员奖和扣球奖，可是，她恨不得把个人的这两块奖牌扔掉。

败给日本，在中国女排的心头蒙上了一层阴影。最能掂出这个○比三分量的是袁伟民。它的严重性远不止仅仅丢失了一座亚洲冠军的金杯，它意味着在实现“三连冠”的路上潜伏着一场危机。

福冈的挫折，难道真的说明日、美女排的预言要变成现实？

摄影机、摄像机、录音话筒……这些敏感的新闻触须，总是习惯性地伸向胜利者。福冈体育馆的休息大厅里，日本女排被里三层外三层的记者包围着，金牌在她们胸前熠熠生辉。

拍电视的强光灯，亮得耀眼，嘶嘶作响的摄像机，从总教练山田重雄、教练米田一典、队长江上由美和队员们的脸上，一一扫描过去。不论是主力还是替补，12 位姑娘被邀请依次向电视观众说一句话：

“没有想到。”

“没有想到今天会有这个结果……”确实，她们没有想到胜利来得这么突然，这么快。

山田重雄春风得意，踌躇满志，对着挤在面前的话筒侃侃而谈。

“我穿这套西装是有意选择的吗？”显然，他这身打扮已在记者们的脑海里打了个“？”。

“是的。因为这场比赛是日本女排的生死之战。如果今天输了，明年的奥运会就别想赢中国。”

山田重雄要的也是“三连冠”。

这位雄心勃勃的日本人，是有过一段值得炫耀的历史的——在 1974 年的世界锦标赛、1976 年的奥运会、1977 年的世界杯排球赛上，他率领“东洋魔女”连续三次夺取世界冠军，成为当今世界排坛上赢得过“三连冠”这一最高荣誉的女排教练员。

可惜，1978 年在苏联举行的世界锦标赛上，异军突起的“加勒比黑旋风”，把日本女排从顶峰上刮了下来。队伍老化，实力衰退，使她们卫冕未果。

列宁格勒成了山田重雄的不祥之地。他回国不久，辞职引退，转而开设私人排球学校，选拔一批身体条件好的少年选手，潜心培养，准备东山再起。

又是四年过去了。在第九届世界女子排球锦标赛上，日本女排名列第四，降到历史最低名次。山田重雄接替小岛孝治，重新上台。他公开表示，余生别无他愿，要使日本女排再拿一次“三连冠”。

袁伟民要“三连冠”，山田重雄也要“三连冠”。只是这出“三连冠”的“戏”里只能有一个主角。山田重雄意识到，要想战胜中国队，时机越提前越好，否则，一旦中国队从新老交替中缓过劲来，又会锐不可当。这次，与调整后的中国女排小试锋芒，她们赢了，这在山田重雄信心的天平上，投入了一个重要的砝码。他向记者们宣布：“明年奥运会上，日本女排要力争冠军！”

多年的磨砺，使袁伟民养成了一种非凡的自我控制能力。比赛中，无论是顺风顺水，还是险风恶浪，他端坐场边，喜怒不形于色。这次，他作为输了一场关键球的教练出现在赛后的各国运动员招待会上，依然不失风度，彬彬有礼地与新知旧交攀谈，自如地应对着招待会上出现的各种热闹场面。

墙上挂着投影电视的巨大屏幕，不停地变换着每个队比赛时的镜头，扣球的姿势，防守的架势，有的做竭尽全力状，有的龇牙咧嘴，有的为得一分而喜形于色，有的为失一球而懊恼不已……看到自己和别人的丑态、怪相变成慢镜头，像照片一样“定”在墙上，引得座席间爆发出一阵阵笑声。中国女排谁能笑得出来?

郎平的面前，堆放着一大盘玛瑙翡翠般的水果，那大草莓红红的，饱含着浆水，是她最喜爱吃的了。要是在平时，她一定会美美地吃上一顿。大战方休的郎平，口焦舌燥，嘴唇干裂发涩，可是，她只觉得心里堵得慌，一点儿都不想吃，甚至连看都不想看一眼。

中国台北女排的姑娘们围拢来，她们有的只是中学生。一位小妹妹拉着周晓兰的手说：“晓兰姐姐，你们拿世界杯冠军的录像我们都看了，打得真棒。这次输了别难过，到奥运会时加油啊！”

晓兰望着这些懂事的小妹妹，默默地点点头，强作笑颜，和她们一起合影留念。

这一切，都没有躲过袁伟民的眼睛。他看得出来，几位老队员和他一样强打起精神与朋友应酬，与记者周旋。他猜想到，姑娘们在提醒着自己：“不能这样，让人家觉得输不起似的……”一种从未有过的苦涩咬噬着他的心。昨晚的一幕又浮现在眼前……

他开完领队会回来，已是深夜。只见房间门口有两个人在等他，原来是张蓉芳和郎平。

“怎么还不睡？”

“睡不着。”

她俩忧心忡忡，对自己这支队伍的实力心中无数，对第二次的中、日之战能不能拿下来放心不下。强烈的责任感驱使着她们来找教练谈谈心。

现在，她们的担心已为失败证明并不是无缘无故的。老队员对这支新调整的队伍缺乏信心，新队员对自己的未来也缺乏信心。袁伟民隐隐地预感到，他的这支队伍进入了一个新的艰难时期……

东京闹市。豪华的庐山饭店里，蔡世金老先生设宴为刚从福冈飞来的中国女排洗尘。

这家华侨开设的饭店，袁伟民和女排姑娘们并不陌生。两年前，几乎是同一天，也是在这里，蔡老先生设宴为中国女排庆功。今天，蔡老先生和我驻日使馆的同志一起到成田机场接中国女排，他久久地握着袁伟民的手，饱经风霜的脸上挂着两行热泪……

宋之光大使、蔡世金先生分别讲话。他们一个是祖国的代表，一个是真挚的朋友，句句话温暖着姑娘们的心。

话筒，递到了袁伟民的手上。一双双亲人的眼睛坦诚地望着他，深情的眼波仿佛在说：“没什么，别难过……”

人与人之间的这种友情和信赖，是最可宝贵的，尤其是遇到挫折、身处逆境时，更能感受到它的价值。

两度成为世界冠军，没有激下袁伟民一滴兴奋的泪花；在福冈上台接受银牌，没有催出他一滴悔恨的眼泪。但是，面对着亲人、朋友，他嘴角轻轻抽搐着，泪水在眼眶里打转……他捏着话筒沉默着，沉默着，一分钟，两分钟，全场鸦雀无声，足足沉默了五分钟。

袁伟民不愧为一条硬汉子，终于把眼泪逼了回去。他说：“这一次，是我们自己把杯子送给了人家。我们输了球，蔡先生还是像上次我们赢球那样请我们；大使、大使夫人和使馆的同志像上次一样，全都来陪我们，我们深知这一切意味着什么……我们接受这次教训，回去卧薪尝胆。”

在场的人，有的眼圈红了，有的掏出手帕悄悄擦去泪水。

女排姑娘们几乎都哭了。

她们的泪，并不是懦弱的表示，而是决心、是力量。怪不得江上由美在事后播放的电视里，看到中国姑娘领奖时掉泪，在一篇文章里感慨地写道：“这种哭，是令人害怕的。”

袁伟民率领中国女排踏上了归程。机翼下，一衣带水，万顷碧波，他们坐在头等舱，心潮如同大海起伏的波涛。昨天宴会上，中国民航驻日分公司总经理的话，至今仍响在耳畔：“世界杯赛之后，你们是坐头等舱回去的；这次我也给你们安排好了，全部坐头等舱走。我们相信你们一定会发扬拼搏精神，从挫折中奋起……”

未来的路将会怎样？袁伟民陷入了沉思。

可怕的是你心中的软弱

“我们的目标，是实现‘三连冠’！”

两年前，中国女排手捧第二座世界冠军的金杯，从大洋彼岸的秘鲁归来。一踏上祖国的土地，在上海虹桥机场就被捷足先登的记者包围了。第二天，袁伟民的话就被作为醒目的标题，出现在上海两家大报的显著地位。

时隔半月，袁伟民和中国女排又出现在友好邻邦日本，进行访问比赛。国际排联原副主席前田丰先生，国际排坛知名人士松平康隆先生，不知从哪里听到一点道听途说的消息，一见面便直率地问袁伟民：

“听说你将被委以重任去当领导，是吗？”

袁伟民笑着说：“没有这回事。我作为一个教练员，任务还没有完成。我们还要去拿‘三连冠’！”

曾几何时，拿“三连冠”的宏愿仅仅是他深深埋藏在心底的秘密，只有作为妻子的郑沪英对这桩心事略知一二。袁伟民不是个会说“豪言壮语”的人。可是，他毕竟还是把自己的胸怀坦露于世了。这句凝聚着他的心血和追求的话，不但当着同胞的面说，还当着外国人的面说了。

“含蓄一点儿，不是更好吗？”郑沪英有点儿担心。现时有些人习惯的做法是，干什么都不声张。干成了可以显示自己确定目标时是留有余地的；干不成，谁也不会指责你说大话。游刃有余，可进可退。给自己留条后路多好，何必背水一战呢？

“不！只有华山一条路。拿‘三连冠’就是要下死决心！偷偷地干，赢了算捡着的，输了也不丢面子，那是碰运气。靠碰运气拿不到‘三连冠’。”

袁伟民誓言铮铮，表示他们准备迎接世界排坛强队的挑战。

然而，新的、艰难的攀登刚刚开始，福冈之战失利的阴云，便笼罩在这支队伍的征程上，也笼罩在郑沪英的心上。

夜深了。北京天坛东侧，国家体委那幢12层楼的宿舍，几乎所有的窗口都已闭上了眼睛，唯有203房间醒着。郑沪英和衣而卧，案头台灯的光照着这间整洁的斗室。1976年袁伟民出任中国女排主教练，当时他们夫妻分居两地。过了几年，终于有了这个不宽敞的、但却是他们自己的家。她一个人主持家政，教育儿子，全力支持丈夫的事业。八年来，她一次次送丈夫出征，算着日子盼丈夫凯旋，一起分享着喜悦，分担着忧虑。

这次亚洲锦标赛回来，郑沪英知道袁伟民心上的压力，肩上的重担。开始两天，不管袁伟民工作到多晚，她都要等丈夫回来，聊上几句。这几天，袁伟民干脆和运动员住到一起了。离家前，她找出了围巾，让丈夫围上。袁伟民的气管炎犯了，咳嗽得厉害。胃痛也在折磨着他。

运动员宿舍里，袁伟民房间的灯也亮着。小闹钟嘀嗒着，断断续续的咳嗽打破了夜的寂静。

他刚和杨锡兰谈过话。怎样打开这位二传手的“心锁”，至关重要。

他很自然地由杨锡兰联想到孙晋芳。当年，在第九届世界锦标赛上，预赛以〇比三败给了美国女排后，第二天，从奇克拉约到特鲁希略的大轿车上，袁伟民一个个找女排姑娘们谈心，第一个找的就是孙晋芳。

那次谈话是成功的。一天的工夫，就抹去了失败投在姑娘们心上的阴影。因为每个姑娘都相信由她们组成的这支队伍。可是，要消除福冈之役投下的阴影，把希望和力量灌输给队员，却艰难得多。虽然有充裕的时间，并不像在秘鲁，明天就有比赛等着。但是，这支队伍与原来的不一样了，并不是每个成员都百分之百地相信她。

中国女排这部机器换了新的零件，需要调整。新的核心的形成，需要时间。

除了队长张蓉芳，副队长郎平，天津姑娘杨锡兰就是个举足轻重的人物。二传手是场上的“灵魂”，可是，这个“灵魂”的思想却在挫折面前动荡。

谈话进行了一个多小时，杨子低着头，不吭一声。袁伟民耐心地坐在她的对面，脸上的表情和蔼诚挚，目光饱含着期待。

杨子不敢抬头。

她怕看教练这张父兄般慈祥的脸，怕看他平添了几许白发的双鬓，怕看他眼角的那些鱼尾纹，怕听那一声声咳嗽。她宁愿听到他像刀锋般锐利的训斥，宁愿看他那扬起的眉梢打成疙瘩，宁愿迎视他那咄咄逼人的凌厉目光……眼泪涌上来，她咬咬牙咽下去，又涌上来，再咽下去，她提醒着自己：不能抬头！

机灵的杨子进队不久，就摸到了教练的脾气：“越是赢球，他‘剋’得越凶，输了球，他反倒和颜悦色。”杨子和姑娘们一样，不怕他“剋”，就怕听他那慢条斯理、循循善诱的苏州普通话。

杨子不敢说话。

她说什么好呢?

能把妈妈的话告诉指导吗?这次在日本比赛,一个泰山压顶的重扣,把她的一只眼睛打肿了。妈妈特意赶来北京探望,看着女儿青肿未消的脸,心疼地劝道:“要不,你还是回八一队去吧,不要再当这个二传了。”

能把观众的话告诉指导吗?日本归来,她第一次收到这么多的信,有热情的鼓励,有尖锐的批评。

“这球就输在了你手里!”“郎平扣球的威力减弱了,梁艳脸上的笑容消失了,正是因为你传的球不合她们的胃口。”

能把自己的委屈告诉指导吗?“我又不是二传出身,半路改行打二传,我受不了这个罪!”

“袁指导是最苦的了,他用极大的毅力克制、鞭策着自己,带领着大家苦练、苦熬、苦斗,我怎么好意思再向他诉苦呢?”

她想拔开泪泉的闸门,敞开心扉,把一肚子的话倾吐出来。但是,杨子是懂事的。缄默像一堵厚厚的屏障,严密地挡住了她的每一句话。一个多小时的沉默,又是面对着自己最信任、最尊重的指导,是多么难熬啊!

“瞧她这股倔劲……”袁伟民思想的射线,透过自己队员设下的坚固屏障,探测着她的心灵深处。

他赏识的,不也是杨子的这股倔劲吗?有些地方,她比当年的孙晋芳还倔。一个球,她传给主攻,打不死;又传给副攻,还是打不死;好,第三下她干脆自己跳起来打了,原来她打过副接应,能传能攻,心急起来就自己上了。

袁伟民像个高明的中医,无须病家开口,便能切中症结所在。他透过杨子沉默不语的现象,看出她心中的软弱。一个好强的人的软弱,往往是有一层坚硬的壳包裹着的,而且只有在暗地里才流露出来。

孙晋芳引退,杨锡兰受命于艰难之际,她深感责任重大,力不从心。她暗地里给八一女排教练韩云波写信,流露出对挑这副重担的怀疑和动摇。韩云波回答她的是一句格言式的话："既然事业需要你，就去大胆地尝试。"二传手显过不显功。过去，袁伟民对小孙"剋"得最狠了，如果与郎平配合不好，唯小孙是问，因为二传资格老，攻手资格嫩。现在正相反，是攻手资格老，二传资格嫩，杨子本身就有点儿恐惧心理，这种心理不排除，她不可能放开手脚去组织战术，"灵魂"在场上也就无法活跃起来。半路出家改打二传的杨子恨不得一口吃成个胖子，队友们希望她一下子变成过去的孙晋芳。袁伟民却清醒地看到杨子这个二传的特殊性，他自己轻易不指责她，还背着杨子关照大家，对她要多鼓励。因为他要的是杨子的信心。

"杨子，我相信你！中国女排需要你！丢掉吧，丢掉你心中的软弱！日本的中田久美也是新手，她那么自信，你难道甘心落后于人吗？"

杨子，这个打肿了眼睛都没掉一滴泪的刚强姑娘，"咬"了一个多小时的泪水，终于被袁指导感人肺腑的话激出来了。

"进队两年，袁指导你在我身上花了多少心血啊！"这句话涌到了嘴边上，但不知怎的，就是讲不出来。

孙晋芳还在队里的时候，袁伟民就大胆起用她。1982 年访日，竟冒着输球的危险，把孙晋芳留在国内，让她出访，就一个二传，让她死心塌地地顶着打。

关键性的比赛前，袁伟民怕她压力太大，给她放包袱，临上场还不忘叮嘱一句："打好了是你的，打坏了算我的。"

"袁指导！现在输了球，你还是这么相信我、鼓励我，难道我自己就经不起这点风雨，打起退堂鼓来？"

她终于抬起了头，闪动的眸子对着自己的教练，仿佛在说："袁指导你看我的。"袁伟民笑了。他分明看到，一股志气，一股力量，从她心底升腾起来。

痛苦，也在煎熬着另一位姑娘的心。

"周晓兰哭了。"当邓若曾把这个消息传递给袁伟民的时候，引起了他的沉思。

作为一个老队员，经受挫折不是第一次，毕竟有一定的“免疫力”。但是，经过一段比新队员更长的“潜伏期”之后，她还是让心中的苦楚随着泪水流了出来。

那是一次训练课之后，苍茫的暮色在玻璃窗外拉上了帷幕，训练馆里暗下来了，空荡荡的。

一身汗水的张蓉芳、郎平拎起各自的塑料桶，准备去浴室。咦？怎么地板上还有一个塑料桶？是谁忘记拿了？她们巡视四周，忽然发现一个人呆呆地坐在肋木旁。那是晓兰。她们连忙过去招呼她一起去洗澡。可是晓兰推说：“现在太挤了，我坐一会儿再去。”

张蓉芳、郎平见她两眼泪汪汪的，有些不放心，劝又劝不动她，走出训练馆，正巧遇见邓指导，便把这个情况告诉了他。

“晓兰，晓兰……”

空旷的训练馆里响起邓若曾的呼唤，洪亮的回声在初冬的空气中震荡着。

晓兰听到了。邓若曾有副好嗓子，联欢会上总少不了他的“杨白劳”，莫说是个训练馆，就是隔着一座小山头，也能听见。但是，晓兰没有回答。这时，她谁也不想见，只想一个人清静清静，把纷杂的思绪理一理。

黑暗里，传来了邓指导急促的脚步声。晓兰便悄悄地从训练馆的另一头躲进了举重房。

邓若曾见没有人，便退了出来。

“人生的路怎么越走越难啊……”这个问题早就萦绕在晓兰的脑海里。

自从 1982 年 3 月在秘鲁开了一刀，把一截发炎的阑尾丢在了异国他乡的医院里以后，她的体力一直没有得到很好的恢复。队里，作为副攻手的梁艳成长起来了，弹跳出众的朱玲回来了，新秀杨晓君补充进来了。赢得过“天安门城墙”美誉的她，怎样在这支变化了的队伍中找到自己的位置，迸发出光和热来？

在福冈，站在亚军的领奖台上，她看到，张蓉芳哭了，郎平流泪了。她偏不哭，仰起脸，正视着前方，水一般明澈的眼睛里，像往常那样闪动着光泽，听任那些记者“咔嚓”“咔嚓”地拍照。在紧接着的联欢会上，每个队都要出一个人，上台去表演“抢椅子”。输了球，谁还有雅兴去玩这个呢！翻译为难地跑到晓兰面前，想请她上。晓兰不失风度地上去了，不甘示弱地跑啊，抢啊，脸上还浮现着微笑，八个人抢七个位子，她居然每次都抢到，进入了前三名。队友们佩服地望着她，她们知道，晓兰是顶着一盆苦水在跳舞啊！她生平第一次当了“演员”，她想的是：再难过，中国女排在众人面前也不能塌架！

她的泪水，是悄悄地滴落在枕巾上的，而且在同房间杨晓君睡着之后，就是哭，也不能让别人看到。

周晓兰独自坐在举重房里，细细咀嚼着这些天袁指导对自己说的话：

“日本女排的江上由美，和你一样，也是1975年生的。1977年，她们拿第二届世界杯冠军，她是主力队员。1979年、1981年，我们从她们手里夺过来一座亚洲冠军的金杯、一座世界冠军的金杯，她们接连输了四年，江上在逆境中打了四年主力，技术没有下，反而在上，现在成了日本女排的主心骨。你周晓兰打了几年主力，就想让自己退到第二线去了？你体力是不如以前，但你思想上降低要求了没有？你敢不敢树立打回第一线的目标？”

“我们压了日本女排四年，人家摽着我们拼了四年，那股子翻过来的劲头大得很。我们才输了一场球，就低头了？就认了？就没有翻劲了？”

“现在让你周晓兰走，不要你去参加‘三连冠’的战斗，你肯不肯？按你的性格，我看你不会甘心，那口气你咽得下？”

这些震人心弦的话，如同给感情的导火索点火。

周晓兰是个有志气的姑娘。人不就是全凭一口气吗？这口气不能下！打回第一线去，做刀刃上的一块钢！她想起那些离队的姐妹，想起了共同度过的那些艰难岁月，想起了坎坷历程留给她们的精神财富……

她心里的灯亮了，霍地从举重房的地板上站起来，提起她的塑料桶，从暗影里走出来。

袁伟民与邓若曾商量，打算借用老队员的力量，把她们在汗水和泪水中结晶的无价之宝挖掘出来，奉献给集体，启迪缺少这种经历的新人。

袁伟民和体委副主任陈先同志谈起自己的想法，马上得到了赞同。

在北京的三员老将——曹慧英、杨希、陈招娣，被请回了中国女排。

中国女排不愧为一所学校。回来参加座谈会的老将，讲起来都是一套一套的，有事实，有分析，有思想。

陈招娣还是像过去那样，一说话总是笑嘻嘻的。不同的是，她已经是八一女排的副领队了。

“1977 年的世界杯，我们名列日本之后，与古巴、南朝鲜三家积分相等，最后算比局，硬是被挤出了前三名，心里真窝囊。回来以后做转化工作，我们丢掉了窝囊劲儿，悟出了一股‘摽劲儿’，不摽别人，就是摽着日本干。现在世界强队都在摽着我们，我们摽谁？摽‘三连冠’。风也好，雨也好，摽劲不能减，目标不动摇。”

杨希，现在是八一体工大队训练处副处长。她的话，闪着唯物辩证法的光彩。

——“输一场球，不等于输掉我们的有利条件。我们承认输，不服输。队里新成员多了，不像过去那么配合默契，但是增加了朝气，体力比我们强，潜力比我们大。当务之急是把潜力变成实力，最要紧的是时间，是要争速度。”

曹慧英，这位八一体工大队科研处副处长，正在休养，也赶来了。在退役的老队员中，她将是第一个有资格加入“妈妈排球队”行列的人。

——“碰到困难，不要留后路。摆脱困难，要准备走一条艰苦的路。”

一笺信纸，带着陈亚琼眷恋中国女排的一片心，飞来了。她工作在新华社香港分社文体组。

——“现在每个队都在朝着快速多变的方向发展，日本队最为突出，因为她们是被逼得没办法……世界上没有一个队甘拜下风，我队也是一样……时间紧迫，任务艰巨，我相信同志们一定会努力去拼搏！”

在需要力量的时候，有人送来了；

在需要鼓励的时候，及时得到了。

在中国女排陷入深沉的思索的日子里，宋任穷同志来到女排姑娘的身边，他是中国排球协会的名誉主席，也是一位“排球迷”。打赢了球他来看大家，打输了球他来得更及时。像往常一样，他谁也不惊动，悄悄地出现在训练馆里，甚至不让停止训练，等运动员休息的间隙与大家谈一会儿。他说话缓缓的，声音轻轻的，也不作长篇大论，但却让人感到温暖、贴心。

“你们输了一场球，有好处。不要难过。世界上没有常胜将军，我打了22年仗，也打过败仗，死伤过人，但没有哭。我今天不是来安慰你们的，是来看看你们的。许多人都想着你们，万里同志叫我捎话给你们，别泄气！认真总结，对队伍的成长是有益的。”

有一次，国家体委主任李梦华同志告诉袁伟民，他在棒棰岛上遇见邓小平同志，小平同志一见面就笑着说：“你们输球了。”毫无责备之意。这是一位领导人对排球事业的关心，也是一位普通的观众对自己喜爱的球队的关心。真是一球牵动十亿心。

朝着“三连冠”奋起的劲，重新鼓起来了。

排坛宿将——赫赫有名的主攻手马立克，自告奋勇，要来女排助当年的队友袁伟民、邓若曾一臂之力。他与近几年一直随队的陈忠和，原江苏男排主攻手李连邦、秦毅斌，南京部队女排教练江申生，北京男排拦网好手苏迎春，组成了强有力的陪打教练队伍。细致、踏实、刻苦、科学的训练风格进一步发扬光大，朝气、热气、锐气驱散了排球场上的寒气。

已经攀登了两座高峰的中国女排，决不会放弃征服第三座高峰的希望！

第十三章

希望之星在她们心中升起

严冬时绽开春蕾

打出了心理优势

希望之星在她们心中升起

严冬的北京。星期日的清晨显得格外寂静。

影影绰绰的梧桐枝条，在寒风中摇曳。不远处，天坛祈年殿圆锥形的漂亮屋顶，刚刚在暗淡的晨光中显出一个模糊的身影。

袁伟民、邓若曾和中国女排的姑娘们，各自提着行装，脚步轻轻，走下楼来，生怕惊动还在酣睡的左邻右舍。

尽管他们一个个用毛衣、球衣，外加“风雪衣”武装起来，但是迎着扑面而来的冷风，都不由得缩起了脖子。

没有空调的汽车，奔驰了一个多小时，才把他们送到首都机场。下车时，姑娘们都冻得直跺脚。

机场候机大厅里，暖融融的，却也是空荡荡的。墙壁上的大日历提醒着旅客：还有六天就是元旦了。这样的日子，国际航班乘客寥若晨星。中国女排一行 17 人踏上飞往联邦德国的旅程，去参加波鸿和不来梅国际女排邀请赛。

经过九个小时寂寞的飞行，银装素裹的莫斯科便在机翼下出现了。

圣诞节前夕的莫斯科，非常漂亮。中国女排的目的地不在这里，她们将在这里逗留一夜，第二天转机飞往法兰克福，去参加在联邦德国举行的“波鸿”和“不来梅”国际女排邀请赛。

和往常一样，苏联海关的入境手续是“马拉松”式的，一个人过关就要二十来分钟。经过漫长的等待，17 个人终于过关完毕，再等行李全部到齐，来到下榻的旅社，姑娘们早已疲惫不堪了。匆匆吃罢晚饭，刚准备躺下睡觉，便响起了“笃笃”的敲门声。袁伟民挨个房间关照着:

“不能这么早休息，起来，起来！”

世界一流水平的强队之间的较量，其实早在双方队员上场以前就开始了。“倒时差”便是这种较量的前奏。

袁伟民在排坛生涯二十余载，并没有养成“倒时差”的“特异功能”，相反，每次坐飞机，时间一长就要晕，一着陆就想睡。但是，他逼着自己不睡，还要帮助自己的队员捉掉误事的“瞌睡虫”，以适应新环境，按新的规律作息。

根据袁伟民的经验，五六个小时的时差最难倒，两头够不着。所以，他在旅途中就开始抓“倒时差”。袁伟民对这两个并非重大的国际比赛很重视，他的意图是要让“新女排”在与美国、古巴等强队的较量中，接受考验，锻炼队伍。

一年一度的“波鸿”和“不来梅”邀请赛，中国年年参加，有时派国家队去，有时派省、市队去，本来无关宏旨。可是，这次的时机非同一般。往前看，距离败给日本女排仅仅一个多月；往后看，距离奥运会只有半年。“要是这次比赛再输给美国，以后的日子就更难过了。”队员们思想上的顾虑，袁伟民何尝没有想到。但是，事情总还有另一种可能。我们难道因为怕坏的可能出现，就不去争取好的可能吗？如果把各方面的工作做好了，帮助队员甩掉胜负的包袱，轻装上阵，使她们在比赛中较好地发挥出水平，那么，她们就能看到自己的力量，增强信心。信心只能靠自己在比赛中打出来。怕碰硬，赢了也会助长侥幸心理；不怕碰硬，输了也不会伤元气。

有 40 万人居住的波鸿，是座美丽的城市。从下榻的旅馆到体育馆，无须驱车，走五分钟便到。1984年1月2日傍晚，郎平和队友们冒雨来到比赛场地，中、美女排将在这里争夺波鸿国际女排邀请赛的冠军。热情的观众用经久不息的掌声欢迎她们。

美国女排赛前练习就赢得了一阵阵有节奏的掌声和惊叹声，她们那男子式的扣球使观众大开眼界。球，落地开花，发出强有力的撞击声，使人畏惧。郎平却对此报以淡淡的一笑。她不是蔑视对手，而是有一种强烈的愿望，想与比自己强的进攻手较量一番。

在调整后的中国女排里，郎平的地位发生了重要的变化，她不但要唱好“主角”，还要带好新手。过去，一打到关键时刻，孙晋芳就握紧拳头为她鼓劲：“郎平，拼啦！”现在，新队员把信任的目光落在她和张蓉芳的身上。

中、美之战打得相当艰苦。郎平把一切置之度外，心想：“死活跟她们拼了！”她轮到前排，机会来了。只听她对杨锡兰说：“把球拉出来！”那口气简直就是命令，那决心仿佛要把球打个粉碎。14∶13，关键一局的关键一分，海曼跃起重扣，郎平迅速移到三号位拦网，球被救起来了，她反身跑回四号位，这可是得分的好机会。但是，她的左腿在这之前已开始痉挛，这时忽然脚下一滑，差点儿没跌倒在地上。可是，二传已经出手，球正向四号位飞来，她顾不得扣球的上步节奏，急忙连跑带跳，果断扣杀，对方的四只大手没能把球挡回来，而是顺着她们的胸前溜下去——“窝果”，好险啊！她跌坐在地上，心里高兴极了。同伴们担心她小腿抽筋跳不动，她却用行动鼓舞了大家。这场球经过三个小时的鏖战，中国女排以三比二（15∶8、6∶15、3∶15、15∶13、15∶13）赢了，这是技、战术的胜利，更是意志品质的胜利！

比赛结束，郎平走过休息大厅，看到海曼、克罗克特等几位美国姑娘在哭。她想：“美国队输了，她们决不会服气，我们也决不会为这场球的胜利冲昏头脑，我们的目标是奥林匹克运动会！”

联邦德国第一大港不来梅，以漫天大雪迎接刚刚在波鸿打完比赛的世界排坛劲旅的到来。中国姑娘从来没看到这么大的雪，高兴地叫喊着，有意站在雪地里，听任雪花飘落全身。

这几天，美国女排一直盯着我们干，场场比赛都录了像，和我们较着劲呢！袁伟民要求自己的队员不过多计较胜负，着眼于锻炼队伍，寻找差距，为奥运会练兵。

在这座城市，美国女排以三比一（4 ∶ 15、15 ∶ 7、15 ∶ 13、15 ∶ 12）战胜中国女排，获得第五届联邦德国不来梅国际女子排球邀请赛冠军。

笑容满面的美国姑娘，登上了领奖台的最高一级，激动得抱在一起，流下了喜悦的泪。星条旗在《星条旗之歌》的乐曲声中冉冉升起，美国姑娘高兴得边打拍子边跟着一起唱起来。

中国姑娘友好地仰望着喜形于色的美国姑娘。她们虽然像在福冈那次一样，站在矮一级的台阶上，但却丝毫不见上次那种懊丧的表情，郎平还比划着手势向海曼表示祝贺，俏皮地跟着她的对手、也是朋友哼起美国国歌来……

在福冈背过的想赢怕输的思想包袱，被她们甩掉了，两场比赛，在美国队都打出高水平的情况下，能顶住压力，正常发挥了自己的技术。在亚洲锦标赛后的训练中，狠抓的两个技术环节——发球、快攻，均有进步。第一场中、美之战，我们光发球就得了近一局的分。

坐在下面的袁伟民，对她们是满意的。经历了失败磨砺的“新女排”，渐渐成熟了，坚强起来了。袁伟民欣慰地笑了，短短的一个多月，发生了多么大的变化啊！

希望之星，从队员们的心中升起来了，这是袁伟民最高兴的。

自信心从哪里来？老队员对新队员的信任感从哪里来？光靠端正认识是不够的，还要有实实在在的东西，那就是技术上的突破和作风上的进步。

北京姑娘杨晓君的进步是喜人的。这两次邀请赛，她的快攻命中率和后排防守都有一定突破。刚进队集训的时候，她常常有一种本能的“自我保护”，有时不使出全力训练。那时，她摔出去救一个球，躺在地上看半天才起来，头仰着，脚跷着……“你是在场上跳芭蕾舞哪！”邓指导一句半开玩笑半认真的话，把她说得满面绯红。

训练课上，谁要是拿个球半天才扣，谁要是鱼跃、扑出去半天才起来，而这个所谓的“半天”，不过只是几秒钟，那她也绝不会得到袁伟民的原谅，统统被记录在案，课后算总账。进中国女排的人，谁要是没有在球场上掉过眼泪，那是奇迹。在强化意识的训练中，她们练出了成大事者必备的强者品格。天长日久的磨砺，使她们渡过了狭窄的“怨恨”之河，进入“战胜自己”的大海，悟出了“松是害，严是爱”的人生真谛。

正当中、美女排两强相争的时候，在地球的另一侧，没有参加邀请赛的日本女排，也正密切注视着战局的动向。

山田重雄自认为日本女排是美国女排的克星，对付她们自有办法，对付中国队要难一些。虽然，不久前的亚洲锦标赛上，中国队败给了日本队，山田重雄嘴上说，现在中、日实力对比是六四开，奥运会冠亚军争夺战将在日、美之间进行。但是，有迹象表明，他心里并不踏实。

一位在瑞典当援外排球教练的日本人，是山田重雄的门生，他接到山田重雄的国际长途电话，要他立即赶到波鸿和不来梅，对中国女排的比赛进行录像。

这位日本教练遵嘱，马不停蹄地赶去，找到联邦德国排球协会主席，请求给予方便。主席先生客气地请他去问中国队教练袁伟民先生。如袁先生同意，可以录；袁先生不同意，则不能录。

当这位日本朋友找到袁伟民时，袁伟民落落大方、笑着答道：“如果您需要的话，完全可以。”

严冬时绽开春蕾

一条钢铁的巨龙，冲破沉沉夜色，呼啸飞奔在京广线上。

卧铺车厢里，女排姑娘都已进入梦乡。

离过春节只有几天了。临出发前，领导上找到袁伟民劝他们过了年再走，可是袁伟民不肯。这些年，过年过节的观念在他的脑子里淡薄了，最宝贵的是时间，到奥运会只有半年了，他要抓住这支队伍在联邦德国比赛时出现的思想转机，趁热打铁，巩固成绩，坚定信心。技、战术上需要解决的问题也不少，他得把每一天都充分利用起来，力争通过这个冬训，全队思想、技术都有较大的起色。

几天前，与一位将军难忘的晤谈，此时此刻又浮现在已躺上床，却毫无睡意的袁伟民的脑际。

这位将军就是以研究《孙子兵法》名闻遐迩的郭化若。早在学生时代，袁伟民就对他的名字耳熟能详。在中国女排跃登世界冠军宝座之后，袁伟民在许多热情的观众来信中，发现了他的信。信是用毛笔竖写的，洋洋洒洒，一写就是好几页。每次展读他的来信，袁伟民都叹服他腕下挥洒自如，胸中韬略深沉。

球场小天地，战场大世界，指挥者运筹帷幄，竟有那么多相似之处。共同的语言连结着军事家与教练员，两人相知恨晚，笔谈不够又促膝交谈。

“斗智不斗力。”这些天来，袁伟民经常玩味郭化若说的这句话。在实力相当的比赛中，用“斗智”指导“斗力”就会别开生面。

袁伟民苦思冥想的，正是怎样在奥运会上与日、美女排“斗智”的问题。

中、日、美三家，势均力敌，在技、战术运用上都是“有高有快，高快结合”，但又各有所长：中国队和美国队相比，高不过快得过；中国队与日本队相比，快不过高得过。美国队的优势在“高”，日本队的优势在“快”，中国队的优势在“全面”——有高有快，能攻能防。

如果我们在高快结合、瞬息万变上有新突破，就能居于领先地位。

袁伟民并没有忽略这样一个事实：中国女排的“换血”，在一定程度上削弱了体现在“全面”上的优势，新的配合远没有达到过去那样默契的程度。“换血”之初“新女排”可能虚弱些，会打一些败仗，但是，“新血”一旦发挥了作用，“体力”就会迅速强壮起来。他要靠这支新的队伍去实现“三连冠”的理想。

南方的原野，隆冬时节也不寂寞。水不冰封，树不凋零，远山近山依然披着周身的绿装。

碧云环绕的山城郴州，张开热情的双臂，欢迎中国女排的到来。

多熟悉啊，这里的一切。四年多前，中国女排也是在这里卧薪尝胆，实现了“冲出亚洲”的腾飞。这次冬训，特意邀请陈招娣、杨希来帮忙。她们旧地重游、触景生情，绘声绘色地向初来乍到的新队员讲述草创时期的一切。当年艰辛的一幕，恍若眼前：

“天蒙蒙亮就爬起来了。脸也顾不得洗，头也顾不得梳，背起球就上训练场，要是完不成发一百五十个好球的指标，就甭想下早操。”

“训练场你们还没见识过吧，喏，就是那个大草棚，冷得要死。”

“今年，你们就不会挨冻了。”亲自到车站接女排的训练基地主任唐见奎，自豪地说。

确实，这里的条件已今非昔比，新的训练馆盖起来了，暖气也安装上了。周围的环境，既熟悉又陌生，绿树如盖，盆花似锦，喷泉吐着雨丝，锦鳞翔于浅池……姑娘们情不自禁地放慢了脚步。

把基地建成花园，是郴州的同志们努力的结果。唐见奎他们有个观点，球场上运动员们够苦的了，球场外一定要有个赏心悦目的环境，一定要安排好生活，使她们不感到枯燥、寂寞。

宽敞明亮的现代化体育馆里，袁伟民带领 15 名队员，外加 6 名陪打教练、两个“退伍老兵”杨希、陈招娣，分开在两个排球场上摆开架势，热火朝天地苦练起来。

刚刚过去的“突击周”，收效甚大。每人重点解剖自己的薄弱环节，寻找解决办法，星期天还加班进行了考试，检查成果。全体队员挨个儿边谈体会、边做动作，并录了像，以便更好地对症下药。要突破全队的薄弱环节，必须从改正每个人的短处着手。

被国际排坛誉为难以对付的“怪球手”——张蓉芳，是一个对自己的技术从不知满足的姑娘。她把拦网和扣球都列为需要重点突破的项目。她清醒地认识到，在日趋“大型化”的世界排坛上，自己作为一个 1 米 74 的主攻手所承担的压力。从联邦德国参加完两个邀请赛归来，她觉察到，和美国队交锋时，她们常常把大个子队员换到她面前扣球，想从她手上寻找“突破口”。“拦网是中国女排制胜的法宝之一，决不能从我手上丢失！”她坚信，拦网不仅仅靠高度，技巧性也很强，只要在技术上再下些功夫，“缺口”决不会那么容易被她们打开。扣球也必须继续提高，如果不练出新招儿，奥运会上也很难再立新功。

新的追求，给她以力量。可是练一阵后，腰伤又复发了，影响到两腿发麻，胃病也不时作祟。想到技术亟待提高，想到队里许多工作急需她去做，她急啊，急得难以入眠……

时钟已经敲过十二下。窗外朦胧的月色映照着远山、近景，犹如一幅丹青，浓淡相宜。张蓉芳依然伫立在窗前，聚眉凝思……

不知是徘徊的脚步声，还是轻轻的叹息声，惊动了还在伏案工作的袁伟民。他推门出来，见是张蓉芳。八年的相处，使他对这个老队员的性格了如指掌。好胜逞强的毛毛，在困难和对手面前，一向是个咄咄逼人的挑战者。如今，挑战者自己正面临着挑战。

当引退的孙晋芳、陈招娣、杨希她们沉浸在蜜月幸福中的时候，她这位重任在肩的“元老”，却被病魔出其不意地击倒在病榻上。急性胰腺炎销蚀了她十几斤体重，人瘦了一圈。病后，她第一次出现在工人体育馆的排球网前，苗条得像个中学生，有的观众甚至都不敢认她了。

病魔无情，毛毛执拗。大病初愈，很小的运动量也会给她带来痛苦。她不怕，咬着牙坚持锻炼，循序渐进，一步步恢复，一点点长劲儿，很快就夺回了失去的素质和体力，以至于使一些胰腺炎患者在看了张蓉芳重返球场的报道后，惊奇地写信问她："你靠的是什么灵丹妙药？你创造了奇迹！"

这次郴州冬训，异常艰苦，经常是一上球场就长达四个小时。细心的袁伟民发现，张蓉芳口袋里总是装着几块巧克力华夫饼干。训练间隙，她便喝口水，悄悄把饼干咽下，让不争气的胃能坚持到训练结束。这种饼干，两角二分钱一块，每天得吃三四块，一个月要花二十几元，都由她自己掏腰包。有节俭美德的张蓉芳，对该花的钱毫不吝啬，只要能为国争光，她心甘情愿。

袁伟民知道，身体上的伤病和精神上的压力都在折腾着这个姑娘啊！

"别急，毛毛！情况会好起来的。快去睡吧！明天你休息，不要去球场了。"

张蓉芳默默地望着袁指导，她知道自己不去睡，教练也不会去睡的，她轻轻地走回了房间……

三个星期大运动量训练，体力消耗很大，姑娘们都感到很累了。初来乍到，进出训练馆，经过花坛处，她们总是情不自禁地放慢脚步，爱在这里多逗留一会儿。这几天，这个兴致也没有了。细小的变化，被袁伟民捕捉到了。集队时，他微笑着说："看得出来，大家都感到很疲惫了。有的走路也没劲儿了，有的说话少了，有的……这就是苦啊，怎么办呢？没有别的办法，只有咬咬牙，把这个苦咽下去。上了球场就要兴奋起来，这的确很难啊，但是必须这样做。"忽然，他发现张蓉芳依然站在队伍里，没有按他昨晚的吩咐休息。他便带着几分命令的口吻说："毛毛，你回去。今天不要再来球场，治疗一下，躺一躺。"

听到教练用这样的口吻说话，张蓉芳知道已无法违抗。上午，她回宿舍请大夫治疗了一个多小时；下午，午睡后，又悄悄地来到训练场，参加了身体训练。她想：谁不累啊？袁指导不累？邓指导不累？郎平、晓兰、梁艳、杨子……哪个不累？谁没有伤啊？凡是老运动员大小都有伤，不付出超人的代价，要想取得超人的成绩是不可能的。

一个人要在精神上战胜自己，比在身体上战胜自己，不知艰难多少倍。中国女排对一位队长的要求，远远超过了对一位“怪球手”的要求。就是在张蓉芳面临种种困难的情况下，袁伟民对她的要求仍在不断加码。他批评张蓉芳和郎平对新队缺乏信心，要求她们在进一步提高自身技术的同时，还要全力去带动别人，把全队的信心鼓起来。张蓉芳觉得难啊，新老之间的协调和配合，不是一下能解决的，新队员本身思想和技术上的问题，也不是老队员所能替代解决的。一度她感到很委屈。一天深夜，郎平来找她聊天，两人一倒肚里的委屈，都哭了一场。谁也睡不着，又一起出去边散步、边谈心，谈开以后，倒也渐渐想通了。她们理解袁指导那颗赤诚的事业心，她们钦佩他那种强烈的责任感，她们觉得袁指导说的话在理：一个人干事业不自信，他就不可能下死决心去追求，也就不可能死心塌地地调动起全部力量，去为实现目标而奋斗。她们决心跟着袁指导做最后冲刺，朝“三连冠”的顶峰迈进。郎平鼓励张蓉芳任何时候都要朝前看。张蓉芳又和郎平一起想办法，怎么把这支队伍带起来，通过冬训争取在技术和思想上来一个新突破。聊啊聊，不知不觉已凌晨两点了。守门人看见远处两个人影来回晃动，怀疑是坏人，跑到面前一看是她们，大吃一惊，不知发生了什么事。张蓉芳连忙解释说：“大伯，有点儿公事，我们这就去睡。”

一页页撕下的日历，是时间之树的落叶。过去一天，离奥运会的日期就挨近一天。

邓若曾教练晚来了一步，因为他爱人小蔡生病住院。他的到来，带来一个新的信息：据《体育科技动态》透露，美国总统里根宣布，美国的奥运会战略是：第二就算失败。美国女排正在为实现这一目标，进行每天九个小时的大运动量训练。知情人说："塞林格要求每一个运动员都必须拥有高度的自觉性，在网前永不停息。她们的训练要比职业橄榄球队队员还艰苦。"

日本女排的训练更是富有"创造性"，她们请日本大学生男排进行陪练。每次训练，捡球的队伍排成一条龙，以求得最大限度地利用时间。日本排协科研委员长丰田博宣布，他们采用电脑等先进设备，已将 1983 年亚洲锦标赛时有关中国队的所有数据分析整理完毕，剩下的就是进一步制定策略，严格进行有针对性的训练了。

"我们中国女排也不是吃素的！"姑娘们嘴上没说，心里这么想。"最新消息"刺激着她们加倍苦练。

绷紧的排球网前，一组组队员正在练习对攻、对拦。

"喔唷……"随着一声叫喊，只见杨锡兰捂着左手，疼得脸色发白，冷汗直渗。原来，郎平的一个重扣，把她正扑过去拦网的左手拇指给打翻了，皮裂肉绽，鲜血直流。

包扎以后，随队医生罗维丝担心会不会骨折，急忙带她去郴州市人民医院拍张片子。

片子还未冲洗出来，杨锡兰已回到了球场。

邓若曾笑眯眯地说："杨子，你不是一直想练单手处理网上球吗？正是个机会。来，让招娣帮你练！"

杨锡兰点点头，她正是这么想的。左手被纱布缠得严严实实，那就练右手吧！一个优秀二传手，需要机灵地处理各种网上球。只见招娣把球砸到网肚子上，杨锡兰跑步插上，单手将球垫起。忽然，招娣又把球抛得高高的，垂网直落而下，杨锡兰又快速跳起，单手将球快抹过网……

另一个场地上，六位陪打教练在网前轮番跃起，猛烈劈杀，姑娘们三个一组，在后排轮番防守。杨希、陈招娣一人拿着一块黑板做记录，看谁起球最多。只见一个身材修长的姑娘，把重心压得低低的，左右前后敏捷滚救，垫起了一个又一个眼看就要着地的重球。她，是来自八一队的新秀李延军。

“嚯嚯……”袁伟民吹哨，叫姑娘们围拢过来，听小李讲一讲她是怎么防起来的。

小李腼腆地说：“我讲不来，再防一次吧！”

“行！”袁指导拉来一车球，连珠炮似的向她扣过去。小李像一团烈火，满场滚动。在短短的三分钟里，就扑救了30多个球……

训练进入了最后一项。一排教练，一排队员，面对面，一对一，队员站在墙前防守，教练相隔四米重扣。如此短兵相接，比赛场上不会发生，但是为了训练防守的意识和反应，有时需要采取这种办法。这么练，扣者很近，防者无退路，一不小心就会挨打。

指标是每人防起两个好球。这可不容易完成，防得最好的队员也防了三组才停（每组十几个球）。墙前只剩下了北京姑娘杨晓君。看见别人都已完成，她有些急了，越急越垫不起，越垫不起越挨打，好不容易垫起了一个球，本可以算完成了，可是袁伟民皱了皱眉头说：“这球是闭着眼睛垫起来的，练重防就是要练胆量，练反应，这么‘蒙’不行。不算！”

晓君没有怨言，擦擦汗继续练。大伙儿在一旁给她鼓劲儿：“别怕！”“加油！”“再来！”

不知又防了多少个球，姑娘们终于异口同声地喊出了一声：“好球！”

笑声、掌声飞出了训练馆……

白天，在训练场上“斗力”。晚上，又不时安排“斗智”的活动，看训练和比赛的录像，召开技术讨论会，把每个人“斗智”的结果集中起来，再在“斗力”中体现出来。从教练到队员，都把全副精力倾注到了冬训中去。

除夕，姑娘们依然在训练场上挥汗如雨，完成了癸亥年的最后一次训练。晚上，郴州市委的领导同志和群众代表特意来到训练基地陪她们一起辞旧迎新。热闹的联欢晚会，使姑娘们沉浸在节日的欢乐中。“机灵鬼”郎平玩得最起劲，赢得不少奖票，领到两样得意的奖品：一样是一个特制的礼花，放完以后会飘逸出一顶降落伞，上面挂着中、日、美三面国旗；另一样是一个洁白无瑕的“小天使”瓷像。生活中的郎平总是带着几分稚气。她把降落伞挂在床头，小天使放在案头，陪伴她度过紧张的冬训生活。

初一放假一天。郎平和同屋的周晓兰也没有出去玩，而是在记日记、写信中度过的。她俩都爱动笔，习惯通过日记整理自己的思想。昨天已匆匆离去，明天正疾步走来。两位姑娘写下了长长数页的日记，回顾过去的一年，记下新年的新打算。郎平想的是：该怎么和毛毛、杨子一起，更好地发扬骨干作用……晓兰想的是：只有五个月了，这也许是我球坛生涯的最后历程，该怎么问心无愧地度过这最艰难、最珍贵的日子呢……

春节刚过，袁伟民便接到了儿子寄来的信。这封信，使他感慨丛生。当天，他利用午休时间，提笔给儿子复了一封信：

阿粒：

你好，爸爸很想念你。你给我写的信，我看了后，很高兴。写得很好，比以前大有进步。这次你开刀后，爸爸也没有能好好地照顾你，连春节也不能陪你去玩玩，又是你和妈妈两个人在家过。你信上说，陪伴你的是功课和电视，闷极了。这是爸爸不好，但是爸爸现在训练工作太忙，为了今年奥运会夺冠军，才到外地来冬训的，你应该体谅爸爸。你今年又大一岁了，妈妈说你懂事多了，看了你的信，我也觉得是这样。

一年之计在于春。我希望你一定要像信上写的那样去严格要求自己，从一点一滴做起，持之以恒，坚持下去。那么是能够实现自己做三好学生的愿望的。

阿粒，在家要学会照顾妈妈，帮妈妈做些事。生活上不能太娇气，不知现在还挑食否？挑食不好，一定要改掉。

爸爸四月初左右返京，我一切很好。你多给我来信我会高兴的。

再见

祝

好

爸爸草

二月二十六日

一个杰出的教练，常常是个不尽职的爸爸。袁伟民对家庭、对儿子，常常也有一种欠账感。但是，从这封信的字里行间，看到的难道不是一颗慈父的心吗？

“不做出牺牲就想得到，不可能！否则，金牌就没有价值。”袁伟民要求队员的，不也是在要求自己吗？

含辛茹苦的郴州冬训，使更新后的中国女排从思想到技术出现了转折。

打出了心理优势

她从来没有像今天这样恼恨过自己。

1984 年 4 月 18 日晚上。美国南部城市达拉斯体育馆内。侯玉珠站在雪白的排球网前，感到一阵阵心慌，往常所具备的那种协调性消失得无影无踪，全身的每一根神经都像被一只无形的手攥着，绷得紧紧的，腿也像挪动不了了，如同睡觉时梦到了恶狗追赶，越想逃脱越迈不开步……

这是她从来没有经历过的场面。在中国女排访美的第三场比赛中，由她代替张蓉芳担任主攻手的角色。过分的紧张，影响了她技术的正常发挥，第一局，她有七发“炮弹”没有落在美国姑娘坚守的“阵地”

上，扣球丢了七分。

侯玉珠借着工作人员擦拭地上汗迹的机会，偷眼望了一下场外，袁指导好像根本没有换下她来的意思。她再瞥一眼张蓉芳，毛毛也学得几分袁指导的派头，笃定泰山地坐在那里，甚至还冲她笑了笑。与张蓉芳并肩坐着的郎平，也是稳稳当当的，丝毫没有因场上吃紧而跃跃欲试的样子。

眼看着第一局输下来了，两位主力依然轻松自如地坐着当替补，听任新队员继续充当主力打下去。陌生的达拉斯观众有些困惑了，他们猜测着："中国教练的葫芦里到底卖的是什么药？"

袁伟民一点儿也不急。侯玉珠的紧张，场上的劣势，并没有出乎他的意料之外。如果他想赢这场球，那就应该不失时机地将郎平和张蓉芳换上去。但是，他不。在他看来，练出一名新手比赢这场球更有意义。

太平洋的浪花，美国西海岸的曲线，对袁伟民和女排姑娘说来并不陌生，1982 年她们来过，取得四胜三负的战绩。这次，是旧地重游。"大换血"后的中国女排与美国女排已四度交手，二比二平分秋色。这次访美，是对冬训成果的一次检验。中国女排将以怎样的结果打破中、美较量中旧的平衡，引起不少人的兴趣。

出访前夜，排球运动员出身的郑沪英一定要让丈夫袁伟民交交底，以免她心里不踏实。

"如果先胜两场，就让新队员打。"

"还想胜两场呢！别输光了回来就好啦！"小郑是个急性子、实心眼儿，她太希望袁伟民的一切设想都能实现了，不过话到嘴边，却往往用"唱反调"的方式表达出来。

访美的首场比赛，美国姑娘在洛杉矶的长滩以逸待劳，经过长途飞行的中国姑娘还没有从 15 个小时时差的困扰中摆脱出来，人还晕晕乎乎的，就站到了雪白的排球网前。经过 90 多分钟的鏖战，客人以三比一战胜了主人，这个结果是不容易的。两天之后，双方在迈阿密重列战阵，我们又赢了。这两场球，袁伟民是满意的。

有了这两场球垫底，袁伟民就放开手锻炼新队员。在明尼阿波利斯的第四场比赛，袁伟民又把侯玉珠排进了主力阵容。小侯心中波涛起伏，她想：指导这样相信我，一定要把平时练的本领全部使出来。排球网前，只见她怎么打怎么有，球一触对方的手就“嘣”，很有破坏性。丢了一场无关紧要的球，练出来一个人，何乐而不为?

两年前访美时的旧金山之役，由于中国女排的失利，在这座城市的唐人街留下了沉闷的记忆。这次访美，旧金山是最后一站。

4 月 24 日，从波特兰同机飞来的中、美女排，连准备会都没有时间开，就匆匆上了球场。

爆满的观众席上，有一半是黑头发、黑眼睛、黄皮肤的炎黄子孙，龙的传人。他们早就请我领事馆的官员捎话给女排：“今天一定要获胜”，“不能拿替补队员打”……

今天执法的美国裁判是一张熟面孔。袁伟民一眼就认出了他，1980 年他曾作为领队兼裁判随美国女排到过中国。他也把友好的目光投向袁伟民。

笛鸣球飞。美国姑娘开局顺利，一路领先。塞林格起用 1 米 81 的 11 号做二传，格林不上，显然是想提高平均高度，占据网上优势。开始，这位年轻的白人姑娘与海曼、克罗克特配合得不错。2 ∶ 7，袁伟民叫暂停。之后，我们追了八分，她们再拿三分，出现了 10 ∶ 10 平。

塞林格忽然站起来，叫暂停。谁知他把自己的队员撤在端线上，上前与裁判交涉起来。

袁伟民看他好像不太想打下去的样子，也站起来走到裁判跟前。塞林格转向袁伟民，边说边比划着手势，似乎想解释什么。袁伟民没有与他对话，径直问裁判：

“请问，塞林格先生的意见是什么？”

裁判说：“他抱怨观众席上使用闪光灯的太多，有人在搞电视转播，他不同意转播。”

袁伟民笑着说："友谊比赛不应该受这些因素的干扰。塞林格先生这样做延误了比赛时间，让这么多观众等着，我认为是不妥当的。"

观众不可能听到袁伟民的话，却用热烈的掌声欢迎比赛继续进行。

11 ∶ 11、12 ∶ 12。又是两次平手。她们的新二传毕竟嫩了些，压力一大，球就传不到点上，配合失当。接着是我们"噌、噌、噌"三分上去了，赢了第一局。

第二局，起先我们以 11 ∶ 3 领先，被她们一赶再赶，追成 14 ∶ 12。最后，我们以与第一局同样的比分拿下这一局。

第三局，她们军无斗志，全局只拿到两分。

多次的交往，使袁伟民对这位塞林格博士的脾气略知一二。比赛进行得好好的，他为什么要打打岔？为什么不在她们领先的时候找裁判，偏偏在我们追上来时中断比赛？这正说明他心里虚，怕我们追。刚好，我们平时练的"咬"劲，这时候用上了。这场比赛，袁伟民仍然起用新队员打主力。上场前，他就针对对方的弱点，面授机宜："你们上去，不要急着赢，就咬住她们的比分，最后她们会紧张的。"果然不出所料。新队员不但技术上得到了锻炼，还意外地得到收获，懂得了"咬住"的奥妙。

此次旧金山之战，一雪两年前之耻，当地华人欢欣鼓舞，祝捷的电话不断打来。晚上，宴会时，袁伟民接到一个电话，是新华社记者打来的，他要求袁伟民一定要对六战五胜一负的战绩发表评论，因为开始几场球他按照袁伟民的要求，在发回国内的报道中没有详写，也没做任何评论，只报比分和双方上场队员的名单。可是，这一次总社一再来电话，说国内人民看了不过瘾，要求写得详细一些。

实事求是地说，值得一谈的内容还是有的——

主力当替补，替补当主力，这是"新女排"出现的新气象。新队员成长起来了，张蓉芳和郎平在后几场比赛中经常坐"冷板凳"，关键时刻调上去打几个球有张有弛，不像过去每一场盯着打到底，想休息也无法休息。

打出了新老队员之间的信任感，增强了对“新女排”的信心，所有的队员中，唯有杨子从头打到尾。张蓉芳、郎平对孙晋芳的怀念变成了对杨锡兰的信任。

袁伟民问郎平：“你看到自己队的实力了没有？”郎平笑了。袁伟民问张蓉芳：“你看到美国队的问题了没有？”张蓉芳也笑了。

但是，袁伟民告诉记者的不是这些，而是经过字斟句酌的几句话：“我们这次访美，是练兵，目的在于积累经验，发现问题，为在奥运会上取得好成绩做准备。”

这些天来，袁伟民敏锐、深邃的目光，不光被飞舞的排球所吸引，不光关注着中国姑娘的每一个动作、每一个神态，还不时落在美国姑娘和她们的教练身上，透视着对手的内心世界，像在棋盘上寻找对方的失着，像在武打中窥测敌手的破绽。

他发现，克罗克特强壮的双腿不像过去那样有神奇的弹跳力了。海曼消瘦了，变得特别容易出汗，站在哪里哪里就有一摊汗，跳起扣球，手臂甩出的汗滴穿过网眼，洒过来，连我们的拦网队员都感觉到了。显然，她们有些过度疲劳了，体力下降。

他发现，塞林格那虎视鹰瞵的目光中，少了一点儿往常那种志得意满的神情。塞林格博士是一位雄心勃勃的教练，他有一些值得骄傲的选手，在他的背后有五个财团做后盾，准备孤注一掷，在洛杉矶奥运会上实现他的冠军之梦。他一向很自信，不但通过神态、表情昭示于众，而且用明确的语言公开出来：“中国队和美国队都是强队，但实力我们比中国队强。”

这次，我们用主力阵容和她们打，赢了；用非主力阵容和她们打，先输一场，后来也赢了。这个事实，哪怕是再自信的人，在心里也不能不引起震动。在飞机上，袁伟民看到，塞林格一个一个找他的队员谈话，11 号被他谈得哭了起来。他想在后几场扭转局势，但没有如愿以偿。

五比一的结局，在这个生理学博士的心理上造成了一定程度的不安定感，并通过临场指挥，在他的队员中扩大了这种不安定感。

任何的疏漏，都会造成自己的障碍，为别人提供可以利用的条件。堵自己的漏洞，抓别人的漏洞，是掌握胜利之钥的关键。访美的十三天，袁伟民一路都在思索，在调查研究，“斗智”的主动权来自知己知彼，来自正确的判断。

他问美国女排的领队：“您说你们每天练九个小时，为什么我们这次看到你们练得比我们还少？”

“考虑到旅途的劳累，我们的教练认为，安排现在这样的运动量够了，所以练得少些。”

“您对美国队这次比赛的表现满意吗？”

“不满意。”

“您认为奥运会冠军将是谁？”

“我希望美国队拿冠军。我们美国的主要对手还是你们中国。”

看来，塞林格已经意识到，队员竞技状态不好，体力下降，在训练安排上有问题。

比赛，不光是两支队伍实力的较量，而是各种因素的对比，包括赛前准备、思想条件、心理因素。在这方面，作风细致、踏实的日本队，要比美国队难对付。

1984 年 5 月 30 日的夜晚。

山田重雄一言不发，高坐在主席台上。他环顾四周，热情的里加观众坐满了体育馆所有的位子，中、日、美、苏四国女子排球邀请赛的俄文会标非常醒目。场上，日本姑娘正在积极地做准备活动。场边坐着他的得意门生米田一典，这场比赛，像往常一样由米田担任临场指挥。

一切都准备就绪。做实况转播的日本摄影师，从不同的角度把镜头对准球场，经过选择的电视画面已经传回日本。电视台决定在收视率最高的“黄金时间”转播中、日女排比赛实况。

这场球，在山田重雄眼里，分量是很重的。他带来了十位教练观摩这次比赛。自从第三届亚洲排球锦标赛日本队战胜中国队以后，两家还没碰过，这是第一次，也是奥运会之前最后一次。他一向认为，日本女排打美国队比较自信，打中国队缺乏自信。上次能赢中国队，使日本女排全队上下很受鼓舞，认为日本女排第二个“黄金时代”已经到来，他改变了 1988 年拿奥运会冠军的计划，把实现目标的时间提前到今年奥运会。这场球如果再赢中国将在心理上造成非常有利的因素。山田重雄指望着日本姑娘们能重演福冈的一幕。

与米田一典座位对称的另一边，坐着袁伟民。他上身微微向前倾着，一只半握着的手轻轻托着下巴，半天都不动一动。袁伟民这副专注的神态，让人测不透他那深沉的心海。

中、日女排第一场比赛的第一个球，从日本姑娘的手上，飞向中国队的场地上，打断了山田重雄的思索。

中国队一传到位，杨锡兰组织给郑美珠，小郑从二号位跃起，按照她的习惯线路扣直线。对方双人拦网，球没有通过。杨锡兰继续组织给她再扣，又被拦了回来。第三次还是把球传到二号位，小郑飞快地瞥见对方已移动到她的对面，就一跃而起，似打非打，轻吊落地。过去她怯于对方防守好，不敢吊，今天她在两次进攻被阻的情况下，脑子不糊涂，打得主动。

昨天晚上，袁伟民独自关在房间里，坐在床上想到半夜，决定场上队员站列顺序“倒三轮”。实战证明“倒三轮”见效了。我们二号位进攻加多了。从香港超级排球锦标赛开始，到以往的几次国际比赛，我们都是不倒的。日本队摸准了我们的排阵习惯，她们一轮一轮研究，一轮一轮对号，我们一倒，就使她们的对策受到影响，因为她们的新队员多了，应变能力差了，在同一个位置上，她们原来是按防郎平的设想部署的，一倒一轮，这个位置换成张蓉芳了，球路不一样了，像防郎平那样卡位，就未必能防住张蓉芳。

这场球，中国队回敬了日本队一个三比〇。风云变幻，在福冈曾经笼罩在中国姑娘头上的阴影，到里加开始游弋到日本姑娘的头上。

山田重雄和他的队员在等待中度过了三天。第四天中午，在列宁格勒，邀请赛冠亚军之争的战幕将由中、日双方拉开。

裁判一声哨响，双方运动员停止了准备活动，除了上场队员，其余的都退了下来。日本姑娘惊讶地张大了眼睛，目送着郎平和张蓉芳退场，她们万万没有想到，主力队员在一场争夺冠军的比赛中退出主力阵容，去场旁当替补。她们用眼睛询问着教练："怎么办？"

山田重雄也没有一点儿思想准备，他看看袁伟民：想不到中国队从"棋盘"上撤掉了两颗这么重要的"棋子"。难道她们这个冠军不要了？场上留下的是梁艳、杨锡兰、杨晓君、郑美珠、侯玉珠和姜英。杨锡兰佩戴着场上队长的标志。这张名单，本身就是一篇"文章"。

山田重雄拭目以待，看袁伟民怎样把这篇"文章"做下去。

谁知"文章"的"开头"就很奇特。中国队的场上像流动着一潭活水，又打又吊，主动灵活，以12：0遥遥领先。这一局日本队仅得了2分。第二局，双方打了四次平手14：13时，袁伟民将郎平放了出去，"铁榔头"一锤定音，又赢一局。第三局，日本队以15：6扳回。第四局，打到5：3时，郎平接替侯玉珠再度上场，以15：5，为这篇"文章"写下了漂亮的"结尾"。

这篇"文章"立意不凡。袁伟民几经酝酿，才下决心一试。事先，他把自己的考虑告诉领队张一沛和教练邓若曾，立即得到了他们的赞同。可是，要接受这张名单，在我们自己的队伍内也不是没有想法的。

比赛前一天，袁伟民先找了张蓉芳、郎平，她们一拨就亮，马上领会了教练打"心理战"的意图。她俩立即再找杨子，三位骨干统一了思想，很快全队也统一了思想。

第二天赛前的准备会，队员们等来的不是袁伟民、邓若曾，而是两位队长加杨子。为了既让她们更好地开动脑筋打好这场比赛，又不把这场比赛看得太重，背上包袱，教练决定让她们自己开准备会。当队员们理解了教练的意图后，决心以打出水平、力争胜利来扩大对方心理上的压力。胜利看透了，包袱甩掉了，平时练的本事就使出来了。

山田重雄一心想把福冈那个三比○带来的“心理优势”一直保持到奥运会决战时。谁知里加和列宁格勒的○比三和一比三，反而增加了日本女排对中国队的畏惧感，越接近奥运会，胜负对心理上的影响越大。谁失败，谁的心理阴影就越不容易抹去。

蔡世金先生笑了。他的笑声装在一封厚厚的信里，从日本东京飞到了中国女排姑娘们中间。他祝贺她们在苏联取得的成绩，还把收集到的有关剪报随信寄来了。

“毛毛，这份剪报送给你留作纪念吧。”袁伟民抖着一页复印的报纸，半开玩笑似的朝张蓉芳笑笑。

张蓉芳的目光飞快地朝那张报纸上一瞄，只见在她的球场照片旁边，有两行醒目的标题字：“小型大炮”“魔术师般的技巧”……

她赶紧摇摇手：“我不要。要它没有用。”

袁伟民从她做出的反应中，看出她保持着清醒的头脑。

张蓉芳扣球刁钻难防，日本队最早是怕她的，称她为“怪球手”，后来适应了她的球路，扬言“怪球手”并不可怕。现在她练出了新招，人家又怕她。她明白，对手对她的看法，是随着对她的球的适应程度而改变的，人家觉得她不可怕了，就说明她没有练出新招来。被别人摸透了，自己又停滞不前，那才是最可怕的。

四国邀请赛，进一步打出了信心，打出了心理优势，为奥运会的夺牌奠定了基础。但是，越是在这样的形势下，越是要看事情的另一面。

在回国以后的总结会上，张蓉芳深沉地思索着比别人更复杂的问题。她的话显得格外有分量。“不要认为胜了球就什么都好了。正式的世界大赛心情是不一样的。这次胜了，会掩盖许多问题，对一些问题有可能看得不清楚了，不要把胜利变成自己的包袱，否则，奥运会将会前功尽弃。”

袁伟民默默地听着她的发言，很赞同她的见识。他欣喜地看到，毛毛已百炼成钢，技术上的成熟和思想上的成熟，都足以成为新队员的榜样。

稚嫩并不是过错。稚嫩是走向成熟的必然过程，在生活中甚至是可以原谅的。但是，要成为世界冠军，稚嫩就是不能原谅的过错。多少人在中国女排这个熔炉里脱掉了稚嫩之气，甚至经过了在大庭广众面前丢面子的痛苦过程。过去的孙晋芳、陈招娣、杨希……都有过体验，她们哭过、怨过、恨过，恨袁伟民这个狠心的教练。但是，当她们出落成为体育战线的佼佼者，又打心眼儿里感谢袁指导。在她们成长的关键时刻，袁指导用严厉的方式表现出来的关怀，使她们在人生途中没有懈怠，没有自暴自弃，而是和伙伴们紧挽起手臂奋战逆境，迎击风浪，朝着理想的彼岸勇往直前。

在新陈代谢中加入这个英雄集体的新队员，正沿着老队员留下的脚印，走着从稚嫩到成熟的路。

球打砸了，要找出原因；球打好了，也要找出原因。新队员如果在球场上苦斗过了关，那就要做好充分的思想准备，认真想想怎样在总结会上智斗过关。网前难不倒，会上也要难不倒才行。

姜英，这个有希望的新主攻手，在四国邀请赛上有出色的表现，但是，在总结会上她却被袁伟民挡在了“思想”关前。

“姜英，你讲讲。”

姜英笑笑，不说话。

“平时你们评个电影，讲得头头是道，一开总结会，一坐半小时过去了也不吭一声，光等着老队员讲，那怎么行！”

要是在球场上，教练如果说她动作好，叫她说说，她干脆以干代说：“我重做一遍。”可是，在总结会上却不能“重做一遍”了。

姜英无法讲清楚她为什么能放开打，理了半天也没有理出个一二三四来。

袁伟民的一句话，像一只分量重重的球，朝她打过来：

“这样总结，你下次怎么能保证打好？什么时候能成熟起来？”

得，会上谈的通不过，只有会下写总结。而笔的分量，在她的天平上却又比球重。好在袁指导发了“善心”，指定朱玲助她一臂之力，心里这才不那样打鼓了。不然，连晚上的电视连续剧《霍元甲》都没有心思看了。

这次总结，不论打好打坏，谁说不出个道道来，袁指导就“剋”谁，而且“剋”得挺厉害。队员们知道，挨剋是形势好的表现，她们宁愿挨剋也不愿挨劝。袁伟民心里明白，现在抓抓她们的小辫子，剋剋她们的缺点，不会把她们的信心剋掉。夺取奥运会冠军，不能有侥幸心理，不能建筑在人家打砸了、竞技状态不好、体力不济等有利于自己的基础上，要防止对方超水平发挥，把胜利放在自己力量的基点上，放在协调好诸种有利因素、最大限度地避免不利因素的基点上，从头到尾把自己摆在拼的位置上！

第十四章

金牌只有一枚……

郎平说："我事不过一……"

红球衣与蓝球衣之争

金牌只有一枚……

海风，夹着阵阵涛声，从浩瀚的太平洋上吹来，舞弄着夕阳下的奥林匹克五环旗。

晚霞，洒向蓝天白云，染成五彩缤纷的锦屏，把洛杉矶盛夏的傍晚装扮得更加瑰丽。

长滩，雄伟的体育馆披上了节日盛装。门口，竖起了金属塔楼，高高低低，错落相连。金属框架的当中，悬挂着大大小小、呈各种几何形状的彩色装饰板，或者点缀着五颜六色的气球。整座建筑物就像一位穿着花裙子的姑娘。

这里，是第二十三届夏季奥运会排球比赛的场地。八支世界劲旅将在这里争夺奥运女排的金牌。

1984 年 7 月 21 日，中国女排在长滩体育馆首次露面，在这里做适应性训练。一批消息灵通的日本记者闻风而至，他们把袁伟民团团围住。《朝日新闻》《读卖新闻》的记者都讲得一口流利的中国话，可以直接采访。面对记者们连珠炮式的提问，袁伟民一一应答。

“中国女排第一次参加奥运会，要拿金牌，是否有压力？如果有，怎么解决？”

“我想，参加奥运会，对于中、日、美女排来说，都会有压力。中国获得过两次世界冠军，这次到奥运会来，就是想拿第三次，当然有压力。美国队在本国比赛，观众要求她们拿金牌，也会有压力。日本队也说过要拿金牌，同样会有压力。关键是看三个队如何对待压力，谁处理得好。中国队怎么解决压力问题，我看办法很多。领队、教练会做工作，运动员相互之间也会做工作。”

“你是否同意日本队、美国队的教练对中、日、美三队实力对比的分析？”

“去年亚洲锦标赛后，日本队教练说日、中实力是六四开，今年莫斯科四国邀请赛后，日本队教练又说日、中现在是三七开。美国队教练说，美中现在是四六开，这次奥运会前，他们又说中国队拿冠军的希望最大，日、美拿金牌的可能各占 50%。我觉得赛前的任何分析，都只能作为参考，不能算数，关键看现场发挥。我们不为任何舆论所左右。不过有一点我可以告诉你，中国队最困难的过渡时期已经过去。最近一段时间，我们队员的技术有长进……”

在旁边的中国记者，也不失时机地提出了自己的问题：

“女排抵达洛杉矶后，队员的身体状况如何？”

“不错。她们适应时差的能力比过去强多了。今天是她们到洛杉矶的第二天，并没有过度疲劳的感觉，饮食正常，当然，长途飞行的晕劲儿还没有完全消失，大约要两三天才能完全恢复。”

“队员是否有伤病情况？”

“除了杨晓君腰伤有点儿复发外，其他队员没有发生意外。”

“郎平的竞技状况怎样？”

“也比较好，她比以前成熟多了，积累了一定的比赛经验。”

这是中国女排在洛杉矶的第二堂训练课前的小插曲。

第一堂训练课是在一所中学的体育馆里进行的，并不为外人所知。上午 7 点半，教练就挨个房间敲门叫起床了，每个房间里都传出“起来了”的回答。可是出发前在楼下集合起来一点人数，发现少了两个人，原来她们答应以后又睡着了，姑娘们太困了。

不过，一到球场，大家马上都兴奋起来。中国女排倒时差的“绝招”不是睡，是练。

参赛各国都需要在正式比赛场地上做适应性训练，这项活动安排得很紧凑，一拨接一拨。汗水淋淋的中国女排刚刚让出场地，紧跟着登场的恰巧是日本队。你上我下，老对手擦肩而过，互相报以友好的微笑。

日本女排是16日抵达洛杉矶的，同机到达的还有7名男子陪练员。每次日本队训练时，都可以看到由他们扮演中、美女排，充当“假想敌”的角色。

她们的训练别出心裁。在6名主力队员进行近半小时的战术配合后，忽见一位助理教练拿出一把号码布，分发给六名男子陪练队员。号码布像一件短背心，一边印着名字，一边印着号码，往头上一套，名字在胸前，号码在背后。刹那间，那些身高都在1米80以上的男子汉，便成了中国队的“1号郎平”“12号张蓉芳”“5号周晓兰”“6号杨锡兰”……

哨声响过，一场“中、日女排”的模拟战便开始了。

比赛正打到精彩处，忽然场外有人对教练米田一典做了一番吩咐，6名“假想敌”立即跑到场外，迅速把写着中国女排队员名字的号码布换了，变成美国人的“1号海曼”“3号克罗克特”“10号格林”……“日、美之战”顿时又开始了。

原来陪练员是按总教练山田重雄发出的命令行事的。山田发现中国记者在场观战，也许觉得“天机”不可泄露，因此打了刚刚五分钟的“中、日之战”便换成“日、美对垒”了。

老谋深算的山田重雄的抱负，是使日本女排东山再起。据日本报纸报道：山田重雄认为，在奥运会前夕，日本女排在技术上要有个突飞猛进，压倒中国女排，可能性很小。但是山田仍抱定战胜中国队的信念，因此便想出一个精神鼓励的绝招，特意安排出几天时间，让队员们“放假”还乡，参加故乡有关人士为她们召开的“奥运激励会”，以振奋士气，让每个选手树立“不夺金牌，无颜还乡”的思想。在日本排协及有关方面的悉心安排下，回乡“激励会”这项活动搞得很成功。日本女排队队长江上由美返回阔别多年的故乡——东京都东村山市的青叶町，引起空前的轰动。出现在车站欢迎人群里的，有主办“激励会”的商业联合会会长，有东村山市的市长，有江上由美的妈妈，还有她中学时代的校友，以及闻讯而来的球迷、学生，不下 1000 人。当江上由美走下车来，夹道欢迎的人群齐声呼唤：“江上由美！奥运金牌！”就像欢迎已夺取奥运金牌的英雄凯旋似的，达到狂热的程度。江上由美感动不已，当众发誓：“不夺金牌，决不还乡！”

千万人的力量，激励着一个人的精神。日本姑娘是抱定“誓死搏命”的劲头，来夺金牌的。

抵达洛杉矶后，山田重雄说：“日本女排的竞技状态很好，这次与中国对阵，相信是不会让中国熊猫轻易吃掉的。”

中国女排是冲着金牌来的；日本女排也是冲着金牌来的；美国女排又何尝不是做着金牌梦呢？

“我一直觉得自己的命运是系在 1984 年。”30 岁的海曼的这句话，并不只是她一个人的心声。

投身于排球，在她们是意味着将生活的其他部分统统暂时搁置一旁。对于美国队大多数场上主力队员来说，这次奥运会很可能是她们球场生涯的终点站，打完比赛，不少人都有退役的打算。当然，只有摘取奥运女排的皇冠，才不至于使汗水白流，才能愉快地“重拾旧裳，过常人的生活”。她们憋足了一股子劲，要做最后的冲刺。

塞林格的心，也是系在奥运金牌上的，这是他实现冠军之梦的最后一次机会了。他为此献身了八年，把自己的心血全部注入排球事业，带出了一支世界一流水平的强队，唯一的遗憾就是从未成为世界冠军。他在排坛的奋斗之路是坎坷的，就像他的人生经历一样坎坷。

1937年出生在波兰克拉科夫城的塞林格，从小就生活在战乱之中，德国法西斯的魔掌时时威胁着他们全家，因为他们是犹太人。迫害还是降临在他的头上，塞林格小小年纪就被投入纳粹的集中营。第二次世界大战结束前夕，面临覆灭做垂死挣扎的法西斯残酷地决定把被囚禁的数百万犹太人全部枪杀。塞林格和大人一起被装上“死亡列车”，运往处死场所。途中机车出了故障，纳粹匪徒强迫这些无辜的犹太人自投罗网，步行奔向屠场。所幸中途被美国军队搭救。塞林格先是移民以色列，青年时代攻读体育，成为排球国手，五项全能成绩也不错。后又到了美国，1975年获得体育博士学位，成为美国女排的长期教练。他把一支没有资格参加奥运会的弱队，训练成现在这样的水平。美国女排姑娘们对他的感情复杂，有的人不喜欢他的有些性格，但都认为他有毅力和能力，是一个能把她们带到奥运会去的人。在她们看来，“能参加奥运会是一件神圣的事”。

为参加奥运会，她们做了充分的准备。集训从去年的11月就开始了，持续半年之久，没有休假。美国有的报纸甚至发出诘问：“就算海员们也还经常放假登岸，为什么不准美国女子排球队休息几天？”她们的苦练精神和严明纪律，是美国其他球队望尘莫及的。“要独占鳌头就得刻苦训练”，这已成了全队的共同意志。

但是，就在奥运会前夕，塞林格忽然开恩，放了队员一周假。克罗克特脱去了印有3号的蓝色球衫，跳进她的日产“达特森”汽车，打开立体声收录机，一面欣赏她特别喜欢的那首《多汁的果子》的乐曲，一面把汽车开得飞快，去看她的一位朋友比赛篮球。弗拉基梅尔是脱去5号球衣，在自己家里悠闲地享受日光浴的乐趣……塞林格的意图是希望减轻大赛日渐迫近带来的心理压力，使队员在放松中产生一种对激战的渴望感，以此来调整情绪，增强这支队伍的战斗力。

塞林格是自信的，他认为：美国队拿冠军的可能性很大，中、美女排之间的较量，尽管美国队输得较多，中国队希望较大，但是在正式比赛中相遇，美国队都发挥得较好，如世界锦标赛就是美国队赢了。日本队在心理上一向惧怕与中国队交锋，唯一能够与中国队抗衡的是美国队。

但是，金牌只有一枚……

第一天的比赛中，中、日、美三家都打得并不轻松。日本队输给南朝鲜队一局，以三比一胜；中国队三比〇胜巴西，第一局仅赢两分；美国队与联邦德国苦斗了 105 分钟，第一局打到 17 ∶ 15 才见分晓。

女排三强首战表现一般。袁伟民在答记者问时说：“看来三个队压力问题都解决得不大好。不管谁夺得冠军，都不会一帆风顺。”

郎平说：“我事不过一……”

胜利，像个调皮的孩子。你越盼着他，他越躲开你。

失败，像是可怕的瘟疫。你越躲避它，它越缠上身来。

8 月 3 日夜晚，奥运女排之争出现第一个高潮。

美国女排在一万多同胞的助威下，凯歌高奏，以三比一（15 ∶ 13、7 ∶ 15、16 ∶ 14、15 ∶ 12）赢了中国队，结束了 A 组的最后一场比赛。

中国女排又重演了世界锦标赛上的一幕。尽管四局球的得分加起来，中国队比美国队还多一分；尽管每一局开始都是中国队领先，但是，毕竟是中国队输了，屈居小组第二。

比赛之前，塞林格身穿黑色紧身衣，外套一件白色夹克衫，显得很潇洒。他好像是漫无目的地晃到中国女排领队张一沛的面前，握握手，谈笑间说了这样一句话：

“你们对付日本队有办法。日本队还是留给你们打吧。”

张一沛用含蓄的微笑，来回答塞林格话中有话的表露。显然，塞林格的意图是想吃掉中国队，避开日本队。

谁料想，比赛的结局真的被塞林格不幸言中。

海曼和克罗克特像两架轰炸机，从网上甩下来一枚枚炸弹，火力猛烈。海曼的“砍式”发球威胁很大。马杰斯的拦网频频奏效。相反，我们的多数队员发挥失常。郎平的进攻受到有力的拦阻，只要她一跳起来，网口上就有两三双大手组成铜墙铁壁。纵使白色流星似的银球穿过对方拦网的手臂织成的乌云，又有防守出色的后排队员挽狂澜于既倒。

郎平焦躁起来：“我们天天都在球场上洒下汗水和泪水，忍受着伤病疼痛，还不都是为了现在呀！可我是怎么搞的？难道是中了邪了吗？”她多么想从困境中摆脱出来，但是没有成功。

面对着失败，不但中国姑娘心里窝火极了，连看球的记者们都对这个结局感到意外。有人甚至怀疑：“中国队是真输还是假输？”因为中国队的特长是技术稳定，场上波动小；而技术不稳定、情绪起伏大，则是美国队的“致命伤”，两个队的表现忽然倒了个儿，怎不叫人惊奇。

“中国队输在哪里？”在现场采访的新闻记者们，都在考虑怎样向读者说清楚这个问题。

记者招待会上。袁伟民和塞林格共同坐在话筒前，两人手中各夹着一支烟，在慢慢地吐着烟雾。刚才，袁伟民一坐下来，塞林格就主动为他点烟，这个镜头是以往难得见到的。看来，塞林格今天的心情不错。

两位教练相识多年，很少交谈，但是，通过那个无言的排球，他们又成了互相最了解对方的人。别看比赛时他们各自往球场边一坐，甚至谁也不看谁一眼，不过你心里想的和我心里想的，双方都能猜个八九不离十。

塞林格依然不苟言笑，袁伟民依然神态自若，从他们的脸上确实很难看出什么奥妙。

袁伟民说："这场球，我们主要输在情绪不稳定。领先时，被对方一追赶就急躁起来，控制不住自己，造成技术上不必要的失误。这是过去较少出现的。"

出现在记者招待会上的张蓉芳和郎平，眉头不展，表情淡然，让人一看就觉得她们心头的负担有多重。她们的思绪萦绕在刚刚打过的那场球上，一个环节一个环节寻找着失误的地方。

中国队情绪的波动，突出地表现在一传失误过多。一传，作为排球比赛中的被动技术，可以称作是比赛场上的"晴雨表"，运动员情绪上的波动，马上就会反映在一传上。这场球，中国队一传共失十三分，而且大多失在每局比分上升到十分以后。第三局，10 ∶ 9 以后，中国队仅一传就失四分。最后定乾坤的一二分，均丢在一传上。排球行家们有这样一个说法：排球比赛打到十分以上，一分的作用可顶两分。关键时刻一传丢分，导致局势急转直下，这是中国队过去很少出现的。以往的统计表明，美国队在中、美交锋中失误送分多于中国队，这场球中国队却多于美国队，这也是少有的现象。

中国姑娘们咀嚼着输球的苦果。

回到奥运村里，郎平没有回自己的房间，先到梁艳、李延军等人住的房间里，宽慰她们说："没关系，今天这场球是我没有打好，下两场球打好了，我们还是可以拿冠军的。"大家知道，郎平装作没有事似的，其实她的压力比谁都大。

夜深了，姑娘们的房间里都亮着灯，一点儿没有想要睡觉的迹象。随队翻译李雅佩问她们："你们怎么不睡觉？"姑娘们答道："等着开会呢。"其实，谁也没有通知开会。中国女排已形成了一个习惯，解决问题从来都是不过夜的，问题不解决她们怎能睡得着？教练和领队一商量，干脆开会吧。会议一直开到第二天凌晨两点多钟，把输球的主要原因基本上理清楚了。

但是，这毕竟是奥运会呀！哪一种比赛能与壮丽的奥运会媲美？哪一个运动员不把夺取奥运会桂冠作为最高的追求？总的方面的问题是理清楚了，但不等于每个人心中的乌云都吹散了。扭转懊丧的情绪，还要做许多艰苦细致的工作，靠每个人去战胜自己。

处在这种思想状况下，一个责任心强的运动员往往又是很敏感的，别人的一句话，甚至是一个眼神，都会在自己感情的港湾里激起波涛。昨天晚上在队里，郎平时时都在克制自己，不能表露出懊丧的情绪，因为自己是老队员，一举一动大家都看在眼里。今天在奥运村，几乎遇到的每一个中国人都会劝上两句："别背包袱，放开打……"前几天，她一回奥运村，第一件事就是看看有没有中国运动员贴出来的喜报，谁又夺得了金牌？她怎能忘记，当看到报告中国奥运史上第一枚金牌诞生的大红喜报，她和同伴们都情不自禁地欢呼起来："许海峰一枪打破零蛋，震动世界。"当时，李宁有意逗她们："你们瞧，第一块金牌是我们小子得的，还是我们小子比你们强。"她们也不甘示弱："你们等着瞧，我们女排姑娘一拿就可以拿 12 块。"女排比赛揭开战幕以来，她们渐渐成了代表团的主角，每打一场，大家见面就问："怎么样？几比几？"村内村外，国内国外，炎黄子孙以极大的兴趣关注着她们的战绩。

郎平面临的压力是可想而知的，失败带给她的震撼也是可想而知的。她担心打日本队能不能打好？万一打不好呢？这"三连冠"假如功亏一篑，怎样向祖国人民交代？这责任太沉重了，压得她打不起精神，腿软绵绵的，似乎承担不起身体和思想的重荷。

在运动员餐厅里，她端着盘子避到一边去，想独自清静一下，好好想一想。考验，摆在她的面前，能不能尽快扭转悔恨的情绪，从失败的撞击中摆脱出来，做好充分的思想准备，迎接对日本队的比赛，这无论是对她，还是对全队，都非同小可。

张蓉芳一看，马上跟了过去。她往郎平身旁一站，还没开口，就见郎平的眼泪滴在盘子里。两人谁也没有心思吃这顿饭，干脆就到外边的草坪上，默默坐在那里。她们的心事重啊！

输了球，在这样重要的比赛中输了球，谁不难过。袁伟民知道，郎平的心在哭泣。平时，他找队员谈话，说一声："到我这里来一下。"姑娘们就会应声而至。今天，他主动来找郎平，毫无责备之意，循循善诱地帮她分析技术上的问题，解开她思想上的疙瘩。

"郎平，我们不是天天在研究对付海曼的策略吗？我们的策略对头，就能把海曼给制住。你树大招风，人家恨不得把你的每个动作都分解了，人脑和电脑加起来对付你，你又不是个完人，怎能不失误？一失误就背包袱，这哪像世界最佳扣球手的样子？你不要跟自己过不去，要跟对手过不去。拿得起，放得下，才是大将风度。这场球不影响我们拿冠军，只不过是选择决赛对手的问题。要拿出1982年世界锦标赛时反败为胜的气魄来，在挫折面前不低头。输了就输了，不可动摇信心。人要敢于向自己提要求，非把与日本队这场球拼下来不可。你是聪明人，一点就到。我希望打日本队，你不再是打美国队时的郎平。"

袁指导的话，开人心扉。郎平冷静下来，懊丧、后悔飞走了，思想集中在寻找进攻受阻的原因上。她扳着指头在算：

"一是，对美国三个高大队员的密集拦网，准备不足。尤其是马杰斯，好像盯上我了。据她说，从奥运会集训的第一天起，她就重点练习拦我的进攻，在前排拦我三挡位置。这一点，我防备不够，被拦后措手不及。二是，在一传不到位的情况下，打调整球缺少办法。以往出现这种情况时，孙晋芳会想办法缓一缓，传给别的队员扣，过渡一下，可现在其他年轻队员缺少经验，需要我自己克服困难，对这点我也估计不足。"

听着郎平冷静的分析，袁伟民心里笑了。无私才能无畏。一个好的运动员要经得起各种挫折，在哪里摔倒，就在哪里爬起来，那才是真正的过硬！

在挫折面前苦闷、落泪，甚至气得发自己的脾气，但是只要不退缩逃避，仍不失为强者。这毕竟是奥林匹克啊！郎平虽有"世界大炮"的威名，但参加奥运会毕竟是第一次。从离开北京的那一刻起，强烈的获胜心理就一直支配着这个出征女儿的情绪。她想起那16个小时越过太平洋的飞行。机座对一般人或许是舒适的，但她坐上去，一双长腿不能伸展，受尽“委屈”，浑身像灌了酸梅汤一样，怎么待着都不顺。正在迷迷糊糊、似睡非睡时，忽然感到一只手在拍她的肩膀。睁眼一看，原来是荣高棠同志。他说：“看你睡觉这个别扭劲儿，跟我到头等舱去休息。”她知道头等舱很舒适，但却推辞起来，一是怕影响首长们休息，二是运动员都坐在后边。推来推去，无奈还是从命。她想起那些相识的和不相识的朋友给她的鼓励，送给她的那些小小的吉祥物，她把它们统统别在背包上，背着它们，就是背着祖国人民的期望。

她在日记上写道：“8 月 3 日那场球，被对手制住了，我认了。承认这个现实，但我不服气。我的水平还没有真正地发挥。郎平还是郎平，我还是高水平的攻击手！”

哎，对了！这恢宏的气度才像中国女排 1 号，才是一副冠军相！

小组预赛阶段，中、日、美三强各有各的“算盘”：美国队想避开 B 组的日本队；中国队希望美、日相遇，拼掉一个，少打一场硬仗；日本队最忌讳半路上与中国队相遇，怕被排斥在决赛之外。

三日的中、美之战，山田重雄看完第二局就带着观战的日本女排回去休息了。据说，他也以为中国队能稳操胜券，没想到中国队竟输了。这一输，却形成了日本队最不希望出现的局面，她们必须打败中国队才能争得决赛权。1983 年以来，中、日交锋的胜负是四比一，而日、美交锋的胜负是十比一。日本队把最后打败的目标定在中国队身上。山田说：“我们要加倍认真研究郎平的进攻和如何接好中国队的发球。”

美国女排训练了个马杰斯，作为制服郎平的“秘密武器”，日本队也声称有“秘密武器”。她们让原来的主攻手杉山加代子改打接应二传，去顶替小高笑子对付郎平的进攻，希望这能使郎平一下子不适应这个变化，产生犹豫心理，扰乱她的进攻意识，削弱她的攻击力量。

打日本前，开准备会，大伙儿担心郎平有顾虑，一再鼓励她放开打，不要背包袱。“铁榔头”是队里的顶梁柱，场上的得分手，她这个举足轻重的人物是否精神抖擞，八面威风，关系到整支队伍的士气。只见她笑着说：“请诸位放心。人家事不过三，我事不过一。”一看平时的那股幽默劲又回到这位北京姑娘身上，大家心里的一块石头落了地。郎平气足，准行。

中、日双方的对策，在一小时的激战中经受了检验。山田重雄在做了战术布置之后，特别叮嘱他的队员：“要战胜中国队，仅靠正常的打法不行，要想办法钻她们的空子，打乱她们的步调，哪怕一点小事都不能漏掉。”但是，她们与中国队一交上手就始终没有缓过劲来。连曾带领日本女排三次参加奥运会、三次夺得世界大赛冠军的山田，在临场指挥时也沉不住气。他揿铃要求换人，队员却还没有按规则要求站在他身边，不得已改为“暂停”的手势……中国队战前制定的三条措施：“打战术、多变化；制强攻、堵快攻；抓发球、破一传”基本奏效。进攻打得灵活多变，网上全面开花。郑美珠和杨晓君打出不少漂亮的快攻，连担负强攻任务的郎平、张蓉芳，也时高时快，跑动进攻频频奏效。上次在日本福冈打亚洲锦标赛，日本队从三号位和四号位两点进攻，打得我们很被动。这次，日本队四号位强攻的炮口基本上被封住，密集到三号位进攻又时而被堵回去。梁艳的手变成一堵移动的墙，球撞在这堵“墙”上，反弹回去，杀伤力不亚于扣球。整场比赛，中国队拦网共得十分，每局平均得三点三分，这是更新后的中国女排，在国际比赛中拦网得分率最高的一场。

发球，中国队也十分成功，共得七分。而日本只得了一分。山田用来对付郎平进攻的“秘密武器”，确实在第一局打到 9 ：5 时开始使用。山杉加代子替下小高笑子，打副接应，对准郎平进行密集拦网。可惜“秘密武器”不灵，因为郎平早有准备，采取了措施。全场比赛，郎平一人进攻独得了 11 分，拦网也特别好。

在接受记者采访时，一位美国记者问：“为什么今天的比赛比打美国队时打得好？”

袁伟民说："因为中国队和日本队在打法上是属于同一个体系的，彼此又十分熟悉。在网上我们比日本队稍强一些，所以占了优势。不过，日本队的下'三路'（指一传、防守、小球）比我们好，只是她们今天的一传没有发挥好。"

有人又问："打美国队时中国队情绪不稳定，7日再战美国队是否会好一些？"

袁伟民说："这么大的比赛，队员一时控制不住自己，情绪不稳定，也是难免的。通过及时地做工作，今天有改进，我相信七日会更好一些。"

8月5日这场硬仗，以三比〇拿下来了。通往金牌之路，展现在中国姑娘脚下。

决赛之前，周晓兰的感觉是："打掉了日本队，就感到打美国队也要赢了，特别自信。"

郎平的心里踏实了80%。她心里想："前一场球，你能制住我，不等于每一场球都能制住我。袁指导说得对，一个人再强，不可能永远不被人制住，问题在于不能被人一制就软下来了。"好嘞，我就把你美国队当作是冠军，让我们来拼你！

打赢日本队，郎平就开始琢磨决赛这场球，从思想到技术准备得很充分。

"如果一传到位，我就加强跑动，扩大网上的进攻面；如果一传不到位，打调整球，我准备给你们拦回几个，你拦我几个，我也拦你几个，这不就抵消了。一、二板打不死，不急，只要其他队员加强保护，帮我把拦回的球防起，让我再打三、四板，非打死你不可。"

变化，就是创新，就是力量，就是美。我变化了，你跟不上，还是拿上次的那套办法对付我，那你就亏了。

红球衣与蓝球衣之争

1984年8月7日傍晚（北京时间8月8日中午），长滩体育馆成了比“迪斯尼游乐园”和“好莱坞电影城”更有魅力的地方。

络绎不绝的车流，塞满了周围所有的停车场，迟来一步就不得不为停车而大伤脑筋。摩肩接踵的人潮，从四面八方拥来：有票的人来了，没有票的人也来了；洛杉矶的来了，旧金山、迈阿密、达拉斯的也来了；几位华人，从加拿大日夜兼程结伴开车赶来了。

12000个座位的票子早被争购一空。碰运气“钓鱼”的人，徘徊在入口处，有的手举英文标语牌——“我需要一张票”，如果迎面而来的是中国人，标语牌立即一翻，原来背面是用中文写着：“有退票吗？”有的手里托着各式各样的奥运会纪念章来换票，有的孩子会仰着脸天真地问道：“你能带我进去看比赛吗？”

100美元一张的入场券，一时间身价陡增。如果谁肯割爱，愿意付两倍、三倍甚至更多一点钱的，大有人在。可是，球票持有者此时此刻哪肯随便易手！

女排决赛，精彩纷呈，历来是奥运会上的热门。今晚，在东道国的土地上，中、美女排之间的金牌之战更是人们心中的一个谜。美国观众渴望着自己球队的胜利，要亲临现场为美国姑娘战胜中国女排摇旗呐喊。球场门口的小摊上，出售3美元一面的星条旗，十分抢手。中国留学生和一些华裔青年事先做好许多面小型五星红旗，给入场的每个中国人赠送一面。在伸过来取旗的一只只手中，忽然出现了一只美国人的手。我们的留学生好奇地问：“你是中国人吗？”

他迟疑片刻，答道：“我希望是一个中国人。”

这场球，确实不同寻常。中国姑娘要拿“三连冠”，如同一百层台阶已经走了九十九层；美国姑娘做梦都想拿冠军，只盼今朝了遂夙愿。

雪白雪白的球网，公正、神圣，谁也不可触及，庄严地隔在两支劲旅之间。空中悬垂着各参赛国的国旗和彩旗，组成一片壮观的旗海；

地上铺着色泽鲜明的塑胶地板，土黄色的排球场镶嵌在一大片悦目的绿色当中，像波涛簇拥着的陆地。

隔网相望的中、美女排，是对手，也是老相识。她们都是在 1976 年组建成队，各自走着自己艰难的历程，尝尽人生的咸、酸、苦、辣、甜：多少美好的日子，她们一大早醒来就面对雪白的球网，上午如此，下午如此，晚上还是如此；多少次极限训练，她们汗湿衣衫，一绞就是一摊水；多少人不知多少次受过这样那样的伤，扣球伤到肩，鱼跃擦破肘，滚翻扭了腰，至于戳了手指崴了脚，更是家常便饭；多少次几乎忍受不了这肉体上的痛苦和心灵上的压力，真想转身一走了之。

但是，中国姑娘一个没走，美国姑娘也一个没走。她们都认了，在苦煎苦熬中培养着毅力，提高着能力，等待着攀上排坛珠穆朗玛峰！

现在就是机会。“珠峰之战”终于到来。这是排球运动员们终生难遇的大战，这是排球迷们不可多见的大战。赛前厉兵秣马；上场摩拳擦掌。你斗志高昂，我气势旺盛；你使尽浑身解数，我拿出看家本领；你每球必争，我一分不让。命运在决战，胜利在召唤，每个人都把整个身心扑上去了。

热汗，从中国姑娘的身上渗出来，湿了她们的红球衣。

热汗，沿着美国姑娘的脊背淌下来，湿了她们的蓝球衣。

蓝色，并不代表吉祥。但是，蓝色的球衣，在美国姑娘的眼里，却是吉祥如意的象征。说起来，事情要追溯到两三年前。在 1981 年的“世界杯”比赛中，美国队穿白球衣输给了中国队，从此就感到穿白队服不吉利。偏巧，在 1982 年第九届世界女子排球锦标赛预赛时，美国队以三比〇胜了中国队，那场球又恰恰是穿着蓝球衣打的，所以，此后只要与中国队交锋，她们便认准了要蓝球衣。

四天前的小组预赛，她们一口咬定要蓝球衣。我们同意了。穿着蓝球衣的美国女排果然以三比一获胜，这一巧合更为蓝球衣增添了神奇色彩，她们迷信蓝球衣，几乎到了逢赛必穿的地步。

比赛胜负，在实力，在临场发挥，本与球衣的颜色无关。双方穿什么球衣，比赛规则中并无明细规定，一般是通过协商解决。如果双方挑选了同一种颜色，东道主理应客让。这次金牌之战前夕，在组委听取双方意见时，美国队再次提出要穿蓝球衣，理由是这场比赛的名称叫“中、美女排比赛”，“CHINA”在前，“USA”在后，在前的应该让在后的。美国队认了蓝色，并且提议中国队最好穿红色，这样比较耀眼，容易兴奋。听了这番理由，袁伟民报之一笑。看来，蓝球衣是美国队调整心理的法宝，穿了就顺，不穿就有疙瘩。我们理解她们的心情。成事在人不在衣。我们愿意再次成人之美。

袁伟民笑着对中国姑娘们说：“好吧，我们穿红球衣。红色是我们国旗的颜色，穿起来更来劲！”

比赛之前，塞林格教练挺着胸脯，在我们的场地边上神气地走来走去，盯着每一个中国姑娘，似乎要从她们的脸上寻找这场球的答案。

美国姑娘情绪异常活跃，她们一直在笑，俨然是胜利者了。

练球的时候，郎平到场边去捡一个球，忽然看到观众席上有人举着一块牌子向她晃动，牌子上用英文写的句子真逗：

“美国吓破你的胆！”

她看懂了，也笑了。

“没事儿。我俩胆，吓破一个还有一个。”

最使郎平惊讶的是在运动员入口处，她忽然看到电视屏幕上映出这样一幅画面：塞林格和他的队员格林、海曼、克罗克特四个人的头像已经分别挂上了金光闪闪的金牌。这是电视台预先制作好的画面，准备比赛一结束就放送。

郎平心想：“谁笑到最后，才笑得最甜。”她对同伴们说：“怎么样？我们要把挂在别人脖子上的金牌摘下来，让我们一起加油吧！”

第十五章

侯玉珠珠落玉盘

是梦？不是梦！

金牌，心中的花！

侯玉珠珠落玉盘

金牌之战，双方排出最强阵容，一接上火就打得难解难分。

开赛 30 分钟，从球场到看台，已是一片沸腾的海洋。

“14 ∶ 14”——巨大的电子记分牌上显示的这个比分，本身就够刺激的了。

观众席上，是黄头发、蓝眼睛的天下，他们有节奏地呼喊着“USA”，杂乱地跺着地板，有时还唱着歌，为美国队加油。

黑头发、黑眼睛的观众，恨不得一人有十副喉咙，来与庞大的美国“啦啦队”抗衡。东道国占尽人和天时地利，真是一点儿不假。

忽然，全场一片寂静，是谁关上了这声音的“开关”？

噢，是一位修长的“神州仙女”。

她，穿一身鲜艳的红尼龙球衣，左侧的胸前缀着两个洁白的汉字：中国，字的下面是个醒目的 4 号。

与场上五位姐妹唯一不同的是，她的红球衣是干的。她是替补队员，打主攻的位置。

她手里拿着球，一直退到了绿色地板的边沿，几乎要碰到紫色的挡板。

“侯—玉—珠”，广播报出美国味的中国名字。一万多双眼睛，唰地把目光全落到她的身上。蓬松的刘海从她高高的前额上垂下来，一头秀发在脑后扎成短短的马尾，黑黑的眼珠闪着智慧的光，眼眶有点儿凹陷，一看就像个福建人。

没错。姑娘是从中国福建省顺昌县走向世界的。七年前，14 岁的少女侯玉珠踏进福建省业余体校的大门，开始了艰难而又吸引人的排球生涯。日出日没，月缺月圆，年龄在长，身体在长，球艺在长，知识在长，阅历在长。她终于出落成 1 米 82 的大姑娘，两次从省队被选进中国女排，逐渐磨炼成一员战将。

她担负着特殊使命，袁伟民是调她上来发球的。

14 ∶ 14，这可是风口浪尖。这时的一分，顶得上开局时的几分！得一分，就向胜利的顶峰走近一步；失一球，就给对方以反扑的良机。

从 14 ∶ 9 领先开始，“红球衣”七度掌球，一无建树，反被“蓝球衣”一分一分扳平成 14 ∶ 14。现在，第八次机会来了，这是郎平的晴空霹雳造成打手出界奋争来的，多珍贵，多不容易啊！

这难能可贵的机会就交给你了，载舟覆舟，是取是舍，是进是退，就看你侯玉珠的了。

圆圆的排球，托在她的手上，轻巧得像托着一片羽毛，像托着一个毫无分量的“○”。

多少豆蔻女儿，把最好的年华，把全部的爱，都献给了这个白色的球。白天伴着它，夜晚梦到它。但是，一到比赛，却忽然成了冤家对头，谁都讨厌它，恨不得把它砸个粉碎，让它“死”在对方的场上或是手上。因为在比赛中它落在哪一方就象征着哪一方失去机会，象征着“○”，只有把“○”砸给对方，才能赢得“1”。15 个“1”积累起来，就赢了！

“○”，被侯玉珠的左手轻轻抛起来，不偏不倚，不高不低，接着是扬臂一挥，一股力量，沿着肌肉、骨骼、血脉，沿着肩关节、肘关节、腕关节，传导到手掌上，形成迅雷不及掩耳的一击。球，像脱手的飞鸟，直蹿对方后场。这球走的是“邪门歪道”，眼看着是平击的，运行中却如醉如痴，飘摇恍惚，说不准在哪里拐弯或是下沉。

网那边，站在六号位的韦肖芙，看到球齐肩而来，抽身一让。在一般情况下，像她这等身材的后排队员，躲让齐肩高的球，判断为出界是正确的，可是，这个球却眼巴巴地看着它落在底线内侧，巡边员打旗示意——好球！

巨石落海，溅起水花一片。观众席上，欢呼雀跃，鼓掌赞美的，扼腕惊叹的，百姿百态。

马上，全场又静了下来。静得慑人魂魄，侯玉珠仿佛感到了自己的心跳，听到了自己的呼吸……

“啪，啪”，她把球轻轻地在绿色的发球区地板上拍了拍，镇静一下情绪。然后，球又被她果敢地抛起来。

她的黑眼睛盯着正在做自由落体下降的球，对方六双蓝眼睛盯着她的手，五位队友则全神贯注地盯着蓝眼睛每一个细小的反应。

球，像长了眼睛的“炮弹”，落在对方两名队员之间。刚刚大意失荆州的韦肖芙，将功补过，奋勇争先。

谁知这个球也是个“难剃头”，韦肖芙刚移步到位，就冲她的胃部堕下来，手臂伸不是，屈不是，不好垫。心急力大，一下竟垫过网去。球像一只驯养放飞的鸽子，朝郎平面前飞来。郎平心花怒放：“好菜！好菜！”简直比自己的二传还配胃口。她跨步起跳，抡臂就打。“叮咚！”对方措手不及，球落地开花！

塑胶地板仿佛变成弹簧，郎平一落地马上又跳起来，双手捏成拳头向空中一举，这习惯动作仿佛发出无声的呼喊：“打中了，真痛快！”

如果说侯玉珠，这个普普通通、带几分腼腆的排坛新秀还够不上可以“大书大写”的话，那么，她发的这两个球却是值得“大书大写”的！这是一个转折点，对双方的士气和信心都产生了很大的影响，它的意义，不仅关系到一场球的胜负，而且足以载入中国女排奋斗史册。

喜悦，溢满了我们的球场，溢满球场边和看台上每一个中国人的心窝，谁也来不及细品当时的详情细节，谁也没有深究袁伟民的决策是否过于大胆？把“球命关天”的大事系于初出茅庐的新手身上是否失之轻率？

谢天谢地，战斗的白热化不容许纸上谈兵，不容许举棋不定、优柔寡断，就是要主教练说了算。

袁伟民起用侯玉珠，是“押宝”吗？

“押宝”虽有输赢，但它不是比赛。比赛，就是要好钢用在刀刃上。

有人评论：袁伟民使出“秘密武器”。其实，“秘密武器”并不秘密。没有烈焰的熔炼，没有重锤的锻打，哪里来的“秘密武器”？

在这两个球的背后，有多少期望，多少心血！

出国前的一次会上，每个人都要谈一谈如何在奥运会作贡献。侯玉珠的紧张，从那次会上就开始了。她虽然是个替补队员，袁指导见她发起球来火辣辣的，就预先和她打招呼，比赛时要用她发球。像这样的世界大赛，她过去从电视上看看，都觉得气氛紧张，双方比分一“咬”住，就不光是拼技术，还要拼意志，神经脆弱的真架不住这样的场面。她也担心自己发挥不好，虽然会上大家纷纷安慰她，可她还是放心不下。

打巴西，袁指导调她上场发球，她第一次在长滩体育馆“亮相”。心慌手软，像好长时间没训练似的，场地显得那么大，球网显得那么远，网的那边，“敌人”好像不止6个，而是12个、24个，站得满满的，叫她把球往哪里发呢？

这只球要敲过去，但是怎么敲过去？她心里并不清楚。球抛起来了，太低，一掌打去，球砸在网沿上，弹了回来。一出台就砸了戏，她想：“这下完了。下边的球怎么打？”她真想换下去算了。说时迟，那时快，对方的球根本不容她胡思乱想就径直朝她冲来。她集中精力一垫，好！没有失误。她换下场走过教练的面前，内心充满了内疚。袁指导却毫不介意地说：“没关系。让你上去适应适应，下次再发。”简短的话像温暖的风，使她紧缩着的心放开了。

与美国的决战，教练还是要用她发球，大家都对她说：“你这球只要发过去准有‘戏’，关键是要把心情平静下来，把情绪控制好。”

“对！关键是要控制情绪。”第一仗输给美国，她反而把思想整个集中在球上。像写文章酝酿成熟了结构，像作曲找到了旋律，像绘画把握住了基调，侯玉珠今天灵感来了，大大方方跑步上场，一点儿也不害怕，觉得很有把握。在她的感觉世界里，球场上一个人也没有，就像她平时在训练馆里一个人练发球，镇定自若，想打到哪里就打到哪里，与上次打巴西队判若两人。

金牌之战，首局成败关系甚大。美国姑娘是多么想把这一局拿下来，重演8月3日的一幕。她们好不容易追到14平，被侯玉珠连轰两炮，还是先失一局。情绪波动的老毛病又隐隐约约表现出来，并且越来越明显。两颗闻名遐迩的“黑珍珠”——海曼和克罗克特，失误明显增多，倒是另一颗新冒出来的“黑珍珠”——1米90的马杰斯，打出一些好球。

第二局，打到13 ∶ 3，中国队领先，又是最后两分。侯玉珠再度受命上场发球。第一个球，对方垫球连击；第二个球，又垫在网里。梅开二度，两发两得。

侯玉珠珠落玉盘。不是“秘密武器”，起了秘密武器的作用，连喜怒从不形于色的袁伟民，此时也做出了不寻常的表示。不过，这点表示太细微，只有非常熟悉他的人才能发现。

完成了使命的侯玉珠，含笑朝袁指导走来。随队多年的田大夫惊讶地发现，袁伟民竟主动向这位建立特殊功勋的队员伸出手来，因为在田大夫的记忆里从来没有袁伟民在场边与队员握手的先例。他不由得喃喃自语：“今天真是例外！今天真是例外！”

袁伟民心里要说的话，尽在这无言的一握中：

“感谢你，侯玉珠！”

是梦？不是梦！

金牌之战的每一分钟，都是那么难熬。张蓉芳巴不得快点儿打完这场球，事情也好早点儿有个结局。

再过两个月，她在排坛上的奋斗之路，就整整走了十四年了。

十四年多难熬啊！人生又能有几个十四年呢？

路漫漫其修远兮……那是 1970 年初冬，一个 13 岁的四川娃儿，从成都体育场那块沙土地的露天排球场上开步，跋山涉水，披荆斩棘，沿着一条坎坷的排球之路，走啊走啊，多少次几乎走不动了，多少次几乎跌下悬崖峭壁，但是她矢志不渝，历尽艰险，终于走到洛杉矶奥运会这块塑胶排球场上来了。

14 年了，在这块高 2 米 24、宽 9 米的排球网上，她挥臂一抡，扣出过多少好球：刁钻诡谲的，打手出界的，落地开花的……是上千？上万？到底有多少？她记不得了。

过去的一切，逐渐逐渐淡忘了。但是，这个球，她将永远保留在记忆之中。

这是金牌之战的最后一球；

这是把“三连冠”的理想变成灿烂现实的一球；

这是和她的生命融为一体的一球。

中、美女排决赛，我们再拿一局，就赢了。第三局开局顺利，很快打到 14 ∶ 5。但是，此后美国队连得四分，追成 14 ∶ 9。中国队的比分却像钉住了一样，这最后的一分就是拿不下来。

袁伟民叫停，面授机宜。

经过几个回合的争夺，发球权又被中国队夺回来了。美国队的一攻也被我们防起来了。这个球，是克罗克特从四号位劈下来的，拦网能手朱玲奋起拦网，球被阻挡后减弱了力量，沿着一条抛物线向我后排飞去，守在那里的杨锡兰稳稳地垫到网前，梁艳立即蹿上去做接应二传，等在四号位的张蓉芳几乎是同时跃起在空中，球到手到，腕子一抖，球像利箭，斜着射向对方场地的左侧。克罗克特奋舒左臂一垫，球马上改变方向，弹出场外。反应敏捷的马杰斯，几乎和球同时启动，急速追上去，跳过了挡板。但是，还是晚了一步……

场旁坐着的邓若曾一下子跳了起来。“太好了！”他定睛一看，站在网前的三个队员全是四川姑娘，这个球打得也是川味十足：麻、辣、烫！

15 ：9，第三局终于有了结果！

三比〇，谁是金牌的主人，顿时有了答案！

随着永远难忘的终场哨音一响，持续一个半小时之久的“USA”的呼喊声止息了，四座响起一片掌声，为这场高水平的球赛鼓掌，为中国女排的胜利鼓掌，为美国女排的努力鼓掌。由星条旗汇成的旗海不见了，这才显出那一面面舞动的五星红旗，才显出炎黄子孙拉起的旗帜上那饱含情感的大字，有的写着英文：“China First”，有的写着中文：“中国加油”，有的还是用繁体字从右到左写的。无论是来自海峡的哪一边，无论持哪一种护照，凡是龙的传人都在为同一支球队助威。

胜利是公正的。失败是无情的。

球场上，“红球衣”喜极而泣，泪水映出胜利光辉；“蓝球衣”悲从中来，壮志未酬，遗恨不已。她们各自抱成一团，像一团红花和一团蓝花，开放在这土黄色的园地上。

张蓉芳是中国女排夺取“三连冠”的头等功臣。穿着黄背心的电视摄影师正把镜头对准了她。她全然没有察觉，右手扶着自己的膝盖，左手掩面而泣。簌簌泪水，滴落在沾满她们汗水的地板上。

不知是谁，在一旁直喊：“毛毛别哭，别哭，笑！笑！”这时，她什么也顾不上了，竟孩子气地任性起来：“别管我，别管我，让我痛痛快快地哭一场！”

多少艰辛，多少焦虑，多少痛苦，都随着这泪水流了出来。多舒畅啊！这些年来，汗总算没有白流，“罪”总算没有白受。我们终于对祖国、对人民有所交代了。我们终于用自己的心，赢得了事业上的成功!

人的感情，有时候真难控制，最痛苦的时刻会哭泣，最高兴的时刻也会哭泣。

作为“元老”，从建队的第一天起，张蓉芳就是中国女排的一员，风风雨雨，坎坎坷坷，她一次不落，全都经历过。八年的历程是艰难的，不过最难熬的还是从去年到今年的这段岁月。这一年多，张蓉芳觉得比前六七年走过的路还要漫长……

这一年多，她成为这支“老冠军、新队伍”的队长，像过去那样，仅仅要求自己当好一个主攻手就远远不够了。

她清楚地记得，那是1983年的初春，她刚从急性胰腺炎的困扰中挣脱出来，中国女排队长的重担又沉重地落在了她的肩上。

她从成都养病归队不久，同伴们也从漳州冬训回到北京。姐妹相见分外亲，她被队友们团团围住，亲切、惊讶、怜悯的目光，落在她的身上。

“毛毛，可想死你了！”周晓兰那股亲昵劲，就差没吻她了。

“这下可好啦，我身上的担子可以卸给你了！”郎平搂着毛毛，像个大妹妹搂着小姐姐，这下可有依靠了。

张蓉芳却一头雾水，两只黑眸子一会儿变成了问号，一会儿变成了惊叹号。周围的11双黑眼睛全都流光溢彩，11张嘴异口同声地说：

“你是我们的队长啦！”

张蓉芳急了，摇着郎平的手直嚷：

“你瞎说！你瞎说！”

郎平抿着嘴，望着天，一副调皮相：

“不信？你去问袁指导！”

一个主攻手，要有突破对方的实力，才能给队友带来信心和力量。

一个队长，要有一颗火热的心，才能把整个队团结成一个人。

倔强的“毛毛”，要像当好一个主攻手那样，当好一个尽职的队长。开会听得多、讲得少的习惯，被她改掉了，变为经常的首席发言人、会议主持者。这对性格内向的张蓉芳来说是多么大的变化啊！队长的重担，把她磨炼得更成熟了。新的权威形成了。

她俨然是个大姐姐，处处关心、照顾着小妹妹们。郴州冬训时，北京姑娘杨晓君过不惯南方阴湿的冬天，受过伤的腰又受了寒，隐隐作痛。张蓉芳马上把自己的鸭绒背心让她穿上。晓君操着小妹妹的口气说："哦，温暖来了。谢谢毛毛姐姐。"

另一个北京姑娘郎平，插上来逗趣："不！应该说谢谢未来的姐夫。"

"怪不得，不然这背心怎么这么大！"

"姐夫是谁呀？"

有的鬼丫头明知故问，其实这早已是公开的秘密。

"谁？——闭着眼睛破门！"

"噢！胡进，胡进。闭着眼睛破门还不是胡进。"

这些运动员的大脑和小脑一样灵敏，做出的反应多快！

"哈哈，哈哈，哈哈！"

训练生活有苦，也有乐。银铃般的笑声，带着姑娘们的苦和累、病和痛，飞出了她们的宿舍。

这是哪门子的歇后语？纯属胡编乱造。不过，这些鬼丫头也真够"坏"的，让人一下子就想到"他"。张蓉芳笑了，笑得甜甜的。

丘比特几次举起弓箭，一看张蓉芳对排球那么深沉的爱，就怯生生地伫立其旁，不敢轻易放箭。胡进走过来了。一位是男排的接应二传，一个是女排的主攻手，肯定配合默契，还犹豫什么？丘比特！射！好，一箭中的。

胡进，辽宁人，担任过中国男排的队长，是个好小伙子，老实、正派、好学。他以顽强的毅力自学英语，不但出国比赛能顶半拉翻译，还给《新体育》杂志翻译过有关排球的文章。

共同的追求，共同的爱好，使两颗年轻的心相近、相知、相爱。

是的，“爱情，众水不能熄灭，大水也不能淹没！”正像《圣经》上写的那样。但是，高尚、充实的爱情，决不仅仅是花前月下，卿卿我我，形影不离。

没有事业，没有追求，爱情的花开不鲜艳。

这个闯进张蓉芳心里的胡进，并没有挤掉姑娘心中排球的位置。“排球第一，胡进第二”。在她困难的时候，在她与病魔斗争的关头，他写去过长长的信，一次花二三十元钱打去长长的长途电话，给她安慰，给她力量，鼓励她任何时候都要朝前看，把“三连冠”拿到手，沿着自己选择的路走下去。

行路难，行路难。遥远的旅途，越接近目的地越是举步维艰。这条“三连冠”之路，真难走。两年前在秘鲁，首战美国队就栽了跟头，好在爬起来得快，像走钢丝一样，小心谨慎，沉着果断，一步也不失误地走了过去。

这次在洛杉矶，又一次撞在美国队这堵墙壁上。第一次中、美之战，我们以一比三失利，队里一时笼罩着懊丧的情绪。张蓉芳知道，一个逆境中的队长，要做中流砥柱，要用自己的镇静来镇定别人，要用自己的信心来增强别人的勇气。

输球之夜，总结会之后，袁指导悄声问张蓉芳：

“看你眼泪含在眼眶里，想哭了吧！”

“球还没打完呢，掉哪门子泪啊！等到我们冠军拿到手，我是会哭的。”

张蓉芳的回答，呱啦松脆。

这一夜，睡在奥运村一栋八层楼 503 号房间里的张蓉芳，久久难以入睡。

席梦思床，在她的身下“咯吱”作响。这是怎么回事？原来，她和同房间的郑美珠，都是睡不得软床的命，她们的腰不好，服硬不服软，就找来两块床板，垫在席梦思上，腰板挺直了，反而睡得舒服点。

几天来，她老睡不安稳，老做梦，一梦就梦到比赛，一比赛就是

13 ∶ 13、14 ∶ 14，急得一身的汗，把床上的衣服都甩到了地下。

这天夜里，她模模糊糊地看到，一排金光锃亮的铜号举起来了，号上还饰着奥运会的五环旗；一排年轻英俊的美国青年，吹响了铜号，是优美的《奥林匹克颂》，不过听不真切，朦朦胧胧的。一队白衣少女托着金牌、捧着鲜花走来了，这是发给谁的呢？她正在猜测，忽然广播里响起她的名字："张—蓉—芳"啊！我们得了金牌。国际奥委会的一位长者向她发奖，她弯下腰去，看到白的，是长者的头发；金的，是冠军奖牌；红的，是大把的鲜花。

金牌，沉甸甸的，闪着光辉。她禁不住去抚摩那块象征着奋斗和荣誉的金牌。啊！金牌怎么这样凉？

她猛地醒了，是梦。

不知什么时候，她把自己的护腰紧紧地捏在了手里，冰凉的金属挂钩正好握在手心里……

腰，排球运动员的腰，应该像豹子的腰那样，灵活而有力。当张蓉芳像一只机敏的山豹，频频利用腰腹的力量，腾跃滚翻，劈杀扣拦的时候，有哪一位观众知道，在她的红球衣里边，还藏着一条宽宽的护腰。

这条护腰，是张蓉芳自己用黑色的宽紧带做成的。单层力薄，用的是双层，细密的针脚缝得又牢又好，比京剧武生演员的练功带还得劲。

张蓉芳上球场，就像武生登舞台，先得扎靠停当。队友们心疼她，她却不在乎地说："不这样，这条破腰不行啊！"

拼搏的汗水，湿透了她的球衣，可想而知那护腰早就滴水了。每次打完球，摘下护腰一拧，汗水就从指缝里流到地板上。

几天来，张蓉芳的护腰干了湿，湿了干。"金牌梦"是不是梦，终于有了答案。

灿灿金牌，真的挂在张蓉芳高高挺起的胸脯上，在艳红的尼龙球衣映衬下，闪着骄傲的光芒。

金牌之梦圆了。她只想哭。除了泪水，还有什么形式能够最真实、最充分地表达她和队友们此时的心情呢？

“请原谅我们吧！在胜利的喜悦面前，我们的感情是脆弱的……”

金牌，心中的花！

金牌梦，不是梦！

长滩体育馆的场地当中，在姑娘们刚刚洒下过汗水的地方，女排冠军的领奖台摆好了。

哦，领奖台真的是建筑在汗水上的啊！

领奖台，长长的，颜色是悦目的玫瑰红，正面饰着“运动三星”，下部缀着一排白色的小星，像星汉彩云托着中国女排的 12 位姑娘。

她们换了一套球衣，白色的衫，白色的鞋，配一条大红的球裤，显得洁净、修长，浑身上下充溢着青春的活力和健美的光彩，真是个“神州仙女”好风采！

金牌，在她们胸前闪着耀眼的光辉，是一颗颗年轻的心上开出的花！

她们从领奖台上望去，眼前是一片彩色的海：不同的肤色，不同颜色的头发，不同的服饰，不同的旗帜……

如果人的眼睛，也像记者们举着的那些照相机，可以随心所欲地变换镜头，一会儿是标准镜头，一会儿是广角镜头，一会儿是变焦镜头，一下子可以把几百米、上千米远的景物拉到眼前，那有多好。

她们想找大海中的一滴水，万众之中一个人。这个人，就是女排姑娘们这次来洛杉矶结识的滕健耀先生。在这胜利的时刻，她们深情地挥动手臂，向守候在电视旁的祖国亲人致意，向热情的观众致意，向精神饱满的华人啦啦队致意，也向这位与女排有特殊接触的滕先生致意。

滕先生一头的银发，蓬松地向后梳着；一副近视眼镜，架在鼻梁上，一派学者风度。他旅居洛杉矶五十余载，是当地知名的脑外科专家、教授。在女排姑娘们眼里，则是一位热情的老乡，慈祥的老伯伯。

滕先生来了。他正从茫茫人海中望着争气的中国姑娘，泪水模糊了他的视线……

老人今天特别兴奋。坐在看台上的他，身穿耀眼的艳红衬衫，高举“加油”的红牌，手摇五星红旗，呐喊不休。他的前后左右，是一片“USA”的海洋。中国姑娘得来一分，“USA”便拍拍他的肩膀说：“这一分是你的！”花旗姐儿赢一球，他也拍拍“USA”的肩膀贺一番。精彩处，不计中国、美国，同声喝彩。

最后一球落地，他看到神州女儿飞泪相庆，也情不自禁热泪满眶。50 年了，从没有在看台上落泪，也从没有这样激动、自豪过。

金牌，也是这位老人心上开的花。

这几天，他和他的一家，与中国女排共忧患，同欢乐。姑娘们的胜利，带给他的比一般人多得多……

中国女排初到洛杉矶，深感这座城市大而分散。星罗棋布的 79 座城镇，明珠般撒在广袤的土地上，比北京的范围大几倍。这里的人，几乎是无车不出门，上班、上学竟在几十公里之外，是名副其实的“汽车轱辘上的城市”。交通，既方便，又不方便。从奥运村到长滩体育馆，乘坐大会的大巴士，如果一路顺风，要一个小时；如果不巧赶上交通高峰或是“堵车”，那就很难估计时间了。大会规定，参赛双方要提前两小时到场。怎样安排好交通，就成了各代表团十分关心的问题。美国队曾经提出建议，万一遇到这种情况，运动员可乘直升飞机，以免耽误赛事。但是，没有得到组委会的同意。

中国女排路程交通不便的消息，在当地华人中不胫而走，滕先生从曾伦赞博士那里得知这一消息，马上热情相邀：“咱滕家愿做女排赛前的大本营。”

滕家的别墅，坐落在美丽的长滩海滨风景区，环境幽静，门卫安全。

从这里开车到比赛场地，只消十几分钟。

“有缘千里来相逢”，女排姑娘的到来，滕家忙碌得像过年，愉快得像过节。

滕先生府上是山东烟台，域外漂泊半个世纪，胶东乡音如故，豪爽热诚依旧。

在花木扶疏、藤萝攀援的滕家院里，有一个很高级的游泳池。池中绿波粼粼，清澈见底。池边的彩色瓷砖上放着两只碗，一只空着，一只装满石子，刚好是一百粒。滕先生每天坚持游泳，古铜色的皮肤在阳光下闪着光泽，根本不像个上了年纪的人。他每游一个来回，就取一颗石子放到空碗里，等空的碗满了、满的碗空了，他一天的健身计划也就完成了。

滕先生是个十足的体育迷，爱看、爱评、爱写，当地的华文报纸常有他的佳作。同样一场比赛，同样一件事情，写到他的笔下，把自己的见地、阅历、知识、感情糅合进去，妙语连珠，警句不绝，纵看成峰，横看成岭，兴味盎然，引人入胜。他从《代表团名册》看到朱玲籍贯是山东，乡亲相见格外亲，笔下写来也带情：

“原来她是重庆生长的山东妞。这一来，便齐全了俺山东！有油！有金！有煤！有鱼虾海鲜，有粮产，有泰山黄河！还有女杰英雄！物华天宝。乐了文武七艺并重的孔孟夫子，更乐了本家老汉！”

滕先生听说中国争取在2000年举办第二十七届奥运会，喜不自胜。他对姑娘们说：“待到那日月，俺是八十老翁了，但不服老，请准许我跑奥运火炬，或玉门关，或长安道，姑娘们只许旁观，为我加油，不需搀扶，行吗？”谁听了能不为他鼓掌？

滕大妈祖籍湖南，是位知冷暖、重情谊的好心妈妈。杨锡兰一向出门晕车，滕先生的大轿车开得四平八稳，她却坐得头晕目眩，一下车步履摇晃，直恶心。这可急坏了滕大妈，怎可未临阵，先折将？责怪滕先生开车技术差，滕先生却用医生敏锐的观察发现她内耳不济，是内耳前庭的半圆导管过敏。并开具“处方”：“今后上车，坐在司机的旁边，两目前视，头端颈直，便扰不乱半圆导管的前庭液，就不会头晕了。”

主人和客人各忙各的。

客人在宽敞明亮的客厅里开准备会。进门前，翻译李雅佩得知滕家干净惯了，有脱鞋的习惯，便一声吩咐：“脱鞋！”12 双“小舢板”便齐刷刷“停泊”在门廊旁。杨锡兰干脆连袜子也不要了，光脚踩在地毯上，多痛快！望着这些天真纯朴的丫头，两位老人乐不可支。滕先生一手拉着郎平，一手牵着张蓉芳，说：“早年在咱国里，冲着这些大脚丫儿，准找不到婆家呀！”逗得姑娘们笑了个前仰后合。

厨房里，滕大妈挂帅，邀来曾姨妈、勤工俭学的干女儿——青岛的娄宁帮忙，她们都烧得一手好菜。听说随同前来的《体育报》记者颜世雄烧上海菜有两手，也被请入厨房，掌勺上锅。

餐桌上丰盛得像宴会，卤牛肉、风干鸡、红烧蹄髈、酱爆肉丝、金钩奶油白菜、肉末葱油烧饼、花卷、叉烧、担担面、辣豆瓣、四川泡菜泡豇豆，乐得几个“真四川”喊“要得！”连“假四川”也喊：“要得！”

那一天，首战美国。郎平望着喷香的、真正的中国饭菜，却吃得很少。比赛，把她的心塞得满满的，总觉得一件大事没有完成。

傍晚 6 点，滕先生自己开车，来回跑了两趟，才把所有的人送到长滩体育馆。最使女排姑娘们过意不去的是，忙碌一天的滕先生，到了体育馆门口，却要打回票，看不成这场球女排姑娘们也无能为力，这里讲票房价值，对谁都不照顾，每张票都是在窗口卖掉的。

滕先生和姑娘们挥手再见：“我买的是最后一场决赛的票，等着看你们领金牌！”

女排姑娘们心里暗暗地说：“请放心，我们一定不使中国人失望！”

滕先生没有失望。

争气的中国姑娘，英雄的中国姑娘，你们真的把别人想挂在脖子上的金牌夺过来，挂在了自己的脖子上。长江、黄河为你们欢笑，十亿神州儿女为你们骄傲，海外赤子为你们自豪!

四盆楚楚动人的白菊，为中国女排的更衣室带来一片生机。这是当地华侨为庆贺女排的胜利特意送来的。屋子正中的桌子上，放着一箱苹果，一箱水蜜桃。苹果大得像小皮球，水蜜桃红里透亮……这是几位留学生刚刚搬进来的，说是门口两位华侨想进进不来，其中一位还捎进来一张名片，她叫郑平平，是一位医生。

原来，郑大夫和她的朋友清晨动身从旧金山驱车赶来洛杉矶，指望侥幸能等到两张退票，好亲临现场一睹中国女排风采。谁知那天等退票的“行情”大变，直到裁判的哨子吹响，她们还失望地徘徊在门口。她们舍不得离去，抱着一线希望，幻想能从迟到者手里得到满足。比赛在激烈地进行，好心的留学生知道她们不肯离去，第一局一结束，就马上跑出来向她们传递消息。

她们根据第一局的结果，断定今晚中国女排要赢，于是便驱车去超级市场买来两箱水果劳军。

喜讯终于从沸腾的比赛场地上传出来了：“三比〇！三比〇！”欣喜若狂的郑大夫她们前去和体育馆门卫商量，请求通融一下，允许把寄托着她们心意的水果送进去，门卫很客气，表示理解她们的心情，不过还得公事公办，结果是叫出两位留学生代劳。

更衣室里，是中国姑娘的天下。在这里，要说要笑，要哭要乐，反正谁也看不见，爱怎么样就怎么样。刚才，她们在球场上打“疯”了，此刻在更衣室里乐狂了。

袁伟民走到姑娘们的面前，向她们祝贺，和她们一个个握手。

他握着杨锡兰的手——

这个“天津卫”，这个“杨子”，这个英姿飒爽的军人，竟“呜呜”地哭出声来……

祝捷时刻，百感交集。除了张蓉芳、郎平等老队员外，哭得最动情的就是这个“杨子”。

自从她顶替了孙晋芳的位置，挑起二传的大梁，她流了多少汗、多少泪，作了多少难啊！

这次到了洛杉矶，她的思想压力很大。8 月 3 日输给美国队，一传不到位，她二传又传出不少“倒三角”，可真难为了两位主攻手。8 月 5 日打日本队，这可是一锤子买卖，打好了上，打坏了下。比赛前，杨锡兰暗暗捏紧了拳头：“今天这一仗只能赢，不能输！”

可是，在运动员入口处，她突然紧张起来，叫住了郎平，说：“我喘不过气来，就像刚刚练完长跑一样……”只见她仰起头颈，脸都白了，大口大口地喘气。她真想胸口能开扇窗户，让清新的空气直接吹进来，驱散心头的郁闷。

郎平一点儿也不慌张，亲切地挽着她的臂膀：“你这种感觉是正常的，因为这是关系到冠军有没有份的比赛，压力一大，心情就紧张。我在 1981 年世界杯的比赛时也有这种现象。别担心，你放开传，我们尽量相互弥补，共渡难关。一上场，注意力集中到打好每一个球上，紧张情绪就会渐渐消除。”

郎平马上招呼张蓉芳，把情况一讲，张蓉芳又去安慰杨子几句。她们接着找郑美珠和梁艳，叮嘱道：“万一场上扣球配不上，不要着急，大家要鼓杨子的劲，设法弥补。”

几个球一打，大家配合默契，早把紧张心理抛到了九霄云外，杨子打得那样自信，那样顺，像一只鸟儿，在排球王国里自由地翱翔。

最后战胜了美国队，憋了大半年的气终于畅快地吐出来了。憋了大半年的泪终于化作了倾盆大雨……

“只要别人能做到的事，我一定也要做到！”

孙晋芳做到的事，今天杨锡兰也做到了！

袁伟民握着周晓兰的手——

袁指导很动感情地说：“晓兰啊，总算坚持下来了，这么多年不容易啊！”

周晓兰再也忍不住了，泪如泉涌……

当抑制不住时，
那么，就请不要抑制，
让泪水流下来，流下来，
然后揩净，你会觉得无比充实。

前两次拿世界冠军，周晓兰战斗在第一线，这次夺奥运会金牌，她虽然退居第二线，但赢得胜利之后，心情比前两次还激动，说不出的幸福、自豪、欣慰……

她和杨锡兰不但球衣的号码紧挨着，心也紧挨着，处处都想帮杨子一把。这次出发前，她想得最多的是，杨子能不能顶住。杨子发挥好了，整个队才能保证世界一流水平；她一失常，整台戏就砸了。她可是个举足轻重的角色，队里暂时还没有人能替代她。

杨子毕竟嫩，没见过这么大的世面。比赛前，她天天念叨着比赛。晓兰找她聊天："杨子啊，有的人想比赛太少，容易产生麻痹思想；你是想比赛太多，这样也会背包袱啊。"

中、美首战，晓兰看杨子打得不理想，分配球头脑不清楚，真替她着急。总结会后，晓兰问杨子："你现在在想什么？"

她说："我在想明天对日本队怎样拼出来。昨天郎平进攻受阻，我见她打不下去，不知道传给谁扣好了。加上一传不到位，没法组织战术，我心一急就乱了套。现在再后悔也没有用，什么也不想，吸取教训，打好明天这场球。"

杨子果然发挥出了应有的水平，出色地完成了任务。晓兰这个大姐姐由衷地为杨子、为所有的新队员高兴，她可以放心地交班了。"今后闯天下，全靠你们了！"

金牌之战前夕，她把奥运村里的树叶摘下来一片，珍藏在那本记着她的忧欢、留着她前进足迹的日记本里。奥运会，对她是最后一次了。

“我们终于完成了全国人民赋予的使命。起码在我退出国家队之前，我是个胜利者。我可以问心无愧地说：再见！”

一双双手，一双双不知打裂过多少次、不知缠过多少胶布的手，向袁伟民伸来，张蓉芳的、郎平的、梁艳的、侯玉珠的、苏惠娟的、姜英的、李延军的、杨晓君的、郑美珠的……

他一一握着，握着……这些手忽然一起把他抓住，用力地把他抛向空中，一次又一次，带着她们的感谢，带着她们的爱戴，带着她们一颗颗纯洁、火热的心。

夜晚的风，拂送着花木的幽香，一直吹到中国女排姑娘心里，吹到中国奥运会代表团名誉顾问吴家玮博士的心里，这位旧金山州立大学校长十几天来一直和中国体育健儿朝夕相处，已经变成这个集体中的一员。这时，他和中国女排的姑娘们同乘一辆轿车返回奥运村。

洛杉矶在沉睡。发奖仪式结束，已经是凌晨 1 点半了，街上空无一人，只有这一车沉浸在欢乐和幸福中的人们在歌唱：

长江，长城，
黄山，黄河，
在我心中重千斤，
无论何时，无论何地，
心中一样亲。
流在心里的血，
澎湃着中华的声音，
……

《我的中国心》刚刚唱完，不知谁又带头唱起了《龙的传人》，接着是《军港之夜》《洪湖水浪打浪》……一个个因为在激战中大声叫喊变得沙哑的喉咙，唱出了感人的歌声，飘逸在异国他乡的夜空里。

不知是谁“蹦”出了一句：“咱们是时髦喉咙唱流行歌曲。”马上引发了一阵笑声。

唱吧，笑吧，姑娘们！8月7日的夜晚是属于你们的。

吴家玮先生分享着姑娘们的欢乐。他忽然想到：过去日本女排有“东洋魔女”之称，可是“魔女”这个字眼和中国女排比起来可不够恰当，眼前这些姑娘个个眉清目秀，活泼可爱，若是把她们叫作“神州仙女”，可称十分恰当。在他看来，女排姑娘处处给人的印象是“挺得直、笑得甜”，简直是全世界最美的“小”姑娘。他为她们祝福，也相信所有的中国人都会由衷地为她们祝福。

车窗外，垂着黑丝绒般的天幕，夜空里缀满了星星。姑娘们仰望天空，天空是连成一片的，在地球的那一边，在八月的晴空下，是她们的祖国，有她们的亲人……

她们的思绪，飞过夜空，飞回遥远的祖国。

远征的女儿奉献了一份厚礼，祖国爆竹声声，一片欢腾。

中、美女排鏖战的一个半小时，祖国正是中午，多少人被吸引到电视机旁，忘记了吃饭，忘记了时间，忘记了一切。城市的公共汽车上，乘客减少了，匆匆赶路的人打开了袖珍型半导体收音机，出售电视机的柜台上，干脆把所有的电视机都打开……举国上下关心着这场球，十亿颗心都在为中国女排加油！

女排姑娘们的家里，更是像过节一样。这些年，随着中国女排征战天南地北，亲人们跟着操了多少心，担了多少忧，又分享了多少欢乐和荣誉。

在四川成都，张蓉芳的母亲怕老伴的心脏经不起紧张比赛的刺激，好说歹说才把他动员到另一间屋里，每赛完一局老太太就跑着颠着去向他报告消息，不然，又怕他急得犯了心脏病。

在福建顺昌，侯玉珠全家十余人围坐在电视机旁，当看到侯玉珠关键时刻上场发球，紧张得手心里都攥出了汗。当母亲看到自己的女儿不负众望，球无虚发，激动得双眼涌出了热泪。球赛刚看完，县委的领导同志便登门来向侯玉珠的双亲祝贺，感谢他们养育了一个好女儿。

在首都八一体工大队，几位小青年不约而同地来到一位年轻的科研人员宿舍里看电视。主人叫白帆，身高 1 米 90，长得文静秀气，要个头有个头，要风度有风度，小伙子是郎平的那个“他”。中、美女排预赛那天，单位里的年轻人端着饭碗到白帆这里看球，白帆买了许多啤酒，放在那儿，准备为女排祝捷。没想到女排输了。酒，还是喝了，算是为她们提前干杯。中、美女排决赛前，白帆关照伙伴们：“咱们今天干脆别去食堂打饭了,如果女排把冠军拿下来,我请客。”金牌之战，催开了“三连冠”之花，白帆和这些关心女排的伙伴，骑上自行车，兴高采烈地向一家饭店进发，他们要好好为女排干一杯，为咱们的“铁榔头”干一杯。

女排姑娘，是祖国“大家庭”里的一员，她们有十亿亲人。这一天，华夏大地上，多少人像盼望亲人成功那样，由衷地为她们祝福。

在美丽的海滨城市烟台，正在这里休养的文艺界、新闻界老前辈夏衍同志，早早地就坐在电视机前。自从奥运会开幕以来，凡是播放比赛的电视，他一场不落。前些天，一起看电视的人在聊天。有人说中国能拿 12 块金牌。他说能拿 15 块。今天女排决赛前，有人说，说不定女排要输。他却说：一定会赢。对女排的关心和了解，使他非常自信。女排果然赢了。烟台的张裕葡萄酒是闻名遐迩的，多少人举杯为女排祝捷，开怀畅饮。

在奥运村中国代表团驻地——加利福尼亚大学洛杉矶分校五号楼，人们也在为女排庆功祝捷。女排姑娘们一到“家”，迎面就是一张热情的贺信：

“女排一定要赢！女排就是赢了！你们艰苦奋战，顽强拼搏，终于实现了‘三连冠’,为祖国再次争得巨大荣誉,为中华民族增添了异彩。

向你们学习！向你们表示最热烈的祝贺！”

这是一个欢乐之夜，不眠之夜。中国留学生的代表送来了包好的饺子、做好的花卷。陈先副团长派人到唐人街上采购来各式点心。热心的李雅佩和周晓兰、苏惠娟等姑娘忙着煮饺子，真像过年一样。饺子的热气，谈笑的声浪，相机咔嚓作响，在大厅里汇成欢乐的交响曲，一直持续到东方露出鱼肚白……

第一个欢乐的波峰刚过，第二个欢乐的高峰又至。一大早，奥运村的大门口就等着许多美籍华人，纷纷邀请中国女排赴宴。来得最早的一批人中，有两位从台湾来的工程师，他们真诚地希望女排姑娘能接受自己的邀请。加利福尼亚州的一位前州长，也打来电话欢迎女排光临他家做客。

美国是一个崇尚英雄主义的国度，谁强就佩服谁。美国女排的祝贺送来了情谊。塞林格和队员海曼、马杰斯在出席大会组织的记者招待会之前，特意到新华社记者组的办公室，表示祝贺。塞林格说：“这次比赛，我们输给了中国队，但我们尽了最大的力量。中国队是一支有丰富经验的好球队，应该获冠军。美国队虽然得到银牌，但也很高兴，因为这是美国女排第一次在奥运会上获奖牌。”海曼深情地说：“我们与中国队关系很好。我与中国队一些队员交了朋友，我曾两次到中国参加比赛，每次都受到中国人的友好接待，希望今后还能有机会去中国，与中国队进行比赛。”

金牌之战的第二天，洛杉矶的华文报纸，不分政治色彩，均在头版头条用醒目的标题赞扬中国女排的胜利：

“中国女排封后”；

“打遍天下无敌手，强龙直压地头蛇”；

“大陆女排夺得金牌，苦练崛起泪的结晶”；

“张蓉芳是‘头等功臣’”；

……

中国女排实现“三连冠”，为五湖四海的炎黄子孙争得殊荣。在令人难忘的奥运会闭幕式上，各国运动员自由自在出现在洛杉矶纪念体育场上，你拥着我，我拉着你，不分彼此，亲如家人。美丽的焰火升腾起来，多彩的激光变幻莫测，模拟外星人的降临，迷人的歌舞，把人们带入一个神话般的世界。

中国姑娘在绿茵茵的草坪上席地而坐，欣赏着眼前的美景，回味在洛杉矶的日日夜夜。忽然，几位熟悉的小伙子出现在她们的面前，他们是台湾地区棒球队的，1980 年在美国达拉斯访问时与中国姑娘相识，这次相逢格外亲切。

一位小伙子“抱怨”说：“都是你们不好。8 月 3 日你们输给美国队，害得我们也比输了。”

姑娘们笑了。杨锡兰接上去说：“噢，对了。我们是一家人嘛，因为我们输了球也影响了你们的情绪，对吗？”

“对了。你们打输了，我们恨不得把电视机给砸了。”

金牌，何尝不是台湾同胞心上的花！

一位台湾教练和朱玲拉开了家常，从比赛、训练一直谈到生活、工作，从眼前谈到了未来。当他知道朱玲回去以后就要结束运动生涯，可能就要结婚时，高兴得连连祝贺。他想送一件礼物给朱玲留个纪念，可是从身上一时找不到，这一别，还不知道什么时候再见……正为此着急，忽然想到自己手上戴的一枚戒指，连忙脱下来送给朱玲，诚恳地说：“别见外，这是我的一点心意。”对这突如其来的馈赠，朱玲没有一点儿思想准备，真不知道该说什么好。他又重复了一遍刚才说的话，眼光里流露出的真情，使朱玲感动，也使朱玲无法拒绝。这位台湾同胞捧在手里的，是一颗心啊！

1984 年实现“三连冠”

“铁榔头”一锤定音。

中国女排攻防兼备，拦网成功。

“咬住，最后两分必须拿下！”袁伟民临场指挥。

中国女排队长张蓉芳和主攻手郎平为实现“三连冠”居功甚伟。

从 1976 年到 1984 年，中日美女排三教头对战 8 年，中国女排袁伟民胜出。

THE END
尾声

金牌，是祖国十亿人民心中开放的花！

8 月 14 日晚，首都机场灯火辉煌，一派节日气氛。

11 点，激动人心的鼓号声响起来了，那么整齐，那么有力，每一个音符都仿佛充满了感情。热烈的掌声和欢呼声响起来，震响在宽敞的候机大厅里。

从大洋彼岸载誉归来的中国奥林匹克代表团，从机舱里走出来，在一片闪光灯的闪烁中向亲人们走来。

中国女排的 12 位姑娘和领队、教练走在最前面，她们胸前挂着灿灿金牌，笑得像 12 朵花！

“郎平！”“毛毛！”“晓兰！”“杨子！”……

人群中，曹慧英、陈招娣、杨希一见到昔日战友的身影，情不自禁地大声招呼起来，“冲”上去，和姐妹紧紧地拥抱在一起，就像当年在球场上打了胜仗一样，抱成团，泪沾襟……

在那些激战的日子里，无论是挫折还是成功，都没有催下“假小子”杨晓君的一滴眼泪，可是，此时此刻她却泪如泉涌。她搂着杨希，越哭越激动。在郴州冬训的艰苦岁月里，每天她练扣球或是练发球，杨希总是站在一旁随时给她指点，帮她记数。杨晓君想到自己的进步和集体的荣誉，凝聚着退役老队员的心血，怎能不动感情？

眼泪，能表达人的痛苦，也能表达人的喜悦。和女排姑娘泪流在一起、心连在一起的，又何止是杨希、陈招娣这几位老队员！

8 月 18 日晚，袁伟民和张蓉芳、郎平又出现在首都机场。

他们今天前来迎接的，就是一位与中国女排忧乐与共的老朋友——著名的旅日爱国侨胞蔡世金老先生，他和姑娘们一起流过痛苦的泪，也一起流过喜悦的泪。

“蔡老，你还记得去年我们从福冈到达东京时，您含泪到成田机场接我们的情景吧！现在您该高兴了！”

袁伟民紧紧地握着蔡老的手。成田机场的一幕早已成为往事。胜利的喜悦，使蔡老变得更开朗，仿佛一下子年轻了数岁。

他一只手握着袁伟民的手不放，另一只手指着张蓉芳说：“从她扣的那一个球落地时起，我就高兴得非来向你们道贺不可。你们为国家立了功，海内外的中国人感谢你们！”

蔡老有言在先，女排实现了“三连冠”，他一定来给姑娘们庆功。

今天，他拄着手杖，满面春风地来了。50 多年前，他因生活无着，东渡谋生。在漂泊海外的漫长岁月里，怀着一颗炽热之心，连做梦都在盼望自己的祖国强盛起来，中华民族昂首屹立于世界民族之林。他喜爱中国女排，喜爱为国争光的体育健儿，因为他们的成绩使他的爱国之心、怀乡之情，得到满足，感到欣慰。

站在蔡老后面的一位随行人员，谨慎地提着一个皮包，里面是蔡老这次携带来的 850 万日元的现金，他要亲手给这次奥运会获奖的运动员发奖金。包里还有一张 2500 万日元（合人民币 20 万元）的支票，作为进一步发展中国排球运动的捐赠，寄托着老人的一片心意，一片深情。

回国后的这段日子里，姑娘们成了最忙也是最幸福的人。欢迎活动一个接着一个。最使她们难忘的，是欢宴载誉凯旋的体育健儿的那次。

8 月 18 日晚，像一股春风吹进了人民大会堂，一身青春气息的运动员出现在党和国家领导同志的身边。

大会堂的底层，礼堂舞台的左侧，是湖南厅。宴会前，中央领导同志在这里与部分运动员、教练员和体委领导干部见面。

总理握着袁伟民的手说："现在你是国内外的知名人士啦，你调兵遣将的技、战术运用得好啊！"

一位中央领导拍着袁伟民的肩膀说："你有大将风度，带领女排为祖国和人民作出了贡献！"

袁伟民谦虚地说："我做得还不够，今后还要继续努力！"

湖南厅的另一边，响着女排姑娘们的欢声笑语。她们围在邓颖超、康克清等同志的身旁。邓颖超同志说："你们的教练袁伟民呢？他指挥有方，我要见见他。"

女排姑娘立即有人去叫来袁指导。邓大姐右手握着袁伟民的手，左手在他的手背上轻轻地拍着，连连说："你立了大功！打得好啊！"

接见后的宴会，洋溢着亲如家人的热烈气氛。每一桌上，上了年纪的领导同志像对儿孙一样，一个劲儿地劝小伙子和姑娘们多吃点儿菜，能喝酒的开怀畅饮。

张蓉芳荣幸地和总理坐在一起。他一面给张蓉芳夹菜，一面说："中美女排决赛那天，我正在火车上，有的同志让我睡午觉，我惦记着你们的比赛，哪能睡得着？我打开收音机时，你们第一局比赛已经赢了，我听了第二、第三局比赛的实况广播，当听到你们三比〇赢了时，我们都很高兴。"

张蓉芳听了，笑着说："您工作那么忙，还惦记着我们。"

邓颖超同志在一旁说："这正如我国一句老话说的，'儿行千里母担忧啊！'"

有的领导同志拿出笔记本来，请运动员们签名。这种场合，是请人签名的好机会，女排姑娘们也不放过。

一本崭新的笔记本递到了一位四川籍老领导面前。他抬头一看，是笑眯眯的梁艳。

“小鬼，你是哪里人？”

“成都人。”

“噢，咱们是老乡，有你这样的老乡真叫人感到高兴。”

梁艳告诉他，张蓉芳也是成都人，朱玲是重庆人。他乐了：“都是老乡……”正说着，周晓兰、姜英也来请这位老领导签名。这一回不用介绍，他笑着说：“你是山西人；你呢，是辽宁人。中国地大啊，咱们都是老乡。”席间，响起一片欢乐的笑声。

在“奥运热”的那些日子里，多少人在谈论女排。几万封信从北国江南飞向中国女排，有不少人直接给国家体委的领导同志写信，建议给女排教练员、运动员以重奖，奖多少我们老百姓都没有意见。领导部门的决定和群众的想法不谋而合。

在财政部的一次报告会上，有人递条子问报告人：女排教练和运动员奖金多少？

“袁伟民，15000 元……”台下响起一阵掌声。

“张蓉芳、郎平各 13000 元……”又是一阵掌声。

人们说：给女排姑娘万元奖金，值得！

金风送爽，枫叶凝丹。一百多万盆鲜花把首都的初秋打扮得分外美丽，兴高采烈的人民，迎来了我们的共和国第三十五个生日。

金碧辉煌的天安门上，站着党和国家的领导人，偌大的天安门广场上整齐地排列着欢度国庆的群众。

检阅开始了。威武雄壮的部队走过来了，农民、工人、科教战线的队伍走过来了，文艺大军走过来了，体育大军走过来了。

队伍里，女排的彩车缓缓开来了，一只巨大的排球模型在转动，袁伟民和女排姑娘们站在彩车上，频频招手，接受祖国的检阅。

入夜，五彩的焰火映亮了夜空，天安门前载歌载舞的人群汇成狂欢的海洋。女排姑娘们从观礼台上走下来，走到兄弟姐妹之中，走到人民群众之中。

啊，体育，你就是美丽，你就是勇气，你就是荣誉，你就是进步！

啊，体育，你就是培养人类的沃土。你带来的是心的接近，是力的凝聚，是光的闪耀，是热的迸射！

奋进的中国女排，你是美丽的中华之花，你开放在古老而又生机勃勃的神州大地上，你开放在我们质朴、勤劳、勇敢而又智慧的民族中！

何慧娴、李仁臣

1984 年秋于北京

EDITOR'S NOTE

编者手记

让历史被创造

这是编者为《巅峰对话》这部著作所写的编者手记。

自 1981 年中国女排第一次夺得世界冠军至今年（2016 年）夺得奥运会冠军的 35 年中，中国女排这个团体，极度辉煌，几经沉浮，影响了与之相关的几代国人，不经意间创造着一段独特的、只有中国女排才能创造的中国历史。唯独“女排精神”“中国女排”的号召力和感染力，听起来从不过时，且依旧年轻。

这部书中所记录的内容，不取决于编者的期待，而是取决于在如今这个互联网海量信息冲击下的时代，这些内容从来未被质疑，也未曾变质，且不断地被时间所证明。

1981 年，恰恰是中国再度打开国门与世界再度接轨不久，中国女排登上了世界排坛之巅。这是中国三大球项目第一次，同时至今亦是中国三大球项目所获得的最高荣誉。此后，又获得了 1982 年世锦赛冠军、1984 年洛杉矶奥运会冠军，实现了世界大赛的“三连冠”。但是，我们想不到的则是为了下一个女排奥运会冠军，我们整整等了 20 年（2004 年雅典奥运会）。我们更想不到的是在 2012 年伦敦奥运会上名列第五的中国女排，四年后凭借一支平均年龄不到 25 岁的“青年军”，奇迹般地再获里约奥运会冠军。

对于编者来说，你所策划编辑的著作，若不能够畅销并为大多数读者所熟知，那是最不幸的事。而幸运的是，书是人类自创造文字的数千年来传承各种文明，至今已是最便捷的奇特“产物”，只要人类社会还存在，书就有其特殊的生命力。

至于至今为国人、为世界所熟知的“女排精神”为何存在，或许可以在中国这个民族，这个民族中女性独特的历史和文化中去寻找答案。

35 年来，中国女排用中国女性独特的任性、智慧和勤劳不断地在创造着奇迹，在困难中前行，在困难中成长，从未曾放弃对梦想的冲击，最终九次站在了最高领奖台上。当有缘的读者翻阅这部书的时候，相信会发现这其实是一部由中国女排自己所“书写”的“断代史”。同时编者亦相信，随着中国女排继续创造历史，这部书会随着中国女排一起，拥有属于它的独特的寿命。

孟通
2016 年 10 月 10 日于北京

图书在版编目（CIP）数据

巅峰对话 / 何慧娴，李仁臣著 .-- 武汉：长江文艺出版社，2016.11

ISBN 978-7-5354-9252-4

I. ①巅…II. ①何… ②李… III. ①女子项目 - 排球运动 - 概况 - 中国 IV. ① G842.92

中国版本图书馆 CIP 数据核字（2016）第 256473 号

巅峰对话 袁伟民郎平里约之后话女排

何慧娴 李仁臣 著

选题产品策划生产机构 | 北京长江新世纪文化传媒有限公司

选题策划 | 金丽红 黎 波 安波舜 孟 通

责任编辑 | 孟 通 管紫璇　　封面设计 | 郭 璐　　媒体运营 | 洪振宇

内文制作 | 胡 霞　　责任印制 | 张志杰　　法律顾问 | 张艳萍

总 发 行 | 北京长江新世纪文化传媒有限公司

电 话 | 010-58678881　　传 真 | 010-58677346

地 址 | 北京市朝阳区曙光西里甲 6 号时间国际大厦 A 座 1905 室

邮 编 | 100028

出 版 | 长江出版传媒 | 长江文艺出版社

地 址 | 湖北省武汉市雄楚大街 268 号湖北出版文化城 B 座 9-11 楼

邮 编 | 430070

印 刷 | 三河市百盛印装有限公司

开 本 | 710 毫米 ×1000 毫米 1/16　　印张 | 23.25

版 次 | 2016 年 11 月第 1 版　　印次 | 2016 年 11 月第 1 次印刷

字 数 | 310 千字

定 价 | 45.00 元